MACCHI.COM

BRUNO ROQUE CIGNACCO

FUNDAMENTOS DE COMERCIALIZACIÓN INTERNACIONAL PARA PyMEs

EDICIONES MACCHI

BUENOS AIRES - BOGOTÁ - CARACAS - MÉXICO, DF

I.S.B.N.: 950-537-611-1
Primera edición
Todos los derechos reservados
Hecho el depósito que marca la ley 11.723
MACCHI GRUPO EDITOR S.A.
2004 © by EDICIONES MACCHI
Córdoba 2015 - (C1120AAC)
Tel. y Fax (54-11) 4961-8355
Alsina 1535/37 - (C1088AAM)
Tel. (54-11) 4375-1195
(líneas rotativas)
Fax (54-11) 4375-1870
Buenos Aires - Argentina
http://www.macchi.com
e-mail: info@macchi.com

Cignacco, Bruno Roque
    Fundamentos de comercialización internacional para
PyMES - 1ª ed. - Buenos Aires, Macchi, 2004.
    344 págs.; 23 x 16 cm.

    ISBN 950-537-611-1

    1. Comercio Internacional I. Título
    CDD 382

EMPRESA ADHERIDA A LA CAMARA ARGENTINA DEL LIBRO

El autor

Bruno Roque Cignacco se recibió de Contador Público Nacional en la Facultad de Ciencias Económicas y Estadística de la Universidad Nacional de Rosario en 1993. Realizó un posgrado universitario sobre operaciones de comercio exterior. Ha presentado un proyecto de tesis, que se basa en un aspecto de la temática de comercialización internacional ("Consorcios de exportación para las pequeñas y medianas empresas. Su eficacia en Argentina en la actualidad") para su pertinente consideración por parte de la comisión evaluadora y la admisión de su validez. Concurrió a numerosos cursos de especialización tanto de comercio exterior como de pedagogía.

Desde el año 2000 dicta clases de Práctica profesional II, módulo comercio exterior en la Facultad de Ciencias Económicas y Estadística de la Universidad Nacional de Rosario. Además, es docente titular de Comercio internacional en la Facultad de Ciencias Empresariales, regional Rosario de la Universidad Abierta Interamericana, desde 1999.

Asimismo, ha dictado las materias Introducción al comercio exterior y Marketing internacional en diversas carreras de la Fundación Germinal. Ha sido expositor en numerosos cursos y conferencias relacionados con el comercio exterior.

Es autor de artículos relacionados con su especialidad, publicados en la revista del Consejo Profesional de Ciencias Económicas de la Provincia de Santa Fe Cámara Segunda y en la revista Hinterland.

Ha sido miembro de la Comisión de Jóvenes Graduados del Consejo Profesional de Ciencias Económicas de la Provincia de Santa Fe, y de la Comisión de Estudios y Asesoramiento de Comercio Exterior de la Facultad de Ciencias Económicas de la Universidad Nacional de Rosario.

Integra la Comisión de Comercio Exterior en el Consejo Profesional de Ciencias Económicas de la Provincia de Santa Fe Cámara Segunda, de la cual fue secretario en 1998.

Desde 2001 es miembro de la Escuela de Negocios de la Universidad Abierta Interamericana Sede Regional Rosario.

Ha participado en el diseño de cursos, programas y materias de diversas casas de estudio.

Es director de una consultora de comercio exterior, "Cignacco y Asociados", que desde hace más de cinco años asiste a las empresas de la zona (provincias de Santa Fe, Entre Ríos y Córdoba) sobre cuestiones de operatoria e incentivos de exportación, créditos financiados para exportadores e importadores de bienes de capital, entre otros temas operativos y de comercialización internacional.

Además es director desde hace más de siete años en un estudio contable de la ciudad de Rosario, donde se realizan tareas de auditoría, estudios de costos, asesoramiento fiscal, laboral, contable y societario a empresas industriales, comerciales y de servicios de gran porte de la región centro del país.

Agradecimientos

Antes que nada, quiero agradecer a todos los que me han cubierto de cálido afecto en el desarrollo de este libro, a personas muy dulces y especiales, como LORENA SÁNCHEZ, HUGO FRANCESCONI y ELIZABETH RAZZARI, que me han comprendido a lo largo de todo este tiempo de escritura. También a FERNANDA CASTRO y la demás gente del estudio contable. Sería injusto olvidar a mis padres, que me han inculcado valores de autodisciplina y superación en actividades académicas y profesionales, y a ANDREA, que observa mi desarrollo desde la distancia remota.

Quiero agradecerles a mis ex profesores del posgrado de comercio exterior de Ciencias Económicas de la UNR, en especial a JORGE HOLLIDGE, y a todos aquellos que me han marcado el camino en la temática del comercio exterior, y que aún siguen haciéndolo. Una dedicación muy especial para el Dr. EUGENIO HELMAN, por su apoyo incondicional hacia mis proyectos. Además, a mis alumnos de cursos y materias en las distintas instituciones universitarias y empresariales, que me han enseñado tanto o más que lo que ellos han aprendido de mí.

Hago extensiva mi gratitud a todos los clientes de la consultora Cignacco y Asociados, que constantemente me plantean nuevos desafíos profesionales que me invitan a la reflexión creativa.

Prólogo

He meditado y desarrollado la idea que dio origen a este libro, unos años atrás, cuando al comenzar a impartir cursos de capacitación, dictar conferencias para estudiantes y profesionales, y asesorar a empresarios en las distintas temáticas de comercialización internacional, pude observar que, en ciertos casos, una gran parte de los autores existentes en el área abordaban la cuestión del marketing para los mercados externos desde una óptica orientada para las grandes empresas. Las pequeñas y medianas empresas, que componen una fuerza productiva y comercial de relevancia en cualquier país, han quedado relegadas en la mayoría de las excelentes obras que versan sobre el comercio internacional.

Por otra parte, se observa que ciertas cuestiones legales de comercio exterior (normas, reglamentaciones, resoluciones y disposiciones) varían de país a país y se van modificando y aggiornando de manera constante, lo que hace prácticamente imposible tener una obra actualizada que compile toda la normativa vigente en el período actual.

Por ello, he optado por incluir a lo largo de la estructura de esta obra algunas cuestiones que la hacen muy particular:

— Incluir sólo aspectos relativos a la *comercialización internacional*, es decir, el importante abanico de estrategias, políticas y variables de marketing internacional, que se presentan como herramientas ineludibles para acceder a los mercados externos.

— Dar a la obra una orientación hacia las *actividades de exportación y otras formas de penetración de los mercados mundiales*, como licencias, franquicias y coinversiones, dejando de lado los aspectos comerciales relativos a la importación de mercaderías, que exigirían otra obra para su desarrollo.

— Orientar el trabajo hacia las *cuestiones teórico-prácticas* que sean de utilidad *para las pequeñas y medianas empresas*, considerando las problemáticas que las afectan en su aventura internacional.

— Brindar *fundamentos básicos y avanzados sobre estrategia internacional*, su diseño, implementación y control, que permita su utilización a lo largo del tiempo sin que corra el riesgo de desactualización, como puede ocurrir con algunos temas, como la normativa aduanera del comercio exterior. Se exponen los principales medios que la empresa de poca dimensión puede utilizar, *trascendiendo las características propias del entorno nacional* en el que se halle situada, destacándose la relevancia de un *enfoque global.*

— Buscar la exposición de los temas desde un *enfoque deductivo*, que permite arribar en forma progresiva desde los *temas macro* (como la globalización, el regionalismo) hacia las *cuestiones micro* (como las variables de marketing) vinculadas a las actividades empresariales.

— Explicar con *palabras claras y precisas* toda la terminología sobre las técnicas de comercialización internacional, sin por ello dejar de utilizar distintos vocablos específicos.

Los conocimientos de comercialización internacional, a diferencia de otras áreas, consisten en *sistematizaciones académicas de prácticas comerciales aplicadas por las empresas con niveles de excelencia en la actuación mundial*, que permiten establecer algunas pautas o principios que pueden ser traspasados a otras organizaciones interesadas en la internacionalización.

Internacionalización, éste es un vocablo que se abordará repetidas veces a lo largo del texto desde distintos enfoques, a saber: importancia de las alianzas comerciales, problemas de la empresa, actividades del Estado a favor de las acciones comerciales internacionales, para mencionar algunos de ellos. La internacionalización implica la asunción de compromisos estables y duraderos por parte de la empresa con los operadores externos, por lo que este aspecto será un hilo (e hito) conductor, que guiará el desarrollo de las distintas secciones de la obra.

El libro está organizado en siete capítulos, conclusiones y cinco anexos. Siguiendo las características enunciadas precedentemente, trata de los siguientes temas:

En el capítulo **primero**, se trata con un importante grado de detalle la evolución de la globalización y su impacto sobre las empresas. También son analizadas las principales instituciones y mercados regionales que componen el escenario mundial, cerrando el capítulo con la significación de los entornos diferenciales culturales, políticos y económicos, para el diseño de estrategias internacionales eficaces.

En el capítulo **segundo**, son descriptos los distintos obstáculos que se le presentan a la organización de pequeño porte en su acceso al mercado internacional, haciéndose hincapié en la generación de alternativas creativas para la superación de los mismos. También son examinadas las distintas ventajas que la empresa obtiene en la penetración de mercados externos y la importancia de la contención estatal para el desarrollo de las actividades externas.

En el capítulo **tercero**, se resalta la importancia de la información para las acciones internacionales, qué datos son necesarios y cuáles son las principales fuentes a las que puede recurrir el empresario para su obtención, haciéndose énfasis en la economicidad de dichas fuentes. También van a ser consideradas las principales pautas que influyen en la selección de los mercados a ingresar.

En el capítulo **cuarto**, se contemplan el proceso de decisión de internacionalización y los distintos enfoques estratégicos de la actividad externa, así como sus principales objetivos y políticas. Además, se evaluarán las etapas graduales que recorre la empresa en el camino internacional, y se abordará el tema del equilibrio entre la diversificación y concentración de acciones en los distintos mercados-países.

En el capítulo **quinto** se desarrollan las principales variables básicas de comercialización internacional, que son conocidas como las cuatro P (producto, precio, promoción y plaza). También se desarrollarán sus distintos componentes o subvariables, haciéndose referencia a las principales estrategias que pueden aplicar más eficazmente las pequeñas y medianas empresas. Otros temas desarrollados son: la estandarización y la adaptación, y la influencia de la imagen país sobre las actividades empresarias.

El capítulo **sexto**, expone la diversidad de canales de comercialización que la pequeña y mediana empresa puede utilizar para sus actividades mundiales, desde canales básicos —como los vendedores— hasta estructuras empresarias más complejas —como los consorcios de exportación—. También son analizadas políticas de penetración de mercados externos, que exceden el concepto de exportación, como: franquicias, producción en destino, licencias, entre otras.

En el capítulo **séptimo** se desarrollan las variables que el autor llama "avanzadas de comercialización internacional". Con igual relevancia que las desarrolladas en el capítulo V, éstas son denominadas las cuatro C del mix de marketing internacional (calidad, competitividad, creatividad y conectividad). Entre los principales temas, se hallan las certificaciones de calidad internacionales, la toma de decisiones creativas, la importancia de la generación de alternativas en el acceso internacional, la actitud competitiva externa y la trascedencia del e-commerce.

Los **anexos** desarrollan, en forma sucinta, algunos temas vinculados con la estrategia comercial externa, por ejemplo: la documentación de exportación, los medios de cobro internacionales, los modos de transporte internacional, principios de negociación y fundamentos de clasificación internacional.

Teniendo la firme convicción de haber arribado a una **obra integral** que enlaza cada uno de los temas en un *enfoque didáctico y ameno*, se ofrece el presente libro a estudiantes, profesionales, empresarios, consultores e integrantes de organismos privados y públicos interesados por los principales factores que hacen al entorno y a la estrategia de la organización que se internacionaliza.

Dr. Bruno Roque Cignacco

ÍNDICE

Capítulo II. La empresa y los mercados internacionales

Índice

Capítulo III. Sistemas de información de mercados internacionales. Barreras y oportunidades

Capítulo IV. Estrategia de comercialización internacional

Capítulo V. Variables controlables básicas de la mezcla comercial. Las cuatro P de la comercialización internacional (producto, precio, promoción y plaza)

Índice

Capítulo VI. Canales básicos de comercialización internacional para una pequeña y mediana empresa

Capítulo VII. Variables controlables avanzadas de la mezcla comercial. Las cuatro C de la comercialización internacional (calidad, competitividad, creatividad y conectividad)

GLOBALIZACIÓN, REGIONALISMO Y AMBIENTES INTERNACIONALES

1. Globalización

1.1. Antecedentes y evolución del fenómeno

Autores como FITOUSSI y ROSANVALLON señalan que existen tres etapas históricas a lo largo de las cuales se fue desarrollando la globalización. Una primera, a la que llaman *globalización aduanera,* en la cual se ha negociado a lo largo de las distintas rondas del GATT (Acuerdo General de Tarifas y Comercio) la reducción progresiva de los aranceles para incrementar los flujos de comercio de los países involucrados. Existe una segunda etapa de este fenómeno que involucra a los *grandes adelantos en informática y telecomunicaciones*, y que produce la denominada globalización financiera, que implica mercado de cambios y demás productos financieros globalizados. Y por último se ha desarrollado una tercera etapa, que tiene relación con *la caída de economías planificadas de régimen comunista y su incorporación al mercado mundial,* así como una mayor apertura de ciertos países hacia el mercado internacional. La palabra "globalización", en la actualidad, se presenta como un término familiar para todos, y no sólo reservada a ámbitos académicos. No obstante, esta temática es muy controvertida y abre constantemente encendidos debates y reflexiones sobre sus causas y efectos.

1.2. Caracteres distintivos

La globalización es considerada por algunas corrientes como un mito o como una continuación de tendencias. Es considerada como un fenómeno o conjunto de fenómenos reales donde existe "un mundo sin fronteras". En este escenario global, el Estado-nación se convierte en una ficción y lo político tiene un reducido poder efectivo.

Existe una conjunción importante de factores que impulsan y sostienen esta tendencia. Se reconoce como comienzo de este fenómeno el siglo XX. Otras opiniones, en cambio, se inclinan por un origen más remoto, ubicando su punto de partida hacia épocas posteriores a la Revolución Industrial. Una cuestión que se puede reconocer claramente es que la globalización multiplica incertidumbres y presenta las siguientes **características**:

— **Escenario común**: el contexto de globalización se desarrolla como un escenario común para todos los países, pero no se internaliza (no impacta) de la misma forma en todos ellos.

— **Fenómeno mutifacético**: incluye aspectos culturales, comerciales, tecnológicos, informáticos, financieros, lo que lo convierte en un fenómeno complejo y con múltiples relaciones entre sus numerosos componentes.

— **Interconexión**: la globalización de los mercados financieros, las mejoras en sistemas informativos, el aumento de viajes, el aumento de los flujos de comercio, crean una mayor interdependencia e interconexión de las distintas economías nacionales que ven disminuidas sus autonomías.

— **En transición**: es difícil realizar un análisis completo de esta tendencia, debido a que actualmente está ocurriendo. No es posible tomar la debida distancia para una observación más clara sobre sus principales aspectos. Tampoco es posible realizar predicciones certeras sobre su evolución. No obstante, se observa que con el transcurso del tiempo se profundizan todos sus aspectos. Se aprecia, además, que sus múltiples efectos exceden el corto plazo, desplegándose como una tendencia con una proyección continua y despliegue amplio en el horizonte de largo plazo.

1.3. Principales factores de la tendencia globalizadora

1.3.1. Existencia de un mundo global

Se considera al mundo como un entorno sin fronteras. Es la aldea global, llamada así por algunos especialistas. Este fenómeno implica un acortamiento de las distancias y una modificación del tiempo y del espacio. Los acontecimientos sucedidos en otras latitudes afectan directa o indirectamente a todos los habitantes del planeta. Además, se producen innovaciones tecnológicas aceleradas que interconectan a todas las culturas del mundo.

1.3.2. Impacto del desarrollo científico

Existe una fuerte conexión entre ciencia y sociedad, que es consecuencia de los grandes presupuestos que invierten las empresas en el desarrollo de proyectos de **Investigación y Desarrollo (I + D)**, para introducir nuevos productos, innovaciones en materiales utilizados por una determinada industria y nuevas prestaciones al consumidor. Estos hechos generan un mayor ámbito competitivo, ya que una gran cantidad de empresas lanzan constantemente productos innovadores al mercado y van renovando en forma continua el ciclo de vida de dichos productos. Estas grandes inversiones en I + D que se realizan son muy cuantiosas, por lo que resulta muy difícil recuperar dichas sumas en un único mercado. Como consecuencia, las empresas amplían la cartera de mercados a nivel internacional para penetrar con nuevos productos, fijando una base de **operaciones con escala global**.

Estas grandes empresas despliegan una comercialización a nivel global debido a que quieren distribuir sus costos fijos (I + D, marketing, etc.), en la mayor cantidad de mercados posibles, para lograr costos fijos por unidad más bajos (lo que se conoce como **economía de escala**). De esta forma llegan a un **precio** final más competitivo para su producto.

Otro punto importante son las innovaciones en el sector de la informática y telecomunicaciones, como la creciente difusión de internet. Se produce desarrollan y consolidan espacios económicos y sociales digitales. Un signo de lo expuesto se observa en la utilización, cada vez más generalizada, del **comercio electrónico o virtual** (llamado también e-commerce), la proliferación de **sites** (o sitios de internet), la difusión del **correo electrónico** (e-mail) y el **chat** (conversación virtual). Estas nuevas vías se van superponiendo a los medios tradicionales de comunicación y comercialización. Esta revolución comunicacional da origen a la denominada **economía digital** (según TAPSCOTT), que coexiste con la economía real. El desarrollo tecnológico se extiende hacia otras áreas como la **biotecnología**, la **robótica**, el **desarrollo de nuevas formas de energía**, etc. También se observa una pronunciada y progresiva intromisión de la ciencia y técnica en gran parte de los distintos aspectos de la sociedad, generando una fuerte ambigüedad e incógnita sobre las consecuencias de dicha intervención. Este hecho se refuerza cuando aparecen evidencias referentes a investigaciones científicas, con respecto a ciertos temas que son contradictorios o que muestran signos de gran incertidumbre sobre su carácter benéfico para la humanidad.

1.3.3. Surgimiento de estrategias globales de comercialización

Existe en los denominados países de la tríada, compuesta por Europa, Estados Unidos y Japón, cuyos mercados concentran casi las tres cuartas partes del comercio internacional, **una cierta nivelación de ingresos** de los consumidores y de los estándares de vida entre los mismos, que permite al operador internacional dirigir la estrategia comercial de ciertos productos (sobre todo aquellos que pueden satisfacer distintas necesidades afines o similares en dichos países), hacia segmentos intermercados o transnacionales, que comprenden más de un mercado-país. Un ejemplo concreto de ello se ve en las grandes marcas de franquicias que mantienen la concepción de su producto o servicio extendido en todo el mercado mundial, pero con adaptaciones hacia ciertas cuestiones locales (culturales, legales, económicas, etc.), según lo requiera cada país específico. De esta forma, la estrategia se concibe en forma global y luego es implementada teniendo en cuenta algunas particularidades concretas de los entornos nacionales, que implican cierta adecuación del producto.

Otro aspecto a considerar es la proliferación de **marcas globales** (utilización de la misma marca en los distintos mercados). Esta política permite un mejor posicionamiento del producto, y reforzamiento de la imagen de sus atributos a nivel mundial. Otra cuestión de relevancia es la **utilización de elementos de comunicación globales** (publicidad global, ferias internacionales, material promocional global, etc.), por parte de las empresas que se internacionalizan.

1.3.4. Desarrollo del regionalismo

La constitución y el **desarrollo de distintos bloques comerciales** es uno de los factores más importantes de la tendencia globalizadora. La integración de distintas economías nacionales a nivel regional permite generar dos espacios de comercio, que repercuten en todo el entorno mundial. Se desarrolla un primer espacio comercial dentro de la zona de integración, en el que están reducidos o eliminados los principales obstáculos al comercio para los miembros del bloque. Pero además, se origina otro espacio comercial entre los miembros del acuerdo regional y los países externos a éste, el cual es afectado por distintas barreras arancelarias y paraarancelarias.

Durante la segunda mitad del siglo XX, dentro del marco de las negociaciones multilaterales del ex GATT (Acuerdo General de Tarifas y Comercio) y en el actual contexto de la OMC (Organización Mundial de Comercio), los distintos países signatarios han consensuado y producido una considerable **disminución de barreras arancelarias** (impuestos a las importaciones). No obstante, se observa un reemplazo en la utilización de obstáculos comerciales arancelarios por la imposición de barreras no tarifarias o paraarancelarias. Este hecho indica una tendencia a la **paraaranceliza-ción** que incide en gran parte de los flujos de comercio a nivel internacional. Este fenómeno es observado, además, en las operaciones realizadas por los países de los principales mercados regionales.

1.3.5. Reformulación de los espacios competitivos a nivel internacional

Un hecho de total relevancia durante el siglo pasado fue la generalizada caída de la mayor parte de los regímenes socialistas. Estos países se han ido introduciendo progresivamente en el sistema económico de mercado. Determinados países, en los cuales el Estado controlaba ciertos sectores de la economía nacional, han implementado progresivas políticas de privatizaciones de sus empresas estatales. Como consecuencia de dichas actividades se ha abierto en los mismos un mayor juego competitivo para el ingreso en esas áreas del sector privado.

A nivel internacional, ciertas empresas desarrollan una serie de operaciones estratégicas. Se forman **alianzas** entre competidores de un sector, se celebran **contratos de transferencia de tecnología** entre compañías, se producen **fusiones** y **adquisiciones** de empresas. Otro ítem importante es la estructuración de **cadenas de distribución global** y la formación de **proyectos asociativos** (**consorcios de exportación, coinversiones,** etc.), que tienen base en distintos mercados a nivel internacional.

Se produce además una fuerte participación en este nuevo ámbito competitivo, de los **Nuevos Países Industrializados** (NIC es su sigla en inglés). Son los llamados Tigres o Dragones del Sudeste Asiático, y poseen gran desarrollo tecnológico (con alta productividad) y abundancia económica de mano de obra (este último hecho implica retribuciones bajas de este factor, desde un punto de vista relativo, comparado con los demás países). Estos NICs en ciertos casos venden mundialmente productos en condiciones de dumping social (esto significa que el país comercializa a nivel internacional productos que están compuestos en su mayor proporción por mano de obra que es más abundante y económica en dichos países). En el dumping social, la mano de obra utilizada tiene costo mucho más bajo, además, por las escasas condiciones de seguridad social, generándose en algunos casos situaciones laborales de semiesclavitud. La comercialización de productos en condiciones de dumping social presiona a la baja en los precios de ciertos productos a nivel internacional.

1.3.6. Aumento de viajes

Las mejoras a nivel tecnológico también repercuten en los sistemas de transportes que son más rápidos y económicos. Estas mejoras se dan tanto en sistemas para carga de mercaderías como para pasajeros. Con respecto a las mercaderías, las bajas en el costo de transporte internacional, permiten que las empresas logren precios finales de exportación más competitivos y que dirijan su estrategia comercial a mercados más distantes.

Desde el punto de vista de pasajeros, las mejoras de transporte traen como consecuencia el aumento de viajes de las personas. Por ello, en el aspecto comercial, los consumidores ya no permanecen constantemente en un mercado, sino que se desplazan a lo largo de distintos países-mercados. Este hecho impulsa a la empresa a implementar y reforzar una **estrategia global** que tenga en cuenta esa constante deslocalización y relocalización del consumo a nivel internacional. Estos consumidores además toman contacto con otras culturas con otros gustos, lo que contribuye al desarrollo de su perfil global.

1.3.7. Replanteo de la función de los Estados nacionales

Igualmente, se presenta también la situación en la que el Estado nacional es demasiado pequeño para el desafío del mundo global, pero demasiado grande para las cuestiones de orden local. La política de cada país repercute en los demás y se pierde —en gran parte— independencia y autonomía debido a la gran interconexión que presentan las distintas economías nacionales.

Se sostiene que en ciertos ámbitos de actuación la "ley de los Estados" pasa a ser reemplazada por la "ley de los mercados". El Estado no desaparece, pero gran parte de sus funciones tradicionales (justicia, educación, etc.) se superponen a la actividad de otros actores de la escena nacional y mundial, que forman parte de la llamada "**subpolítica**" (son las Organizaciones No Gubernamentales —ONGs— y demás movimientos sociales que tienen actividades que desarrollan a escala global, un ejemplo de ello es Greenpeace). La inexistencia de mecanismos reales de cooperación entre los distintos países a nivel internacional implica el planteo de **nuevas reglas de juego**. Estas reglas deben girar en torno a una estrategia ganar-ganar a nivel internacional, para solucionar problemas concretos como el desempleo, la pobreza, la criminalidad, la capacidad no utilizada a pleno empleo de algunas industrias, entre otros.

ROSENAU (citado por BECK) destaca que se ha producido un paso del predominio y hegemonía de lo nacional hacia lo posnacional. Se va desde un enfoque monocéntrico, en el cual todas las decisiones están centradas en los Estados nacionales, hacia uno de carácter policéntrico, donde además intervienen nuevos actores (empresas transnacionales, ONGs, organismos financieros internacionales, entre otros) en la formación de decisiones a nivel mundial. Con estos nuevos participantes, los Estados nacionales comparten el poder y deben abordar en forma cooperativa sus objetivos para corregir problemas que afectan a las distintas comunidades en el ámbito internacional. En total coherencia con lo expuesto precedentemente, HELD (citado por BECK) señala que la globalización limita la soberanía de los Estados nacionales. Esta soberanía se ve atravesada por decisiones y actividades de una pluralidad de organismos y actores del escenario internacional.

1.3.8. Relevancia de los movimientos financieros globales

Otro aspecto sustancial es la globalización de los mercados financieros. Esto involucra la negociación de bonos, papeles, divisas, dinero que gestionan las distintas instituciones, a nivel mundial. La integración de las finanzas a nivel internacional se debe al desarrollo de tecnología de **satélites e informática** que permite la transmisión de la información sobre las operaciones, las veinticuatro horas del día en **tiempo real.**

Se estima que este mercado financiero global mueve volúmenes monetarios de un valor que es 50 veces superior al negociado en el comercio real (o sea, compra y venta de mercaderías). Se sostiene que el "voto del ciudadano" es, en este contexto global, reemplazado por el **"voto del mercado".** Se ha observado también que esta tecnología de transmisión instantánea de información (en tiempo real), vincula tanto a las distintas regiones de nuestro mundo (pobres como ricas), lo que provoca, además, una reorganización total de las instituciones sociales y pautas vitales de las distintas regiones, que trasciende a los aspectos meramente financieros.

Se plantea dentro del marco de la globalización la necesidad de una **asistencia financiera** (que puede ser canalizada por los organismos multilaterales de crédito) hacia los países del sur y del este, para que éstos puedan contar con divisas para importar maquinarias de los países de Occidente. Con esta actitud se mejoraría la estructura productiva e impulsaría el desarrollo de la economía y calidad de vida de los habitantes de los países más necesitados. Con esta estrategia, no sólo se mejoraría la situación de los países menos avanzados, sino también la de los de Occidente, que venderían sus productos a las naciones pobres. Se dejaría de lado el enfoque según el cual un país gana a costa de otro (ganar-perder) y se evitaría que los países pobres implementen **medidas artificiales de competitividad** (v.g., devaluación competitiva) que atentan contra la estabilidad económica a nivel mundial.

1.3.9. Desarrollo de una sociedad global

Se sostiene que la globalización produce una redistribución a nivel mundial de riquezas y pobrezas, de derechos y ausencias de los mismos, de éxitos y frustraciones. Esta tendencia produce como resultado dos clases bien polarizadas: los ricos y los pobres. Además se generalizan ciertas actitudes de hiperindividualismo (el individuo debe valerse por sí mismo), lo que provoca serias heridas sobre las estructuras de solidaridad social desarrolladas en otros tiempos.

La sociedad actual es considerada como una sociedad de **riesgo global**, ya que se pone en peligro a sí misma, como consecuencia de las distintas acciones humanas que tienen orígenes diversos, como el progreso industrial, utilización extenuante de recursos naturales (v.g., deforestación), desarrollo no controlado de armas a nivel mundial, entre otros factores. Estos riesgos traspasan las fronteras nacionales y se convierten en globales, afectando gravemente los pilares de seguridad que tienen los países. Estas situaciones crean una **toma de conciencia global** y se confunden y entremezclan con distintos conflictos étnicos y domésticos, que acontecen dentro de y entre los distintos países. Estas situaciones riesgosas deben ser afrontadas con actitudes conjuntas de gobiernos nacionales, empresas, organismos intermedios, y representantes del mundo científico. Se deben fijar pautas en común sobre los principales aspectos (como el "**desarrollo sostenible**" y "modernización ecológica") que se relacionan con estos hechos de incertidumbre.

Otro aspecto social del fenómeno global es expuesto por Beck. Este autor nos dice que, como consecuencia del sistema capitalista inserto en el marco globalizado, se produce una **progresiva destrucción de las fuentes de trabajo**. Además se produce una expansión y redistribución de la desocupación. Los ganadores de este proceso son algunas empresas, cuyos titulares pueden acceder a un mejor nivel de vida, y los perjudicados son el erario de los Estados nacionales y las remuneraciones de los que aún están empleados, que financian a las compañías.

1.3.10. Relación entre globalización y ventajas comparativas nacionales

El concepto de ventaja comparativa es muy simple: cada país debe especializarse en la producción de aquellos bienes en los que tiene mayor grado de eficiencia (o menor nivel de ineficiencia). El excedente de estos bienes debe ser intercambiado por los bienes producidos por el resto de los países. Este concepto de economía internacional, que refleja beneficios a largo plazo, puede producir circunstancias desfavorables para algunos países involucrados, en el corto plazo. Esta situación lleva implícita la cuestión del librecambio o libre comercio entre países. Sin embargo, dicha concepción puede ser mejorada si cada país aplica un proteccionismo selectivo y temporal en aquellos sectores que son nacientes y que, aunque no tengan una ventaja comparativa real en un primer momento, ésta pueda existir virtualmente. La no protección de ciertos sectores podría eliminar además por completo la generación de un *know how*, que puede ser utilizado por otros sectores de la economía de un país. Se objeta que el país que busca especializarse sólo en lo que tiene ventaja comparativa reduce la diversidad de su oferta y la capacidad de adaptación hacia las condiciones de la modernidad.

En razón de lo expuesto, siempre va a existir algún **grado de proteccionismo** de ciertas áreas de las economías nacionales. Ello ocurre con el propósito de generar estructuras de producción que externalizan sus beneficios a otras áreas. Significa que el libre comercio dentro del marco de la globalización no se da en forma absoluta, sino en **grados de librecambismo**.

1.3.11. Generación de cadenas transnacionales de valor

Como **cadena de valor** se conoce toda aquella serie de actividades que despliega una empresa o grupo de empresas. La cadena se compone de una serie de etapas en las cuales se va agregando un componente de valor (que es una relación adecuada entre beneficios percibidos y precios incurridos). Esta cadena abarca toda la elaboración y comercialización de un producto en condiciones competitivas que busca la diferenciación eficiente del producto con respecto a los ofrecidos por los competidores.

Este concepto, que fue ampliamente desarrollado por algunos autores de la talla de MICHAEL PORTER, abarca la totalidad de actividades que van desde el diseño del producto hasta las actividades que van más allá del proceso de compra (servicios, garantía, etc.). En el ámbito internacional, algunas empresas localizan y relocalizan estratégicamente importantes eslabones de su cadena de valor en distintos países, para lograr más eficiencia en la misma.

Al existir libre movilidad de capital, generalmente las inversiones correspondientes a ciertos eslabones de la cadena de valor se localizan en regiones de bajos costos de mano de obra o bajas condiciones de protección laboral (lo que se relaciona directamente con la problemática del "dumping social"). Esto acontece debido a que dichos capitales buscan maximizar sus inversiones. Además, se produce una especialización y un reparto a nivel internacional de la producción. En esa división del trabajo, cada país produce, sobre todo, aquellos bienes en los que tiene ventaja comparativa (es decir, utilizan intensivamente el factor más abundante en dicho país).

Las naciones como las de Europa Central o los Estados Unidos producen bienes o servicios que son intensivos en trabajo calificado, y los países de bajo costo de mano de obra producen bienes intensivos en trabajo no calificado. Esta redistribución de actividades industriales entre regiones crea, en ciertos casos, una **desindustrialización** de ciertos países por la **relocalización** de sus empresas.

Se obtienen productos que son el resultado de una cadena de valor cuyos eslabones están localizados transnacionalmente, a lo largo de distintos países. De esta manera, sólo se produce en cada una de las etapas una parte del producto, que luego va a ser ensamblada o mejorada en otros países que complementan el proceso productivo. Por lo tanto, se distingue como un rasgo crítico de la globalización la proliferación de **cadenas de valor transnacionales**.

1.3.12. Vinculación de globalización y cultura. Conjunción de lo global y lo local

Según la teoría del contenedor de la sociedad, toda sociedad tiene un presupuesto de dominio estatal, es decir que la misma es concebida desde la visión del Estado nacional. Se trata, entonces, de **sociedades estatales**, donde el Estado ejerce su poder y establece un orden en un <u>ámbito territorial</u>, y en las mismas se desarrollan ciertas identidades colectivas con reglas de juego particulares.

Cada Estado da homogeneidad interna a su sociedad y permite que se diferencie del resto de las sociedades estatales. No obstante, es un rasgo muy característico de la globalización, la creación y el desarrollo de **espacios**

sociales transculturales que han sido estudiados por ALLEY-DETMERS (citado por BECK). Este autor expone como ejemplo de estos espacios a África, que no refiere a una localización espacial ni a un ámbito geográfico, sino que se trata de una idea, una concepción, una estética que trasciende fronteras en tiempo y espacio, y que remite a las ideas de no identidad, no progreso, ritos ancestrales, entre otros elementos simbólicos.

ROBINS (citado por BECK) sostiene que la globalización tiene fuertes incidencias culturales, pues se produce constantemente una transformación cultural con una sostenida convergencia hacia una cultura global. Existen ciertos agentes que intentan **universalizar símbolos** a nivel mundial y tal convergencia se produce en ciertas pautas de vida y conductas de sociedades que se universalizan. Sin embargo, se considera utópica la existencia de un único espacio mercantil a nivel mundial, ya que la existencia del mismo atentaría contra el espíritu empresarial de maximización de beneficios.

Dentro de la globalización tiene sustancial importancia el enorme desarrollo que han tenido en las últimas décadas los **medios de comunicación** y su expansión por todo el planeta, interconectando las distintas regiones. Este hecho se profundiza con el ingreso de nuevos competidores en el campo de la telecomunicación, así como también por la política de alianzas, fusiones, adquisiciones de empresas que han sido pioneras en el rubro, al multiplicar sus asentamientos en el terreno global para afianzar y desarrollar su conocimiento técnico.

ROLAND ROBERTSON (citado por BECK) se expresa sobre el tema de **glocalización** haciendo hincapié en las profundas interdependencias transnacionales que existen y que traspasan tiempo y espacio. Aparece la globalización presente y la reflejada por los medios de información como una misma cosa. Es importante la coexistencia de imputaciones, responsabilidades e imágenes que son propias y ajenas a personas y grupos de individuos. Estas cuestiones se reflejan en una **coexistencia de lo global** (lo externo, lo sofocante) y **lo local** (lo pequeño y lo concreto), que a su vez puede ser visto como un aspecto de lo global.

La *glocalización* debe ser analizada principalmente desde un prisma de lo cultural, teniendo presente cuestiones vinculadas al mismo, como son la etnicidad, el acervo cultural, entre otras. Se producen **ataduras** que vinculan transnacionalmente a las sociedades generando **nuevas comunidades**. En ciertos casos, éstas surgen en un contexto de conflicto en que coexisten **símbolos institucionalizados y estandarizados** con **culturas locales**.

Es de gran importancia la cuestión global, pero ello no implica descartar el ámbito local. Desde el punto de vista de comercialización, las empresas no pueden comercializar productos totalmente estandarizados para todos los países-mercados, ya que los bienes precisan algún tipo de **adaptación a requerimientos** legales, económicos y culturales de cada uno de los mercados de destino. Es destacado por Czinkota y Ronkainen que ciertas empresas transnacionales diseñan su estrategia de comercialización a nivel global, pero luego esta estrategia es implementada, teniendo en cuenta las características locales de los países objetivo (lo que se denomina **glocalización de la estrategia de comercialización**). En la práctica no existen empresas que establezcan un producto único absolutamente estandarizado para todos los mercados de destino, de ahí la importancia del **localismo** (que se relaciona con la parte viva de una cultura) dentro del marco de la globalización.

1.3.13. Otras cuestiones globales

Se da una mayor relevancia y mayor peso a nivel internacional a los servicios. Se desarrolla una progresiva participación del sector terciario (telecomunicaciones, transporte, servicios financieros, servicios profesionales, etc.), en el comercio mundial. Esto se debe a cuatro factores que son expuestos por Lobejón Herrero: la aparición de nuevos servicios, la desregulación de muchas actividades terciarias, el desarrollo de nuevas tecnologías vinculadas con los servicios y la tendencia a la diferenciación del producto. Este último aspecto implica procesos de comercialización que incluyan una mayor proporción de servicios para la satisfacción de las necesidades del consumidor.

Se estima que actualmente la comercialización internacional vinculada al sector terciario, asciende a la cuarta parte de los volúmenes negociados mundialmente de mercaderías. Dentro de la Ronda Uruguay, que ha dado origen a la Organización Mundial de Comercio, se ha establecido el GATS —que es el Acuerdo General para el Comercio de Servicios—, que fija reglas de juego comunes a nivel multilateral, a los fines de este sector

Otro aspecto a destacar es la importancia de las **cuestiones ecológicas** y relativas al cuidado del medio ambiente. Algunos compradores de mercados de países desarrollados piden como requisito para el cierre de acuerdos comerciales que los productos no dañen el medio ambiente También existen las llamadas ISO 14.000 que son normas que certifican estándares de calidad teniendo en cuenta el impacto ambiental que provoca la cadena de valor empresarial. El problema de la protección medioambiental se refleja en una concepción que analiza los impactos del desarrollo económico en el entorno natural, sobre todo teniendo en cuenta, el desarrollo sostenible, que implica una visión de largo plazo que contemple el mundo a habitar por las sociedades del futuro. Esta tendencia trae como consecuencia que ciertos países (sobre todo los de gran desarrollo económico relativo), adopten **normativas rigurosas** para el cuidado del medio ambiente. A pesar del surgimiento de ámbitos económicos "verdes", muchos operadores producen y comercializan gran cantidad de productos en condiciones de dumping ecológico (es decir, obtienen productos a bajo costo como consecuencia del incumplimiento de estándares de cuidado ecológico). Estas empresas colocan en condiciones de desigualdad a aquellas que cumplen estrictamente las pautas del cuidado del entorno natural.

Otro aspecto a considerar es el incremento que se observa del **comercio intraindustrial** (aumento de flujos comerciales entre distintas empresas de una misma industria), como un ítem importante que compone este complejo fenómeno.

2. Organización Mundial de Comercio y otros organismos internacionales

2.1. Principales organismos de relevancia internacional

Luego de la Segunda Guerra Mundial, se crearon importantes organismos internacionales que han abordado diferentes temáticas:

2.1.1. Fondo Monetario Internacional

El FMI, originariamente, ha surgido para asistir en los desequilibrios en las distintas balanzas de pago nacionales. Otra de las funciones fundamentales es el otorgamiento de créditos a los distintos Estados nacionales. Estos auxilios financieros tienen características de **condicionalidad**, porque se exige ciertas condiciones para la liberación de dichos fondos, por parte del organismo hacia el Estado. Este último asume el compromiso de realizar determinadas reformas estructurales en distintos aspectos de su política económica nacional (de índole tributaria, de seguridad social, monetaria, entre otras). Los representantes del Fondo aplican medidas de **supervisión directa** sobre los países que son beneficiarios de la asistencia, a los fines de vigilar el cumplimiento de los compromisos asumidos.

2.1.2. Banco Mundial

El BM otorga asistencia financiera con distintos fines: planes de desarrollo, ayuda social, realización de obras de infraestructura, desarrollo de mercados de capitales, etc. Estos fondos son otorgados directamente a los Estados u organismos estatales. Este organismo posee distintas líneas de financiamiento que prevén la devolución de préstamos con plazos de gracia y condiciones más favorables en cuanto a la tasa de interés de devolución. Estas condiciones favorecen, sobre todo, a los préstamos otorgados a países en vías de desarrollo.

Otro organismo de relevancia a nivel internacional es la **Organización de Naciones Unidas**. Entre sus múltiples actividades se destaca su contribución al sostenimiento de la paz a nivel mundial.

2.2. Origen y desarrollo de los acuerdos comerciales multilaterales. Del GATT hacia la OMC

2.2.1. Surgimiento de la Organización Mundial de Comercio

Luego del segundo conflicto bélico a nivel internacional, desde el punto de vista comercial existía la idea de conformar una Organización Internacional de Comercio (OIC), pero por distintos motivos, no quedó consolidado como organismo internacional. Solamente se realizaron acuerdos que desde 1947 se conocen como GATT (siglas en inglés del Acuerdo General de Aranceles y Comercio), que tuvieron por objetivo fundamental promover una serie de medidas para la **progresiva liberación del comercio**. En varias oportunidades, se buscó un consenso a través de distintos encuentros que realizaron los países para la progresiva disminución de obstáculos al comercio internacional (arancelarios y paraarancelarios). Estos acuerdos se lograron a través de las distintas rondas (nombre que han tomado las reuniones de los representantes nacionales de los países), para consensuar la progresiva liberalización de los flujos comerciales. En la Ronda Uruguay se dio origen a la Organización Mundial de Comercio (OMC), que actualmente conforma una base sólida para la discusión y solución de los aspectos controversiales que se puedan suscitar en los países como consecuencia de las operaciones internacionales que los vinculen. Este organismo internacional ha incorporado todos los acuerdos realizados oportunamente dentro del marco del GATT.

2.2.2. Principios que rigen el funcionamiento de la OMC

La OMC tiene una serie de principios que también regían los acuerdos del GATT. Uno de esos principios es el de la no discriminación, que incluye la cláusula de la **Nación Más Favorecida** y que significa que las concesiones (o beneficios) que un país otorgue a otro (por ejemplo, reducción de barreras comerciales a las importaciones), debe extenderlas hacia otros países que no han sido los beneficiarios originales (las debe multilateralizar). Si un país reduce sus barreras arancelarias para la importación de los productos de un país debe hacerlos extensivos hacia el resto de los países. No obstante, este principio tiene algunas excepciones importantes que son: la existencia de mercados regionales como áreas de libre comercio y uniones aduaneras (en los cuales los países pueden otorgar beneficios a los países miembro de dicha forma de integración sin extenderlo a los que no son miembros), el comercio preferencial entre los países y sus colonias, y el Sistema Generalizado de Preferencias (SGP). El SGP es un sistema en el cual ciertos países (muchos de ellos desarrollados) otorgan concesiones (como reducción de aranceles de importación) a determinados productos originarios de ciertos países en desarrollo. Dichas ventajas se otorgan sin necesidad de multilateralizar estos beneficios, y sin obligación de reciprocidad por parte de los países beneficiados.

Otra cláusula a tener en cuenta es la del **trato nacional**, que implica que las importaciones de las mercaderías no pueden estar sometidas a condiciones menos beneficiosas que las que afectan a las mercaderías producidas localmente por un país. Un ejemplo al respecto es que las importaciones no pueden estar alcanzadas por tasas de IVA más altas que las ventas en el mercado interno.

Un principio importante es la **transparencia en acceso a los mercados externos,** lo cual significa que los países deben prever la utilización de barreras arancelarias y no imponer obstáculos paratarifarios. Estas barreras son monetarias y son de más fácil detección que las paraarancelarias.

Hay también un principio que estimula la discusión amigable, llama-
✱do "**principio de consulta**". Es la búsqueda del consenso ante diferencias o controversias comerciales que se presenten entre las naciones. Se procura evitar que los países tomen medidas unilaterales que puedan afectar a otros. Este principio también rige los diferentes temas de negociación discutidos en las rondas, a fin de lograr consenso en los distintos acuerdos.

✱ B/c discussion always helps

2.2.3. Importancia de la Ronda Uruguay

La Ronda Uruguay fue una reunión de representantes nacionales que se extendió a lo largo de varios años. De la misma, tuvo su origen la Organización Mundial de Comercio. La OMC se establece como un organismo internacional, en pie de igualdad con el FMI o el Banco Mundial. Luego de casi cincuenta años se plasma en la realidad ese proyecto inconcluso de un organismo que trate lo relativo a la liberalización de operaciones de comercio internacional (que originariamente iba a ser la OIC). Este organismo incorpora los principios y acuerdos del ex GATT negociados hasta ese momento en las distintas rondas. También incluye dentro del marco de los temas de negociación de sus miembros los siguientes ítem: **comercio de servicios a nivel internacional** (con aplicación a los mismos, de idénticos principios que rigen el comercio de bienes) y derechos de propiedad intelectual (con bases para la adecuada protección de estos activos intangibles).

En esta ronda se incluyen a los productos agropecuarios, como productos negociables para la disminución de barreras. Dichos sector no había sido incluido dentro de los acuerdos del ex GATT. Otro tema negociado de importancia es la reducción de barreras arancelarias y conversión de los obstáculos vigentes paraarancelarios a nivel internacional, en trabas arancelarias, proceso llamado **arancelización** de barreras.

Otro aspecto destacable de la Ronda Uruguay es procurar el progresivo desmantelamiento del Acuerdo Multifibras (AMF) que incide en gran parte del comercio internacional de textiles. Otra de las medidas es la mayor precisión estipulada en los parámetros de determinación e investigación de prácticas desleales de comercio (ciertos subsidios y dumping). Otra cuestión de importancia es la fijación de ciertos parámetros en común para el establecimiento de **controles fitosanitarios** sobre productos comercializados a nivel internacional.

3. Regionalismo

3.1. La constitución de bloques regionales en el escenario global

El regionalismo implica una tendencia dentro del fenómeno globalizador de formación de mercados regionales. Los términos "mercados regionales", "bloques comerciales" y "sistemas de integración" serán utilizados en esta sección con el mismo significado, no obstante que algunos autores hacen una diferenciación sutil entre dichos vocablos.

Los mercados regionales son *ámbitos formados por dos o más países en los cuales se presentan aspectos diferenciales con respecto a terceros países*. Se producen ámbitos diferenciados que benefician la situación para intrazona (para los integrantes del bloque comercial), con respecto a extrazona (que comprende la situación de los miembros del acuerdo hacia los países que no pertenecen al bloque). Estas cuestiones pueden extenderse desde una simple reducción de aranceles hasta una integración más compleja (que puede implicar una estructura arancelaria para extrazona común y armonización de políticas económicas, entre otras)

El **Dr. BALASSA** presenta a la integración económica "como un proceso que abarca medidas destinadas a abolir la discriminación entre unidades económicas pertenecientes a distintos Estados nacionales". Dicho autor realiza una diferenciación entre cooperación (que incluye actividades destinadas a *disminuir* la discriminación entre países) e integración (que implica *eliminación* de sistemas discriminatorios entre los distintos países)

Estos mercados tienen sustento en acuerdos realizados entre los países involucrados que son denominados tratados o protocolos. Se puede conformar sistemas de integración abiertos o cerrados (según permitan o no la inclusión de miembros adicionales a los que originariamente constituyeron dicho bloque comercial)

3.2. Distintas formas de integración

Existen diferentes modelos de integración según el grado de desarrollo en los vínculos y la magnitud de los objetivos procurados entre los países miembro. Seguidamente se expondrán los distintos modelos teóricos de integración siguiendo un orden que va desde la menor forma de integración (la más simple con objetivos más limitados) hasta llegar a formas de integración más complejas (que buscan metas más ambiciosas). En la práctica, los bloques comerciales que existen actualmente a nivel internacional coinciden con algunas de estas formas o modelos que se van a exponer.

Se presentan mercados regionales que en la práctica se hallan en un estadio de integración menor al estipulado en sus objetivos. En la actualidad, sólo existe un mercado como la Unión Europea en el cual sus objetivos han sido cumplidos plenamente y por lo tanto sus metas de integración teórica han sido alcanzadas en su totalidad.

3.2.1. Área o zona de preferencia arancelaria

En esta forma de integración los países miembro buscan la reducción de barreras arancelarias y demás obstáculos al comercio para intrazona (es decir, dentro del mercado regional). Pero se mantienen las mismas estructuras arancelarias individuales de cada país con respecto al comercio con el resto de los países (o sea, para extrazona).

Por ejemplo, en la situación anterior a la integración el país A tiene aranceles del 10% para un determinado producto y el país B tiene un arancel del 20% para el mismo producto. Una vez conformada la zona de preferencia arancelaria entre A y B, se acuerda una reducción del 50 % de los aranceles. Esto significa que si A importa el producto desde el país B, paga un arancel del 5% (o sea, 10% menos el 50% de preferencia arancelaria); pero si A lo importa desde un tercer país no miembro de la integración (por ejemplo, C) el producto pagará 10% (o sea, el arancel sin la reducción). Para el caso de que B importe desde A el producto, abonará un arancel del 10%, y desde C, uno del 20%

3.2.2. Zona de libre comercio

Es similar al estado de integración anterior. La diferencia que existe es que se busca una *eliminación de las barreras al comercio para intrazona*. Pero al igual que la zona de preferencia arancelaria se mantienen las estructuras arancelarias individuales para extrazona por parte de cada uno de los componentes del sistema de integración.

3.2.3. Unión aduanera

Sus objetivos son lograr la libre circulación de bienes intrazona (o sea, eliminación de los obstáculos comerciales para las operaciones comerciales entre los países miembro). Otra meta importante es el establecimiento de una estructura arancelaria común para extrazona (arancel externo común). En el ejemplo citado anteriormente, ambos países (A y B) establecerán un mismo arancel para las importaciones originarias de C. Además, es posible que este estadio de integración tenga como requisito la conformación de una aduana común del mercado regional (lo que implicaría la eliminación de aduanas nacionales). Este organismo realizaría las tareas de recaudación y control del comercio exterior, redistribuyendo la renta fiscal entre los países componentes.

3.2.4. Mercado común

Le agrega a los objetivos de la unión aduanera la libre circulación de factores (trabajo, capital, tecnología) que se pueden desplazar sin trabas por todo el mercado regional. También busca como meta la armonización de políticas macroeconómicas entre los países. Este mercado persigue una mayor conexión y contacto en la implementación de dichas políticas y procurar ciertos puntos en común a nivel regional.

3.2.5. Unión económica

Adiciona a las metas del mercado común la fijación de una moneda común entre sus países miembro (que implica la existencia de un sistema monetario común). De esta manera se produce la desaparición de las monedas nacionales. Además exige como requisito la fijación de ciertas políticas comunes (agraria, medioambientales, etc.).

3.2.6. Confederación o integración total

En este modelo de integración los países pasan a conformar y funcionar como si fuesen único país. Este hecho se da por una unificación de los derechos positivos vigentes entre los miembros de la integración.

Existen distintos motivos por los cuales los países buscan integrar mercados regionales como: obtención de mejores relaciones políticas con los demás miembros, normalización en cuestiones migratorias entre los distintos países y obtención de beneficios comerciales. Otras causas impulsoras son: aumento de la capacidad negociadora de cada miembro del bloque de integración, implementación de reformas estructurales a nivel regional, y no quedar fuera de la tendencia del regionalismo.

3.3. Principales acuerdos regionales a nivel mundial

A continuación se expondrán algunos de los principales mercados a nivel internacional. Sobre aspectos más detallados de estos mercados se remite al lector a bibliografía más específica.

En la actualidad, los principales bloques comerciales son:

3.3.1. Tratado de Libre Comercio para América del Norte (NAFTA)

Integrado por los Estados Unidos de América, Canadá y México, tiene como objetivo la conformación de un área de libre comercio. En la actualidad, se halla en un estado de integración menor, o sea, una zona de preferencia arancelaria. Dentro de dicho acuerdo se estipulan otras cuestiones como: protección de derecho de propiedad intelectual, desarrollo de inversiones intrazona y cuidado del medio ambiente, entre otros temas.

3.3.2. Asociación Latinoamericana de Integración (ALADI)

Es un mercado formado, en su mayor parte, por los principales países del subcontinente sudamericano. Su objetivo es la conformación de un mercado común latinoamericano.

Al igual que el NAFTA, en la actualidad se halla en un estado de integración menor, es decir, una zona de preferencia arancelaria. Hay una gran cantidad de normas que vinculan a los países miembro. Existen acuerdos que son bilaterales, plurilaterales y regionales. En dichos acuerdos, denominados de alcance parcial y de alcance regional, los miembros del bloque realizan distintas concesiones para la actividad de intrazona.

3.3.3. Mercado Común del Sur (MERCOSUR)

Está formado por la Argentina, Brasil, Uruguay y Paraguay. Sus objetivos son el establecimiento de un mercado común, pero en la práctica se lo considera como una unión aduanera imperfecta, ya que sólo se ha producido la liberación del comercio intrazona y se ha conformado un Arancel Externo Común (AEC). Dicha liberación del comercio y el AEC se extienden hacia la mayoría de los productos del universo arancelario, no a su totalidad. Además existe un régimen de excepciones para ciertos productos. Por otra parte se han firmado tratados para formar áreas de libre comercio entre el Mercosur y Chile, y el Mercosur y Bolivia.

3.3.4. Unión Económica Europea

Está compuesta por la mayor parte de los países de Europa Occidental. Constantemente se está negociando la incorporación de nuevas naciones del continente europeo a este mercado regional. Es el único bloque comercial que en la actualidad ha logrado totalmente sus objetivos. Es una unión monetaria que tiene un sistema monetario único (con una moneda única, el euro, y un Banco Central Europeo). Se desenvuelve como un mercado proteccionista. Este bloque aplica la mayor variedad de barreras arancelarias y paraarancelarias conocidas para los productos provenientes de extrazona.

Desarrolla ciertas políticas a nivel regional, como la política agrícola europea y política de pesca europea. Se busca el desarrollo de esos sectores con ayuda de los estados nacionales y a nivel comunitario. Posee órganos supranacionales (Consejo, Comisión, Tribunal y Parlamento europeos) que dan origen y aplican normas de derecho comunitario. Existen algunos países de la zona que tienen una integración menor y que constituyen el Área de Libre Comercio Europea.

3.3.5. Tratado de las Américas o Asociación de Libre Comercio de las Américas (ALCA)

En la actualidad no es un mercado regional, sino un proyecto de integración a nivel continental, que implica un acuerdo comercial desde Alaska hasta Tierra del Fuego. Los objetivos perseguidos son la conformación de una zona de libre comercio americana. En la actualidad se están realizando reuniones y negociaciones sobre la constitución de este bloque comercial continental.

3.3.6. Otros mercados

Se encuentran **ASEAN** (Brunei, Indonesia, Malasia, Myanmar, Filipinas, Singapur, y Vietnam), **CARICOM, Consejo de Cooperación para los Países Árabes del Golfo, Comunidad Económica de Estados de África Occidental, Sistema Andino de Integración**, entre los más relevantes.

3.4. Efectos derivados del regionalismo

Estos efectos varían sensiblemente según el estado de integración alcanzado por un mercado regional. No obstante, en términos generales, debido a la ampliación del mercado se producen las siguientes consecuencias:

3.4.1. Aumento del comercio intrazona

También es conocido como creación de comercio dentro del área de integración. Los países involucrados en el bloque regional incrementan su volumen de importaciones y exportaciones con respecto a los socios del área. Éste efecto se produce debido a la reducción o eliminación de las barreras arancelarias y demás obstáculos al comercio, que impulsa a la generación de mayores volúmenes de negocio.

Este aumento del comercio trae aparejado el correspondiente **aumento de la producción** intrazona; esta producción ampliada permite lograr **economías de escala** (mejor reparto de costos fijos). También trae aparejado una **ampliación del ambiente competitivo** que deja de estar limitado al ámbito nacional para transformarse en un entorno de competencia regional. Dichos factores impulsan a las empresas a lograr **mayor grado de eficiencia**.

En algunos casos se puede producir cierto **desvío de comercio**. Dentro de las uniones aduaneras este desvío ocurre cuando un país del bloque importa un bien que es producido dentro del acuerdo comercial en forma más ineficiente que el elaborado en extrazona. Ello sucede porque dicho bien se halla protegido por un arancel externo común, que encarece a bienes similares de países no miembros de la integración.

3.4.2. Aumento de la inversión externa y renovación tecnológica

El área de integración es un mercado objetivo muy atractivo para la radicación de inversiones productivas, no sólo provenientes de extrazona, sino de empresas que estén radicadas en alguno de los países miembro. Las empresas inversoras diseñan una estrategia para producir en uno de los países del acuerdo, para luego comercializar en el mercado ampliado.

Las inversiones directas, así como el incremento de los flujos de comercio intrazona, son impulsores para la renovación del sistema tecnológico de intrazona. Esta renovación se produce con la celebración de contratos de transferencia de *know how*, con la incorporación de bienes de capital, entre otros.

3.4.3. Mejora de la situación del consumo intrazona

Los consumidores son muy beneficiados por la integración, ya que disminuyen los precios de los productos importados por un país desde otro miembro del acuerdo. Esta baja se debe a la eliminación de barreras comerciales intrazona que los encarecían. Con el aumento de las importaciones y exportaciones intrazonas los consumidores del bloque, tienen una mayor variedad en la elección de productos a consumir.

3.4.4. Mejora de las relaciones políticas entre los países involucrados

Existe una ligazón importante entre comercio y política internacional. Al incrementarse las relaciones comerciales entre los miembros del acuerdo, se desarrollan relaciones diplomáticas interestatales más fluidas. Esta mejora en los vínculos hace más propicia la celebración de nuevos acuerdos entre los países.

3.4.5. Fijación de normativas y estándares a nivel regional

En ciertos casos la constitución de bloques comerciales permite lograr el consenso entre sus miembros, en la fijación de ciertos puntos en común. Pueden existir normas comunes que traten temáticas diversas como: cuestiones aduaneras, de envasado, transporte, parámetros de calidad y certificaciones obligatorias, entre otras.

3.4.6. Negociación de otros acuerdos a nivel de bloque

Se produce una actitud sinérgica en la capacidad negociadora de los miembros. El bloque puede negociar nuevos acuerdos comerciales (aumentando su poder y habilidad negociadora) con otros países o con otros sistemas de integración.

3.4.7. Proliferación de estrategias empresariales panregionales

Ciertas empresas radicadas en intrazona o en extrazona diseñan e implementan estrategias de comercialización panregionales, considerando a todos los países del sistema de integración como un único mercado objetivo. Estas actividades estratégicas tienen como meta el acceso a un bloque comercial, buscando el posicionamiento de productos destinados a segmentos panregionales (para consumidores con gustos homogéneos o necesidades similares en los distintos países miembro). De esta forma es posible lograr la estandarización de ciertas variables de la mezcla de marketing a nivel regional (por ejemplo, usar la misma marca, o el mismo packaging para acceder a distintos mercados-países intrarregionalmente).

3.4.8. Relocalización de ciertas industrias

Se pueden producir cambios a nivel intrazona de industrias que quieren obtener los beneficios de las ventajas comparativas existentes en otros países miembro. Esta dinámica produce una reestructuración total o parcial de las estructuras productivas nacionales. Como consecuencia, puede existir un replanteo a nivel de los países, en la especialización de sus estructuras productivas nacionales, con respecto al ámbito regional.

3.4.9. Conformación de alianzas estratégicas a nivel intrarregional

Debido a la ampliación del mercado y al incremento de la competencia que alcanza dimensiones regionales, los acuerdos comerciales pueden presentar un ámbito propicio para las empresas de los distintos países miembro. Puede resultar beneficiosa la realización de proyectos conjuntos en los cuales distintas empresas del bloque comercial se integren y complementen en aspectos como: comercialización, producción, abastecimiento y/o financiamiento para el desarrollo de una estrategia regional.

3.4.10. Otros efectos

Otro efecto importante es la sustitución de relaciones comerciales con países de extrazona hacia intercambios con economías que forman parte del acuerdo regional. También es relevante la baja en los costos de transacción y mayor transparencia en los precios de intrazona. Sobre todo, este último efecto se produce en los mercados regionales que logran una moneda común, como es el caso de la Unión Europea.

4. Ambientes o entornos internacionales

4.1. Impacto de los ambientes diferenciales en la comercialización internacional

Hay muchos puntos en común en el diseño de una estrategia de comercialización para el mercado interno, y una estrategia de marketing para acceder a los mercados mundiales. Sin embargo, una de las principales cuestiones de distinción entre la comercialización doméstica y el marketing en el ámbito internacional es que entre el mercado local y los mercados mundiales existe una serie de **factores diferenciales**.

Esas diferencias pueden ser de distinta índole. Las mismas configuran en cada uno de dichos mercados externos (o mercados-países) determinados **entornos o ambientes internacionales** que los distinguen del entorno o ambiente nacional.

Estos entornos varían de país-mercado a país-mercado, aunque pueden presentarse importantes similitudes entre los entornos. Este hecho crea una situación de cercanía psicológica entre ambos mercados. Esta cercanía o similitud entre ambientes genera un ámbito más propicio para la comercialización de productos.

4.2. Principales entornos internacionales

Son justamente las diferencias que se presentan en dichos entornos y su variación de país a país (y en ciertos casos con la existencia de distintos subentornos a nivel interno de país), lo que complejiza la actividad de comercialización internacional. El empresario debe conocer y manejar eficientemente esas características diferenciales para adecuar la estrategia más apropiada para cada mercado. Más adelante se desarrollarán algunas estrategias como la estandarización que minimiza el impacto de las diferencias de entornos (a través del ofrecimiento de los atributos del producto sin modificación para los distintos mercados).

Los entornos más importantes son:

— Económico, financiero y tecnológico.

— Cultural.

— Político y legal.

4.2.1. Entorno económico, financiero y tecnológico

El entorno económico, financiero y tecnológico está compuesto por diversos factores que varían sensiblemente de un país a otro. Es de total relevancia considerar en forma adecuada este ambiente en la fijación de estrategias de comercialización. Todos estos factores interpenetran las actividades de la competencia y del consumo en el mercado de destino. Existen algunos componentes de este ambiente que forman parte de la estructura de recursos naturales (en sentido amplio) de un país como son el clima, los recursos naturales, etc., y otros factores que están determinados por la interacción entre empresas, consumidores y actividad estatal (PBI, renta per cápita, nivel de desempleo, etc.).

El entorno económico, financiero y tecnológico comprende los siguientes ítem:

— Producto bruto interno y producto bruto nacional.

— Número de habitantes y tasas de crecimiento demográfica.

— Composición de la población por edades y su distribución en el territorio nacional.

— Renta per cápita y estructura de distribución de ingresos.

— Estructura productiva y sectores estratégicos nacionales.

— Nivel de concentración de la estructura productiva y comercial.

— Cantidad y características de las pequeñas y medianas empresas nacionales.

— Nivel de desarrollo económico.

— Composición de la familia tipo.

— Nivel de endeudamiento.

— Tasa de interés y tasa de inflación.

— Nivel de endeudamiento y formas de financiamiento del sector público.

— Nivel de desarrollo tecnológico en los distintos sectores de la economía.

— Nivel de intervención del Estado en la actividad económica y comercial.

— Formas de financiamiento a nivel empresarial.

— Programas de apoyo al comercio exterior e incentivos a las operaciones internacionales.

— Riesgo País (éste es un factor político y económico).

— Volumen de importaciones y discriminación por sector y producto.

— Volumen de exportaciones y discriminación por sector y producto.

— Balanza de pagos.

— Infraestructura (comunicación, carreteras, transporte, distribución, etc.).

— Características del sistema financiero nacional (mercado de capital, mercado de dinero y mercado de divisas).

— Desarrollo de polos o sectores tecnológicos.

— Nivel de inversiones privadas y estatales en I + D (investigación y desarrollo).

— Sistema de cambio y riesgo del tipo de cambio.

— Grado de apertura de la economía (existencia de barreras arancelarias y paraarancelarias).

— Políticas de fomento de inversión externa.

— Tasa de crecimiento de la economía.

— Participación del país en algún mercado regional y su importancia relativa en el mismo.

— Recursos naturales existentes.

— Recursos humanos (o capital humano) y política de cuidado medio ambiental.

— Características geográficas (climáticas, topográficas, etc.).

— Calidad de vida y niveles de desempleo.

— Presión y estructuras tributarias.

4.2.2. Entorno cultural

El entorno cultural está compuesto por múltiples factores, es multidimensional. La cultura está formada por una serie de comportamientos, creencias y valores que **integran todas las actividades de la sociedad.** La base cultural van traspasando de generación a generación. En los aspectos culturales existe una gran resistencia al cambio y dichos factores subsisten con muy pocas variaciones a lo largo del tiempo.

La **sensibilidad cultural** o culturización es la capacidad de adaptación de una empresa a un determinado entorno cultural. La **incompetencia cultural** es la incapacidad del empresario para detectar e interpretar las diferencias culturales entre el mercado nacional y el externo. El **imperialismo cultural** implica la fijación de una estrategia empresarial que no toma en consideración las diferencias culturales entre el país de origen y destino. Dicha actitud promueve la imposición de valores culturales de un país sobre el otro.

Existen a nivel internacional algunos ambientes culturales en los que se le da gran relevancia al contexto donde se desarrollan las operaciones. Son las culturas de **alto contexto**, como, por ejemplo, los países árabes y Japón. En estos tipos de cultura, las palabras tienen un significado menos explícito, pero existe una mayor consideración de la persona como garantía de compromiso y responsabilidad en el cumplimiento de sus obligaciones. En estos entornos son menos utilizadas determinadas formalidades legales a efectos de cerrar acuerdos comerciales.

Hay otros escenarios culturales en los cuales lo contextual no es tan importante. En dichos ámbitos, las palabras transmiten la totalidad del mensaje en forma explícita (v.g., los Estados Unidos). En esta clase de entornos culturales, la seguridad de un compromiso esta dado por el establecimiento de ciertas formalidades y precauciones jurídicas que ligan a las partes en el cumplimento de sus compromisos. Lo importante no es la persona, sino los acuerdos y documentos que firma (culturas de bajo contexto).

Las pronunciadas diferencias existentes en los entornos culturales a nivel internacional implican un responsable análisis de los citados ambientes. Se debe definir e implementar una estrategia de acceso que considere los valores, características, hábitos y costumbres extranjeras. Es necesario que el empresario tenga una actitud de empatía (o ponerse en el lugar del mercado extranjero) considerando las **particularidades culturales** de cada mercado externo. Se debe evitar realizar un análisis simplificado que tenga como únicos parámetros de referencia las características culturales locales del mercado de origen.

Algunas de las principales variables a considerar por la empresa sobre los distintos entornos culturales internacionales son:

— Idioma y matices de significado (el idioma es relevante para comunicar gran parte de los atributos del producto y para obtener información sobre el mercado de destino).

— Factores religiosos y creencias populares.

— Estilo de vida de los consumidores.

— Actitud de los consumidores ante lo extranjero.

— Formas de utilización o consumo de determinado producto.

— Valores sociales (solidaridad, cooperación, etc.).

— Principales instituciones sociales reconocidas por la sociedad.

— Cuestiones estéticas (que implican la utilización de ciertos colores, preferencias por ciertos diseños, formas o materiales, etc.).

— Factores que motivan la compra y distintos patrones de comportamiento social.

— Lenguaje no verbal (es útil sobre todo en la negociación de acuerdos comerciales con representantes del mercado externo, o en el diseño de estrategias publicitarias).

— Niveles de formación de la población (posibilidad de acceso a la educación básica, tasa de analfabetismo, porcentaje de población capacitada en grados superiores).

— Características de las distintas clases o estratos sociales.

— Acceso de la sociedad a nuevas formas tecnológicas.

— Costumbres y modales.

— Otras características (individualismo, importancia de la mujer en la sociedad, tamaño promedio de las familias, cuidado de la ecología, respeto de la estructura social hacia las personas mayores, la importancia de la ética).

4.2.3. Entorno político y legal

Pertenece a la soberanía de cada país la autodeterminación en cuanto a la legislación y el establecimiento del sistema político que deben amparar a las actividades que desarrollan sus habitantes e instituciones. Como es conocido, la normativa varía sensiblemente de un mercado a otro, según las situaciones particulares que corresponden al ámbito de cada nación. Son numerosos los aspectos políticos y legales a analizar por el empresario, que pueden incidir directa o indirectamente en la comercialización del producto en un determinado mercado externo. Entre ellos, los más importantes son:

— Régimen político imperante.

— Grado de intervención del Estado en la actividad económica (regulación de ciertas operaciones, establecimiento de organismos burocráticos de control).

— Existencia de grupos de presión (lobby).

— Distintas barreras comerciales (tarifarias y paratarifarias), que traben el acceso de productos de otros países.

— Nivel de riesgo político existente en el país que puede afectar la seguridad en el desarrollo de actividades comerciales (existencia de conflictos bélicos, golpes de Estado, revoluciones, huelgas, terrorismo).

— Actividades gubernamentales que puedan afectar el derecho constitucional de propiedad y otros (confiscación, expropiación, etc.).

— Vinculación entre Estado y religión.

— Vigencia de leyes contra prácticas desleales de comercio (dumping, subsidios).

— Imposición de sanciones comerciales hacia determinados países.

— Características de normativa nacional protectora de derechos de propiedad intelectual (patentes, marcas, diseños, etc.).

— Promulgación de leyes de protección medioambiental.

— Carácter del sistema legal imperante (basado en leyes codificadas o en la costumbre).

— Existencia de políticas económicas que afecten los flujos de comercio internacional (establecimiento de precios máximos, sistema de cambio de divisas controlado, etc.).

— Sistema legal que permite actividades de corrupción dentro de la órbita privada y estatal.

— Acuerdos políticos bilaterales o multilaterales o convenios internacionales que puedan lograr condiciones más beneficiosas de comercio.

— Vigencia de normativa que estimule y promueva el establecimiento de actividades asociativas relativas al comercio exterior.

— Normativa aduanera existente.

— Legislación sobre la radicación de Inversión Directa proveniente del Exterior (IDE).

— Otro tipo de normativa de importancia son aquellas que tratan los siguientes temas: contratación y documentación mercantil, funcionamiento y regulación del transporte común y multimodal, promoción de importaciones de bienes de capital o insumos críticos, defensa del consumidor y competencia, etc.

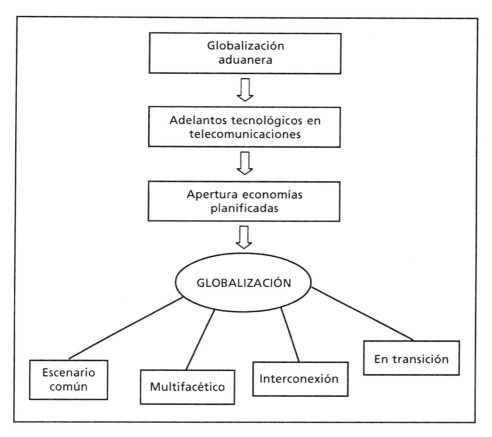

Gráfico 1.1. Etapas y características de la globalización.

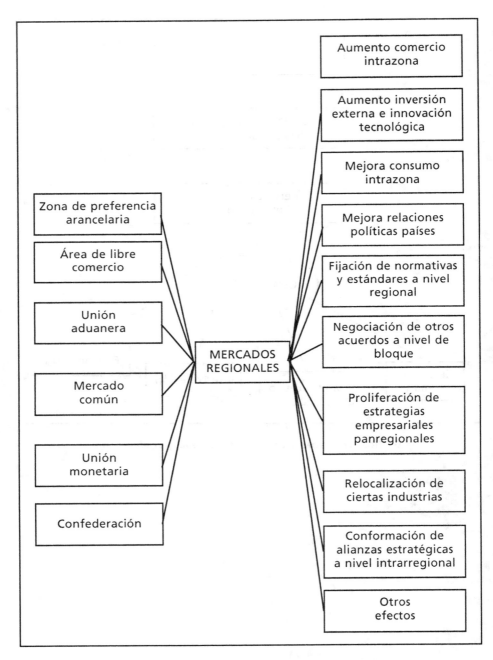

Gráfico 1.2. Clases de mercados regionales y sus efectos.

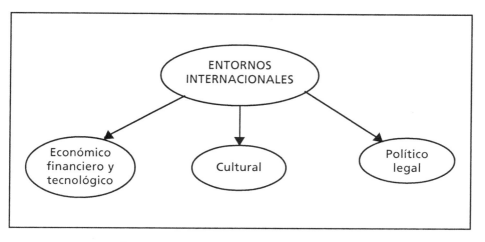

Gráfico 1.3. Ambientes o entornos internacionales.

LA EMPRESA Y LOS MERCADOS INTERNACIONALES

1. Problemática de la pequeña y mediana empresa

Dentro de la vasta problemática de la pequeña y mediana empresa existe una importante serie de cuestiones que inciden en su internacionalización.

El primer obstáculo que se le presenta a los empresarios, especialmente a aquellos sin experiencias ni incursiones en los mercados externos, es la **falta de conciencia exportadora.**

1.1. La conciencia exportadora

1.1.1. Características principales

La conciencia exportadora es una actitud positiva del empresario que le permite desarrollar una vinculación progresiva a nivel internacional, a través de la asunción de compromisos a mediano y largo plazo con los mercados externos.

La conciencia exportadora, por lo tanto, tiene cinco características que la definen:

— *Mental:* es una actitud que está íntimamente ligada al pensamiento y estrategia directiva empresariales. La conciencia reside en la **mente del empresario**, lo impulsa y lo estimula a acceder y desarrollar la actividad comercial en los mercados mundiales. Esta concepción positiva con respecto al comercio exterior no debe quedar concentrada en los altos niveles de dirección de la empresa. Debe **expandirse** también hacia niveles de base u operativos. Toda la empresa, desde el empleado de menor remuneración hasta el más alto directivo, tiene que estar imbuida de esta conciencia exportadora. No obstante, es muy común que esta actitud aparezca primero en los niveles más altos y luego se disemine a todos los demás integrantes de la organización.

— *Razonable:* en esta actitud que tiene una gran base de razonabilidad, el empresario que posee conciencia exportadora comprende la **complejidad** de los mercados globales y desarrolla una estrategia de comercialización racional y progresiva para internacionalizar su producto.

— *Positiva:* no niega las dificultades que implica la penetración de mercados mundiales, pero el empresario motivado hace énfasis en los potenciales **beneficios** que puede traer para la empresa el desarrollo de actividades internacionales (mayores utilidades, mejor reparto de costo y aprovechamiento de capacidad ociosa, diversificación del riesgo, etc.).

— *Gradual:* esta actitud da lugar a una toma de decisiones que permite que la empresa se acerque progresivamente a las distintas actividades de comercio internacional. Además, se produce un proceso de **retroalimentación** dentro de la empresa según las distintas experiencias que se van desarrollando en los mercados externos. La **capacidad de aprendizaje** que genera esta actitud y las decisiones basadas en ella permiten que la conciencia exportadora se vaya autoimpulsando a lo largo del tiempo. Este gradualismo significa que, con la adquisición de experiencia internacional, el empresario diversificará los mercados donde penetrará la empresa en forma progresiva. Con el transcurso del tiempo también se irá incrementando de manera progresiva, el grado de dificultad de los mercados accedidos (desde los más simples hacia los más complejos). Esto implica también que la empresa deberá realizar una creciente **asignación de recursos** monetarios, financieros, productivos y humanos hacia los mercados internacionales a medida que se va afianzando en los mismos.

— *Estable:* este enfoque exportador se presenta como una actitud **estratégica**. Se puede plantear el acceso a los mercados externos como una **misión** para la empresa. Puede ser considerado el acceso internacional como uno de los objetivos principales que servirá de **guía** a todos los otros objetivos menores. No se trata de un comportamiento con efectos sólo en el corto plazo. Es una visión empresarial con objetivos de largo alcance, más allá de situaciones coyunturales.

1.1.2. Factores que afectan a su formación

Algunos de los factores que pueden atentar contra el desarrollo de la conciencia exportadora en los empresarios o menoscabar el desarrollo de esta actitud positiva son:

— **Temor a lo desconocido y resistencia al cambio:** en ciertas empresas, la complejidad y heterogeneidad de los mercados internacionales se impone como una dificultad insalvable en un primer momento. La empresa observa a los mercados externos con una gran carga de **incertidumbre**. En el empresario existe un **aferramiento** al contexto conocido en el que mejor se desenvuelve, que es el mercado interno.

— **Experiencias fallidas:** si la empresa tuvo **fracasos** en operaciones internacionales anteriores, se pueden presentar dudas sobre la factibilidad de la comercialización externa y sobre la idoneidad de la empresa para esta actividad. El empresario debe evaluar si dichas experiencias fallidas han sido realizadas sin una adecuada planificación. También es importante que la organización reflexione sobre algunos aspectos de los intentos realizados, como la necesidad de un adecuado **asesoramiento** técnico y requerimiento de **información** mínima necesaria para el acceso a la actividad internacional.

— **Desconocimiento de aspectos positivos del comercio internacional:** el empresario no sólo debe hacer hincapié en el reto que plantea el comercio internacional, sino que además debe conocer los distintos **incentivos** que la actividad de comercio exterior puede tener para su empresa. Algunos de ellos son de mucha relevancia como: aumento de utilidades, incentivos fiscales, crediticios e impositivos, entre otros.

— **Seguridad del mercado nacional:** la seguridad que tiene la empresa en las operaciones realizadas en el mercado nacional es un factor que puede atentar contra la formación de la conciencia exportadora. Cuando el empresario desarrolla cierto nivel de operaciones en el entorno doméstico, puede considerar **innecesario** la diversificación de sus operaciones hacia otros mercados. Este factor puede estar, además, sostenido por **ventas nacionales crecientes**, gran nivel del poder adquisitivo del segmento al cual va dirigido el producto en el entorno local, etc.

— **Desconocimiento de la realidad global:** el empresario puede tener determinado nivel de **ingenuidad** y desconocer ciertos principios del actual contexto global. Algunos factores de la globalización, como la progresiva e irreversible **interconexión** de las economías nacionales a través de **flujos** comerciales, financieros, y comunicacionales, son claves para la actividad empresarial. El desconocimiento de esta tendencia globalizadora y globalizante que interpenetra constantemente el contexto nacional sobre el cual la empresa desarrolla sus actividades, puede traerle graves consecuencias a la organización. La **ignorancia** de estas cuestiones puede hacer pensar al pequeño y mediano empresario que su producto se comercializa en un ámbito de competencia a nivel local, totalmente desconectado del entorno internacional. También estas percepciones distorsionadas pueden hacer creer a los directivos que su producto solamente puede tener aceptación en el mercado doméstico y que no es apto para el mercado global.

1.1.3. Soluciones al problema de su ausencia

Entre las soluciones tienen gran incidencia los denominados **impulsores de internacionalización empresaria**. Estos factores pueden ser muy diversos y actúan directa o indirectamente sobre el empresario. Estos impulsores apoyan, motivan y acompañan a la organización en su cambio de actitud. Entre ellos, se puede señalar a los siguientes:

— *Distintas situaciones que puedan producir en el empresario o en algunos de sus empleados cierto nivel de apertura mental hacia los mercados internacionales*: las principales situaciones son la realización de cursos de capacitación en comercio exterior, la asistencia a conferencias sobre la temática internacional y la actualización de los conocimientos a través de boletines informativos o programas informativos sobre temas de comercio exterior. También pueden contribuir a dicho objetivo: la asistencia a ferias o misiones comerciales y el conocimiento sobre actividades internacionales realizadas por su competidor local.

— *Distintas personas que pueden influir sobre la empresa en el cambio de enfoque*: en general, se trata de **operadores** o intermediarios que realizan **actividades vinculadas** directa o indirectamente con la internacionalización, por ejemplo, personal que ha sido incorporado al plantel de la empresa con conocimientos de comercio exterior, consultores en comercio exterior, transportistas internacionales, brokers y compañías comercializadoras. También son de mucho apoyo: despachantes de aduanas, asesores de organismos gubernamentales de fomento de actividades de comercio internacional, sector externo de instituciones financieras, entre otros.

— *Ciertas situaciones económicas coyunturales o estructurales del mercado local:* determinados aspectos de depresión o recesión económica del mercado local que conllevan la caída de ventas y baja en el consumo doméstico, o la existencia de un ámbito competitivo muy feroz en el entorno nacional que impide aumentar la participación de mercado, pueden ser factores generadores de conciencia exportadora. Estas cuestiones pueden abrir un horizonte de cambio empresarial determinado en ciertos casos por un fuerte motivo de **supervivencia** o búsqueda de caminos alternativos comerciales. Lo importante es que si algunos de los motivos citados son coyunturales, el empresario no revierta la actitud exportadora ante mejoras en la situación a nivel nacional. Es importante que una vez asumido el compromiso exportador no sea descuidada la actividad internacional, más allá de cambios favorables posteriores que se den en el entorno doméstico. La actitud de la empresa debe ser la de sostener y **profundizar** las **estrategias internacionales** que hubiera desplegado en épocas desfavorables del mercado nacional, por más que luego mejore la situación en dicho entorno local.

1.2. Problemas de volumen y calidad exportables congruentes con el mercado externo

1.2.1. Diferencias entre saldo y oferta exportable

Otro problema que se suele presentar para los empresarios en el inicio de actividades de internacionalización es la falta de un **volumen exportable y una calidad adecuados** para satisfacer requerimientos mínimos de demanda internacional. En general, los pedidos de los compradores del exterior tienen las siguientes características:

— Son de gran envergadura, lo que en ciertos casos excede la totalidad de la producción de la empresa de pequeño o mediano porte, en el mercado de origen.

— Requiere determinados niveles de calidad que se puedan sostener a lo largo del tiempo.

Con referencia al volumen exportable o cantidad destinada a los mercados internacionales, hay que hacer una diferencia entre el saldo y la oferta exportables.

Saldo exportable

Es la diferencia entre la producción total de una empresa, deducido lo vendido en el mercado nacional. El saldo es **fluctuante**, ya que si se incrementan las ventas nacionales, éste decrece; mientras que si disminuyen, aumenta. Existen variaciones de este saldo ante las fluctuaciones de los volúmenes comercializados internamente.

Estos saldos no permiten asumir compromisos serios y continuos con respecto a operadores extranjeros. El saldo exportable no posibilita al empresario determinar una estrategia de exportación a mediano o largo plazo, por su carácter fluctuante y discontinuo. Cuando se habla de saldos exportables, la **prioridad** en la asignación de la producción la tiene el **mercado doméstico**. El mercado internacional es la variable de ajuste, sólo se destina a éstos el excedente de producción no consumida localmente.

Oferta exportable

Es un volumen continuo y estable destinado a los mercados internacionales, que permite cerrar acuerdos comerciales que exceden el corto plazo. Este volumen es asignado preferencialmente al mercado internacional con respecto al consumo local. Posiciona al exportador como responsable y serio ante los operadores mundiales. Le permite asegurar una determinada cantidad para el comprador del exterior y cumplir así con las obligaciones internacionales.

La oferta representa una gran **responsabilidad** en la asunción de compromisos externos que van a ser **satisfechos** en su totalidad. Por lo tanto, más allá de lo que suceda con las ventas y el consumo en el mercado local, el comprador extranjero va a tener asegurado una parte de la producción del exportador en **cumplimiento** de los acuerdos contractuales celebrados. En este caso el mercado interno es la variable de ajuste, es decir que para el mercado nacional es asignada la producción que no forma parte de la oferta exportable.

Se observa que la **oferta exportable** que conforma el empresario de pequeño porte es **insuficiente** en comparación a las cantidades mínimas requeridas por el mercado mundial. A esta problemática específica se pueden aplicar soluciones tradicionales o creativas.

1.2.2. Soluciones a la problemática de oferta exportable

Soluciones tradicionales

— Compra de nuevas maquinarias, ampliación de las instalaciones productivas, aumento de jornadas laborales y de la cantidad de trabajadores para producir. También es válido cualquier otro **aumento de los recursos productivos** de la empresa que permita elaborar mayor cantidad de productos para ser destinados a la inserción mundial.

Soluciones creativas

— **Asociativismo:** implica un proyecto conjunto para acceder a los mercados externos. La asociatividad puede ser una solución efectiva para los productores que tienen escaso porte y que su oferta exportable es insuficiente. Con la asociación de distintas ofertas exportables de pequeñas empresas de un mismo producto, se puede conformar lo que se denomina un *paquete de oferta exportable*, que permita satisfacer eficientemente la demanda internacional.

— **Contrato de manufactura:** es muy útil para el productor que no alcanza a cumplir los pedidos externos con su propia producción. En este caso, **subcontrata** a una o más empresas las cantidades faltantes de los bienes que conformarán la oferta exportable, luego, les compra dicha producción (que las empresas han elaborado a pedido) y la integra al volumen a destinar al exterior. La empresa subcontratada ha realizado la producción de dichos bienes, que luego son comprados, para derivarlos al mercado mundial, de acuerdo con las especificaciones y parámetros determinados por la empresa que le efectúa el pedido.

1.2.3. Importancia de la calidad del producto en las operaciones internacionales

Con respecto a la **problemática de la calidad homogénea** del producto ofrecido a los mercados internacionales, la empresa debe lograr en cada lote de producción las mismas características y los mismos atributos del producto. Dichos bienes deben satisfacer las necesidades del comprador o usuario extranjero sin altibajos. Además, se debe lograr **una relación de calidad entre todas las piezas o partes** que forman parte del producto, que deben tener el mismo nivel de desempeño para su uso o consumo. Se debe buscar **una adecuada relación entre el grado de calidad y la vida útil del producto.**

Se debe lograr, en el sentido más amplio, el concepto de **calidad total.** Esto implica no sólo la aplicación de parámetros en la elaboración y terminación del producto, sino dentro de la totalidad del proceso empresarial. Estos problemas de calidad se le presentan al empresario local cuando no cumple determinados estándares de calidad que son estipulados por normas legales en el país de destino (como el uso de algunos materiales, la no utilización de ciertos conservantes artificiales, etc.). Estos parámetros pueden ser considerados, en determinados casos, como *barreras paraarancelarias.* En otros casos, se trata de obstáculos no legales (también llamados "barreras de hecho"), cuando están establecidos por los compradores externos, que desean que su proveedor en origen se incorpore a su sistema de calidad.

1.2.4. Soluciones al problema de calidad de los volúmenes ofrecidos

Una de las soluciones para la problemática de calidad es que la empresa se incluya en un sistema de gestión de calidad total para lograr algún tipo de certificación nacional o internacional de acuerdo con los estándares de calidad. Por ejemplo, a nivel internacional existen las llamadas **normas ISO** Serie **9000** y **14000,** que son de relevancia en el mercado mundial. Esta clase de gestión de calidad a nivel internacional implica el asesoramiento empresario llevado a cabo por un consultor en calidad. Es necesario el seguimiento de un plan de calidad por parte de la empresa de acuerdo con los manuales de procedimientos, para obtener la certificación del organismo pertinente autorizado, el cual ratificará que todo o parte del proceso industrial está encuadrado dentro de parámetros normalizados.

En general, los costos de obtención de estas certificaciones pueden significar una gran suma de dinero para la pequeña empresa que le impide iniciar dichas gestiones. No obstante, si la empresa participa de alguna **estructura asociativa** (por ejemplo, una cooperativa de exportación), puede mejorar su situación en la obtención de la certificación de calidad. Los costos de implementar un sistema de control cualitativo para los productos comercializados internacionalmente, a través de una estructura conjunta, pueden ser compartidos por todos los miembros del proyecto asociativo.

Una segunda solución para cubrir ciertos aspectos de calidad es que la empresa realice **revisiones y análisis periódicos** de la producción embarcada. Las verificaciones son efectuadas por **laboratorios o consultoras especializadas independientes** que emiten documentos llamados "**certificados de calidad**" y que controlan ciertos **aspectos** del proceso de elaboración o atributos de la mercadería. Las cuestiones de calidad a analizar, varían según el producto de que se trate (v.g., control de resistencia, radioactividad, nivel de humedad, etc.). Por lo tanto, se puede ofrecer al comprador del exterior, a efectos de demostrar un nivel de calidad uniforme, la inclusión —entre los documentos comerciales de embarque de la mercadería a enviar al exterior— de **certificados de calidad** que son el respaldo documental de la verificación de determinados atributos de los productos exportados, realizada por organismos independientes.

Los países de un alto grado de desarrollo económico generalmente tienen mayores exigencias en cuanto a requerimientos de calidad. Por ello, el empresario también puede enfocar como otra solución alternativa al tema de calidad, por lo menos en una primera etapa, un cambio de los mercados objetivos a penetrar. Se puede considerar la comercialización de bienes, a **países-mercados menos desarrollados** o en vías de desarrollo que tengan menos estipulaciones de calidad.

1.3. Problemas financieros que afectan a la internacionalización

1.3.1. Importancia de esta problemática

La falta de fondos para internacionalizarse es otra problemática que afecta al pequeño y mediano empresario. Entre aquellos recursos necesarios que el empresario debe contar y asignar para acceder a los mercados mundiales (humanos, productivos, etc.), tienen principal importancia los financieros. Se trata de problemas de finanzas empresariales, que impiden a la empresa llevar a cabo operaciones que directa o indirectamente la vinculen con los mercados externos. Las dificultades de financiamiento se pueden dar por la falta de acceso por parte de la empresa a **líneas** de crédito de instituciones financieras o por falta de **capital** propio.

Según cada caso particular, la incapacidad financiera impide la asunción de ciertos gastos importantes para la penetración de mercados externos.

Gastos operativos

— En comercio internacional existen **ciclos de cobro** más extensos que en el mercado interno. En general, las operaciones de exportación tienen un ciclo medio de cobro de 90 o 180 días, que es muy superior al ciclo de cobro de las prácticas comerciales del mercado interno. Por ello, se le hace muy difícil al empresario sostener ese ciclo (que va desde la producción y el embarque hasta la efectiva cobranza de la mercadería), sin ingreso de fondos para cubrir las cuentas operativas.

— Ofrecimiento de cotizaciones al exterior con ciertas cláusulas de precio que impliquen el **pago del transporte** y otros componentes del precio por parte del **vendedor** (un ejemplo es la cláusula incoterm CIF —costo, seguro y flete—, en la cual el vendedor es responsable del pago e inclusión en el precio ofrecido no sólo del costo del producto, sino también del transporte internacional y el aseguramiento internacional).

Gastos productivos

— Compra de materias primas, insumos y demás **componentes** necesarios para producir un bien para ser comercializado en otros países.

— Ampliación y/o modificación de la **estructura productiva** para adecuarla a la manufactura del bien a exportar.

— Controles del proceso productivo, a través de auditorías de **calidad**, certificaciones de calidad nacionales e internacionales.

Gastos de comercialización

— Realización de estudios e **investigación** de mercados externos.

— Confección de **folletos** y catálogos multilingües (con altos gastos de diseño y traducción).

— Diseño y prueba de nuevos **envases**, según los requerimientos legales del mercado de destino.

— Participación en **ferias** y exposiciones internacionales.

— Participación en **misiones** comerciales y viajes de negocios.

— Diseño y mantenimiento de una **página web**.

— Envío de material promocional (**muestras**).

— Diseño y registración de una **marca** a nivel internacional.

1.3.2. Soluciones a la problemática de fondos para las operaciones internacionales

Esta clase de problemas puede tener distintas soluciones:

Tradicionales

Consiste en la obtención de **líneas de crédito** a tasas más beneficiosas de interés. Son los llamados "créditos de **prefinanciación** de exportaciones", que permiten solventar financieramente la producción de bienes para que sean destinados al mercado interno. Los créditos de **financiación** son aquellos que apoyan financieramente el ciclo que va desde el embarque del producto exportado hasta el cobro de la operación. Las líneas crediticias de **postfinanciación** al vendedor son para regenerar el ciclo operativo de su empresa luego de cobrada la operación. En ciertos casos, también existen ciertas líneas de crédito para ampliar la estructura productiva a través de la incorporación, en condiciones muy beneficiosas, de **bienes de capital** importados y/o nacionales, para la producción de artículos exportables.

En el caso de ayudas estatales concretas, los organismos gubernamentales pueden colaborar, sobre todo con el empresario, en ciertos aspectos de comercialización: gestión de programas que permiten la participación de los pequeños empresarios en **stands oficiales** (que generalmente son stands compartidos por varias empresas), en ferias y exposiciones internacionales, con costos de acceso a estos eventos más bajos. También algunos órganos estatales prevén la organización de **viajes de negocios** cuyos costos pueden ser compartidos entre varios empresarios. Ciertas agencias del Estado brindan **asesoramiento** al empresario en forma gratuita o a bajo costo, en lo referente a la gestión de calidad, diseño de envases, etc. En ciertos casos, pueden establecerse programas gubernamentales que otorguen **subsidios** para algunas actividades de internacionalización o destinados para la conformación de estructuras empresarias asociativas para el comercio internacional (consorcios de exportación, grupos de exportadores, etc.) y el sostenimiento de sus actividades. En otros casos, el Estado puede participar en la organización de **eventos comerciales** (ferias, eventos empresariales internacionales, etc.) que permite generar contactos entre el empresariado local y el internacional.

Creativas

El **asociativismo** permite lograr el acceso para el pequeño y mediano empresario a ciertos gastos que lo vinculan al mercado externo (como la investigación de mercados, folletería internacional, asistencia a ferias). Las erogaciones son compartidas entre todos los miembros del proyecto conjunto, lográndose costos unitarios para cada empresario mucho más bajos que si tuviera que desembolsar dichas sumas en forma individual. Estas estructuras asociativas pueden obtener, a través de un sistema de **compras conjuntas** o centralizadas, costos más económicos y plazos más largos de insumos, maquinarias y materia prima para sus socios. En ciertos casos, las estructuras empresarias pueden obtener **créditos** en condiciones más beneficiosas para sus componentes, o servirles de garantía para conseguir financiamiento en forma individual. Como las estructuras asociativas tienen mayor capacidad negociadora con los compradores del exterior que la que poseen sus miembros actuando en forma individual, a veces pueden lograr plazos de financiamiento de operaciones más cortos (reduciéndose el ciclo embarque-cobro) en función de la importancia de los negocios concretados.

Otra posible solución en caso de problemas de financiamiento es a través de la constitución de un joint venture o **coinversión**. Consiste en una asociación internacional (contractual o con la conformación de una nueva sociedad), que le permita a las empresas intervinientes asignar distintos recursos (capital, mano de obra, tecnología, etc.) para el acceso a mercados mundiales. El joint venture puede ser conformado entre una empresa nacional de medio porte, con una empresa internacional. En este ejemplo la empresa nacional aportaría estructura productiva y recursos humanos, entre otros recursos. Por otra parte, la empresa internacional destinaría al proyecto exportador *capital para el proceso operativo*, tecnología, información sobre potenciales oportunidades de negocio o contactos internacionales. En el ámbito mundial, existen algunos programas oficiales que fomentan este tipo de emprendimientos, uno de los más conocidos es *Al Invest*. Este programa es promovido por la Unión Europea y fomenta alianzas entre empresas de ese mercado regional y de otros países.

1.4. Problema de conocimiento sobre la dinámica del comercio exterior

1.4.1. Importancia de esta problemática

Un obstáculo que enfrenta la pequeña y mediana empresa es la **falta de conocimiento (o know how) sobre cómo acceder a los mercados internacionales**. Es un problema complejo que implica un gran desconocimiento empresarial de importantes cuestiones sobre:

Gestión operativa y documental de la exportación: aspectos de contratación de un flete internacional, ventajas de elección de un determinado medio de transporte, cálculo de la capacidad de un container y su manejo logístico y análisis de los distintos componentes que forman parte de un precio de exportación. Es necesario tener en cuenta otros aspectos, como aseguramiento de la mercadería y conveniencia en la utilización de distintas cláusulas de seguro internacional, confección de distintos documentos comerciales (oferta, cotización, factura proforma, lista de empaque, etc.) y gestión de otros documentos (certificado de origen, certificados fitosanitarios, entre otros).

Aspectos aduaneros de la exportación: Principales formas de declarar una exportación ante el servicio aduanero, utilización de áreas francas, documentos a presentar para ser sometidos al control aduanero, funciones y ámbitos de control del organismo aduanero. Son factores significativos la utilización de depósitos fiscales, el envío de muestras, el conocimiento de los principales beneficios promocionales al comercio exterior (reintegros, draw backs, admisiones temporarias, etc.), los tributos que recauda el órgano aduanero y los delitos e infracciones aduaneras y penas por dichos ilícitos, entre otros temas.

Aspectos financieros y bancarios del comercio internacional: conocimiento de los medios de pagos utilizados (cobranza documentaria, giro o transferencia, carta de crédito documentaria, etc.) y las ventajas de cada uno, presentación de documentos al banco corresponsal de la carta de crédito, inicio de la gestión de una cobranza internacional y confección de una letra de cambio. Otras cuestiones a considerar son: obtención de líneas de créditos de prefinanciación, financiación y postfinanciación, etc.

Aspectos de comercialización internacional: obtención de información sobre oportunidades de negocios en los mercados externos, detección de los principales obstáculos al comercio que existen para el acceso a los mercados internacionales (barreras arancelarias y paraarancelarias), adaptación del producto, marca, envase a requerimientos legales, económicos y culturales de los países de destino, detección y/o diseño de los canales de distribución internacionales, distintos medios de promoción internacional (ferias y exposiciones, catálogos y folletería, páginas web, etc.), implementación de un política de precios internacionales y selección del canal de comercialización más adecuado para cada mercado, teniendo en cuenta distintos factores (tamaño del mercado, barreras al comercio que existen, similaridad con el mercado de origen, etc.). La empresa además puede desconocer cómo resaltar ciertos atributos de su producto para que logren una diferenciación con respecto a los bienes ofrecidos por los competidores en los mercados externos. Algunas de las fortalezas que puede poseer la empresa a los fines de **diferenciación** son: bajos costos, packaging atractivo y seguro, marca conocida, buenos servicios de posventa, adecuada política de descuentos y bonificaciones, innovación tecnológica y calidad, personal de ventas calificado, etc.

Toda esta problemática se basa principalmente en la **carencia de información** adecuada sobre cómo **llevar a cabo**, en forma eficiente, las **actividades en los mercados externos**. La empresa no tiene el conocimiento técnico para realizar ciertos aspectos de las operaciones internacionales. El empresario no cuenta con personal operativo o directivo, con la calificación necesaria para llevar a cabo las tareas básicas que hacen a la internacionalización de una empresa. En conclusión, no se posee el conocimiento experto y detallado sobre los principales aspectos que hacen al comercio internacional.

1.4.2. Solución a la problemática del conocimiento de operaciones internacionales

En este sentido existen tres soluciones concretas a esta problemática:

— **Terciarización:** también llamada "outsourcing" o "externalización". Implica dejar las operaciones y tareas desconocidas, referidas a la penetración de mercados mundiales, en manos de **intermediarios externos** (consorcios, tradings, brokers, consultores, etc.) que desempeñarán las funciones que ignora la empresa.

— **Capacitación o desarrollo de estructuras internas:** significa una calificación del personal de los distintos niveles de la empresa. El objetivo es **formar** a los empleados sobre los principales aspectos de comercio exterior, a través de cursos y seminarios para que puedan tener un buen desempeño en las actividades comerciales internacionales de la empresa. En otros casos, se pueden incorporar **empleados con conocimientos** sobre estas temáticas, para formar dentro de la empresa **un departamento de comercio exterior.**

— **Estrategia mixta:** consiste en la conjunción de las anteriores, es decir, el desarrollo de ciertas habilidades **a nivel interno** de la empresa sobre comercio exterior, y también **terciarizar** algunas funciones de la internacionalización.

En ciertos casos, y para determinadas actividades, puede ser importante la utilización de la terciarización de servicios. Esto puede ser debido a que la capacitación es un proceso que demanda **tiempo** de internalización del aprendizaje para su aplicación práctica. Ante ciertas oportunidades o situaciones de negocios puntuales, o también en las primeras etapas de la internacionalización, la empresa necesita responder con cierta rapidez y eficacia. En estos casos puede considerarse más conveniente recurrir a un **agente especializado** y con experiencia para que asista al empresario en la aventura internacional. A medida que la organización va actuando y se afianza en los mercados externos, se puede evaluar la utilización de estructuras internas y recursos propios.

El hecho de externalizar funciones también tiene que ver con el volumen de negocios de la empresa en los mercados externos. Puede ser una importante elección terciarizar, antes que desarrollar recursos internos frente a un escaso volumen y bajo monto de operaciones o pocos mercados explotados. El directivo de la empresa deberá evaluar si es o no antieconómico implementar y sostener una estructura administrativa interna para el manejo y supervisión de las operaciones. En ciertos casos puede resultar eficiente terciarizar parte o la totalidad de las funciones:

Para la evaluación de terciarizar o internalizar la totalidad o algunas de las funciones de comercio exterior se deben observar:

— **Costo** de estructura externa versus costo de estructura interna.

— **Cantidad** de mercados penetrados.

— **Volumen de negocios** monetarios que generan las exportaciones.

— **Etapa** de la internacionalización en la que se halla la empresa (exportación ocasional, experimental o consolidada).

— **Magnitud** de los **mercados y complejidad** para su acceso.

— **Cercanía geográfica** (distancia) y **psicográfica** (similitud de prácticas comerciales, culturas, idioma, legislación, etc.) de los mercados internacionales seleccionados con respecto al mercado de origen.

1.5. Problema de formación de precios internacionales competitivos

1.5.1. La importancia de una correcta composición de precios de exportación

A veces, la empresa no puede conformar **precios de exportación atractivos** a los fines del cierre de acuerdos comerciales internacionales. Es un problema de **costos**; los mismos son muy **elevados** y dejan a la organización fuera de la competencia mundial. El problema concreto es que los precios que ofrece la empresa a los mercados externos, al ser demasiado elevados, no la posicionan como competitiva en relación con los otros oferentes del entorno internacional.

Los precios pueden ser muy elevados por dos motivos concretos:

Por causas internas a la empresa (que pueden ser susceptibles de variación por parte de ésta):

— Incorrecta **imputación** de los componentes que forman parte del producto a exportar. La empresa erróneamente considera algunos componentes dentro del precio internacional. Puede ocurrir que incluya ítem que no corresponden al precio del producto exportado, o que no considere costos fundamentales que hacen al mismo.

— Ciertos componentes tienen una elevada carga o incidencia sobre el precio final del producto (envases, embalajes, insumos, etc.).

Por causas externas a la empresa, es decir, causas que hacen a su entorno y sobre las cuales la empresa tiene un escaso control:

— Existencia de fuertes cargas impositivas, de seguridad social y energéticas que inciden de manera negativa sobre la formación de precios competitivos. Un país generalmente posee **asimetrías** con respecto a otros. Un empresario se ve afectado por las asimetrías de su país con respecto a otros en la órbita internacional. Las asimetrías **son diferencias de competitividad entre los distintos países**, por diferencia de los entornos legales existentes entre los mismos. Se trata de un concepto relativo, y la diferencia de competitividad entre distintos países se puede basar en las diferentes legislaciones imperantes en los mismos (cambiaria, fiscal, energética, laboral, industrial). Debido a que la emisión y promulgación de distintas legislaciones (leyes, decretos, resoluciones, etc.) es potestad, dentro de los distintos países, de cada uno de los diferentes órganos nacionales (parlamentos, ministerios, etc.), el entorno legal que diferencia a un país de otro puede afectar negativamente a los costos del empresario. Un ejemplo de ello puede ser un país que tiene una política legal de seguridad social del trabajador que grava a los empresarios con mayores contribuciones de jubilación y obra social, en comparación con otros países. Supóngase, que estos elevados "impuestos al trabajo" existentes en este primer país son más altos que los que rigen en un segundo país que posee una legislación más permisiva y con costos laborales más bajos. Esta situación puede contribuir a que el primer país sea menos competitivo en materia de precios con respecto al segundo, sobre todo en exportaciones que insuman intensivamente el factor mano de obra. Un aspecto más obvio con respecto a las asimetrías se da en las políticas cambiarias dentro de un plan económico. Ciertos países afectan el tipo de cambio a través de devaluaciones de la moneda nacional (con un objetivo de empobrecer al vecino) para hacer más competitivas las exportaciones en cuestiones de precios relativos en el mercado internacional.

En algunos casos se produce en ciertos ambientes nacionales una conjunción de varias normativas emitidas desde distintos ámbitos gubernamentales. Estas **normas** pueden afectar una determinada serie de operaciones y tramitaciones que obligatoriamente debe realizar el exportador. Ese enjambre de requisitos legales y trámites (autorizaciones, controles, presentación de documentación) constituye un **entorno nacional altamente burocrático y con un sesgo antiexportador.**

— Inexistencia de una **infraestructura** adecuada a nivel nacional, que incida positivamente en el cálculo de precio. La infraestructura para el comercio exterior comprende todo tipo de sistemas que facilitan en forma directa o indirecta la realización de exportaciones (como, por ejemplo, puentes, aeropuertos, puertos, galpones y depósitos fiscales, áreas francas, hidrovías, corredores bioceánicos, etc.). Si la infraestructura existente en un país o región fuera eficiente, permitiría el ahorro de **costos** y **tiempo** en el desarrollo de operaciones internacionales. El desarrollo de esta infraestructura debería estar entre las principales funciones del Estado, como parte de una política nacional de apoyo y fomento del comercio internacional de un país. No obstante, los Estados suelen recurrir al **sector privado** para lograr sus contribuciones en el desarrollo de ciertos sistemas infraestructurales.

1.5.2. Soluciones a la problemática de los precios internacionales

Las soluciones que se plantean son varias:

— **Asociativismo**: a través de la asociación con otras empresas, el empresario de pequeño porte puede **compartir** con otros ciertos **gastos** que son necesarios a los fines del acceso internacional. Estas erogaciones, dentro del proyecto conjunto, son asumidas entre todos los empresarios (sobre todo, gastos fijos). De esta forma, se logra una menor incidencia de dichas sumas a nivel individual sobre el precio exportado, que permite generar **ofertas competitivas** al exterior.

— **Revisión del precio**: el empresario debe estudiar detenidamente cada uno de los **componentes** que forman parte del precio, y sólo imputar al mismo, aquellos ítem que realmente correspondan al producto exportado. Esto implica que el empresario tiene que realizar un análisis muy minucioso de la conformación del precio para el mercado interno y para el internacional (**auditoría de costos**). Habrá partidas que sólo corresponderá su imputación al precio del mercado interno (ejemplo: publicidad en el país de origen), y otras que solamente pertenecerán al precio del producto a exportar (ejemplo: folletería internacional). Con seguridad habrá partidas cuya asignación corresponderá tanto al precio de mercado interno como a los precios de exportación. Además de lo expuesto, la evaluación del precio también tiene que examinar cómo lograr costos más eficientes de cada uno de los items (insumos, materia prima, envases, etc.). En ciertos casos, se deberá evaluar la **posibilidad de importar** los componentes del producto que compra o fabrica la empresa. En otros, se podrá desarrollar ciertas **estrategias aduaneras**, como, por ejemplo, la importación temporaria de componentes que se incorporan a un producto, que luego de elaborado es exportado.

— **Terciarización**: en ciertos casos puede **terciarizar** parte o la totalidad del producto que elabora, derivando actividades hacia empresas externas que tengan un proceso de elaboración más eficiente. De esta manera se logra disminuir los costos que conforman el producto exportado.

— **Reducción de cargas del Estado**: esta solución queda fuera del alcance directo del empresario aunque puede participar activamente en la formación de lobbies. A través de estos grupos o actividades de presión, se puede peticionar a los Estados para que implementen la reducción de cargas que inciden directamente sobre la exportación y para que generen políticas económicas de reducción de los costos empresariales, tanto en el mercado interno como en el internacional.

— **Inversiones estatales y privadas en infraestructura:** se buscará la participación del Estado juntamente con el sector privado. Esta actividad conjunta tendrá como meta el desarrollo de vías y estructuras que agilicen los tiempos y permitan la reducción de costos de internacionalización.

2. Ventajas del acceso a los mercados externos

El inicio de actividades internacionales no sólo significa problemas para las pequeñas y medianas empresas. La penetración en mercados mundiales tiene una serie de beneficios concretos de distinta índole (tributaria, aduanera, y crediticia, etc.), que en ciertos casos, empresarios locales desconocen.

2.1. Beneficios aduaneros

Con referencia a las ventajas aduaneras, la mayoría de las exportaciones están beneficiadas por una serie de estímulos que abona el Estado. Los incentivos estatales más conocidos son los reintegros y draw backs. Con ellos se busca la devolución de los impuestos internos erogados en cada etapa productiva (para el caso de los reintegros) y de los impuestos correspondientes a los productos importados por la empresa (en el caso de draw back) que puedan incidir en el precio del producto exportado. Además, cada país tiene regímenes aduaneros que benefician la realización de operaciones internacionales como: sistema de importación y exportación temporarias, envíos en consignación, exportación por cuenta de terceros, utilización de zonas francas, entre otros.

2.2. Beneficios crediticios

Con respecto a la cuestión crediticia existen líneas especiales para exportadores, que son otorgadas por los principales bancos oficiales y privados. Estos créditos se denominan de prefinanciación o financiación de exportaciones, y tienen plazos y tasas más beneficiosos que los asignados a los créditos destinados a la actividad doméstica.

2.3. Beneficios tributarios

Desde el punto de vista tributario, a diferencia de las ventas realizadas en el mercado interno, las exportaciones no se encuentran alcanzadas por la mayoría de los principales tributos como: Impuesto al Valor Agregado (IVA), Impuesto de Sellos, Impuestos Internos, etc. Además, con respecto al IVA, generalmente, las empresas exportadoras pueden —en los que hace al impuesto abonado en las compras y gastos— acreditarlo, compensarlo con las ventas del mercado interno, solicitar su devolución o transferencia.

El propósito de la mayoría de los Estados es desgravar las operaciones internacionales de los tributos que alcanzan a las operaciones del mercado doméstico. De esta manera, el productor puede formar precios de exportación más competitivos y sin "exportar impuestos". Existe un principio generalmente aceptado en el comercio internacional que es el de la "tributación en el país de destino". Con el mismo se busca no alcanzar con la mayoría de los impuestos a las exportaciones, para que sean los países de destino los que graven, a través de las operaciones de importación, a dichos bienes.

2.4. Beneficios de imagen

El inicio y la consolidación de operaciones internacionales por parte de la pequeña y mediana empresa le permiten al directivo generar una mejor imagen para su empresa. Este aspecto también repercute en el posicionamiento de la firma en el mercado externo. La empresa internacionalizada tiene compromisos asumidos en los distintos mercados mundiales y puede abastecer los diferentes requerimientos que solicitan los mismos. Esta actitud le da al empresario un mayor **status** entre las organizaciones de dicho sector y la ubica comercialmente como una firma con **prestigio**. Además, con el contacto continuo con operadores internacionales, se mejora la comunicación de la imagen y símbolos de la organización ante los consumidores, ante la competencia y ante la sociedad en general. Las actividades de la empresa internacionalizada son percibidas positivamente, centrándose en la superación hecha de los obstáculos para acceder a los mercados mundiales y en la gran **responsabilidad y seriedad** de su conducción para asumir y cumplir compromisos de gran envergadura internacional.

2.5. Beneficios de diversificación de mercados

Otro estímulo importante logrado por la empresa exportadora proviene de la diversificación del riesgo de sus operaciones entre mercados nacionales y externos. Esta cuestión puede tener mayor importancia cuando se incursiona en los escenarios internacionales con motivo de situaciones económicas de escasez o crisis en el mercado nacional. En un mercado nacional que existe recesión o depresión económica, los empresarios que no han accedido a los mercados mundiales se ven afectados constantemente por una disminución de sus ventas y generan un exceso de capacidad productiva. Una situación similar se suele dar en aquellos mercados nacionales en los cuales existe un fuerte entorno competitivo. Este ámbito impide a la empresa obtener mayores participaciones en el mercado doméstico. Lo mismo sucede en aquellos mercados saturados, en los cuales el producto se halla en su etapa de madurez o declinación. Todos los aspectos descriptos refuerzan la importancia que tiene la exportación para las pequeñas y medianas empresas. El empresario podrá evaluar la posibilidad de penetrar en otros mercados que sean más interesantes desde el punto de vista del poder adquisitivo, con mayor cantidad de consumidores o menos saturados. La organización deberá buscar aquellos entornos con menor cantidad de competidores que los mercados domésticos o aquellos países-mercados con ciclos de vida diferentes para su producto. Cuando se desarrollan operaciones externas no se concentran todos los esfuerzos y recursos en el mercado nacional, disminuyéndose de esta manera, los efectos de los vaivenes relativos al mercado interno que puedan afectar al negocio.

2.6. Beneficios de aumento de volúmenes comercializados

Se pueden obtener ciertas ventajas de competitividad en precio y calidad, cuando se comercializan productos internacionalmente. Además de obtener un incremento de sus utilidades, las empresas que exportan obtienen otros beneficios. Uno de ellos es el **mejor reparto de ciertos costos fijos** como consecuencia del incremento de sus ventas totales que genera un mayor volumen de producción. De esta forma se alcanzan costos fijos unitarios más reducidos y precios más competitivos (a través de economías de escala, economías de marketing y economías de I + D).

Además, la internacionalización puede solucionar problemas de **capacidad ociosa** de la empresa. La implementación de una estrategia internacional permite alcanzar una **mayor calidad** en la producción, por el constante contacto con culturas más exigentes y con competidores en el ámbito mundial. Se van mejorando los procesos y diseño de los productos a medida que se incrementa la exposición internacional.

2.7. Beneficios de diferenciación

Es posible descubrir que un determinado producto, en ciertos mercados externos, se presenta como un bien totalmente **diferenciado** del resto. Esta situación lo puede convertir en "único" ya sea por sus ventajas tecnológicas, diseño o prestaciones que incluye. Puede ocurrir que en determinados mercados un producto no sea muy conocido o difundido su uso y consumo, por hallarse en las **primeras etapas de su ciclo de vida** (por ejemplo, la etapa de introducción del producto). Esta cuestión puede incentivar a la penetración de ese país-mercado con los productos de la empresa. Siempre se debería verificar que las cuestiones diferenciales percibidas sobre ciertos atributos del producto (calidad, diseño, tecnología, costos, etc.) con respecto a un mercado se traten de **diferencias reales** y no de percepciones erróneas.

2.8. Beneficios de información exclusiva

Un factor importante que impulsa hacia la exportación es la obtención de información exclusiva sobre oportunidades de negocios en los mercados mundiales. Esos datos pueden provenir de la concurrencia a ferias comerciales, estudios informales de mercado, viajes de negocios u otros medios. Pueden tratarse de pedidos puntuales de un determinado país sobre un producto específico o de datos de potenciales compradores. Estos elementos representan una ventaja importante para el empresario que los posee, hasta que llega a manos de los competidores.

2.9. Beneficios del asociativismo

Cuando se utilice una estrategia empresaria de exportación a través de estructuras conjuntas (como consorcios, cooperativas, etc.), la empresa puede acceder a personal contratado que tenga calificaciones técnicas especializadas en distintas actividades internacionales (estudios de mercado, certificaciones de calidad internacional, asistencia a ferias, etc.). Sin la participación en dichas asociaciones resultaría muy dificultoso solventar esos gastos en forma individual. Por otra parte, se produce una sinergia (unión congruente de fuerzas) entre los distintos socios del proyecto exportador, que le permite conseguir mejores condiciones de negociación con los distintos operadores y auxiliares de la comercialización internacional (clientes, proveedores, transportistas, despachantes, etc.). Cada miembro se halla contenido por la estructura empresaria de cooperación en las etapas de acceso internacional.

En ciertos casos, se observa que las empresas optan por exportar imitando la actitud de sus competidores que se han internacionalizado. De esta forma buscan no quedar marginadas de las ventajas relativas al comercio internacional disfrutadas por la competencia. A pesar de las ventajas citadas, en *algunos países*, sobre todo en aquellos *en vías de desarrollo*, la **presencia de pequeñas empresas en el ámbito internacional** sigue siendo absolutamente **limitada**.

Se debe **reflexionar** sobre la importancia de los mercados internacionales y las ventajas de posicionarse en los mismos, para adoptar una actitud positiva hacia la internacionalización. La asunción de compromisos externos debe ser gradual y las decisiones deben ser adoptadas más allá de la situación coyuntural que afecte a las empresas. La actitud empresarial no debe basarse en la comercialización de saldos no vendidos en el mercado interno (saldo exportable). Se debe proyectar una estrategia que permita exportar **volúmenes estables y continuos** (oferta exportable), para generar relaciones comerciales duraderas con los clientes del exterior.

3. La función del Estado en la promoción de exportaciones

3.1. La importancia de un planeamiento gubernamental en comercio exterior

Es importante que el gobierno central y las instituciones gubernamentales de los distintos niveles del Estado fijen una **política integrada exportadora**. Es su función colaborar en el diseño del **perfil exportador** de un país. El Estado debe ser uno de los principales impulsores para que las grandes empresas tengan un **apoyo adicional** en su actividad de comercialización externa. Los organismos gubernamentales deben constituirse en un apoyo para las pequeñas y medianas empresas que no tienen la capacidad de diseñar políticas de marketing internacional, ni de entablar contactos o detectar oportunidades de negocios. Se debe asistir a las pequeñas organizaciones en el alivio de sus vastas carencias: administrativas, financieras, económicas, productivas y falta de actitud exportadora.

El sector externo es una variable de importancia para cualquier país, por lo que se debe implementar un adecuado, coordinado y armónico plan para el cultivo de mercados internacionales. Es necesario el diseño e implementación a nivel nacional de **un plan maestro de promoción de exportaciones**, el cual deberá permitir la inserción efectiva de las empresas en los mercados externos. El establecimiento de este plan constituye una actitud oficial importante, sirviendo de marco para una adecuada toma de decisiones en el sector privado.

El citado **plan** debe reunir las siguientes características:

— **Articulación:** interconexión y congruencia con otros planes de vital importancia que se deberían desarrollar simultáneamente como son:

- Plan nacional productivo, de calidad e innovación tecnológica.

- Plan de desarrollo de infraestructura adecuada para la internacionalización.

- Otros planes (aquellos que contribuyan a la utilización eficiente del gasto público, que persigan una adecuada política cambiaria, que procuren el rediseño del sistema tributario nacional para reducir la carga impositiva para el empresario, etc.).

— **Complementación:** estas actividades del gobierno deben lograr una complementación con las desarrolladas por los demás agentes de cambio del comercio exterior. Entre los principales agentes se hallan las cámaras de comercio exterior y las empresariales, los bancos que gestionan instrumentos de pago internacionales, los agentes de transportes y los de seguro, las consultoras en comercio exterior, las distintas organizaciones no gubernamentales, etc. Esta actividad mancomunada permite asistir a las empresas que no tienen **tradición exportadora** para vencer la apatía hacia los mercados mundiales.

— **Gradualismo:** su aplicación debe ser en forma coordinada y en etapas. Debe haber una eficiente implementación de las distintas políticas básicas, así como la puesta en práctica de los diferentes programas operativos. Se debe prever las asincronías que se pueden presentar en su puesta en práctica operativa. No debe existir superposición de funciones en los distintos organismos involucrados.

— **Integración y coherencia con los principales objetivos de política económica:** se buscará a través de dicho plan una contribución concreta y amplia a los distintos objetivos económicos de un país (asignación eficiente de recursos, estabilidad de precios, balance de pagos equilibrado, pleno empleo, crecimiento y desarrollo sostenible). Estas metas se enfocarán desde diversos puntos de vista: económico, comercial, social, etc. Su diseño e implementación deben tener una **estrategia** de largo plazo, que exceda a la coyuntura. Se debe proyectar no sólo para la sociedad actual, sino para el desarrollo de la sociedad futura.

3.2. Principales aspectos estatales de fomento a la internacionalización

La actividad estatal debe estar enfocada hacia los productores locales teniendo en cuenta aspectos tales como producción y productividad, regionalismo, infraestructura y logística, financiamiento, políticas de promoción del comercio exterior, información sobre mejoramiento del proceso industrial, trabas paraarancelarias y subsidios, aspectos normativos y operativos de la exportación, imagen-país y otras políticas.

3.2.1. Producción y productividad

El gobierno deberá guiar a las empresas con respecto a las metas de productividad a alcanzar para el logro de la prosperidad económica. Se podrán establecer regímenes de auténticos estímulos a la producción y exportación. Los mismos se basarán en incentivos a los esfuerzos y competencia de las empresas.

Se deben evitar políticas gubernamentales contraproducentes como el proteccionismo y subvenciones, que puedan afectar a la producción interna. Es deber del Estado apoyar a las empresas en las producciones, no solamente de bienes finales, sino también en la elaboración de partes o piezas. Se debe incentivar desde el punto de vista gubernamental la complementación *de las distintas estructuras productivas de las empresas y la formación de alianzas estratégicas industriales.* Con dichas integraciones se busca mejorar las expectativas de rentabilidad de cada una de las empresas participantes. Estas estrategias permiten alcanzar mayores volúmenes de oferta exportable y precios más competitivos para abastecer mercados externos más atractivos y rentables.

Es necesario efectuar un diagnóstico de la estructura productiva actual, en forma previa a la fijación de los objetivos y a la implementación de políticas. El Estado puede fijar políticas estatales diferenciadas y sectoriales que estimulen a la comercialización exterior de productos de ciertos subsectores que tengan mayor carácter multiplicador en la economía nacional, para apoyar el crecimiento de aquellos sistemas productivos que tienen mayor nivel de externalidades. Las externalidades son conexiones entre un sector o subsector productivo principal, y distintas áreas secundarias que aprovechan los beneficios que les "vuelca" el área principal.

Es importante que existan políticas que incentiven a la especialización en uno o unos pocos productos competitivos y que fomenten **la asociación de productores locales** (en forma horizontal o vertical). Se privilegiarán las acciones de complementación que mejoren eficiencia industrial y comercial. También apoyarán aquellas entre productores locales con productores extranjeros. Aparte de ello, se implementarán políticas de **reconversión productiva** de sectores afectados por la competencia extranjera.

En este plan debe ser contemplado el fomento de **inversión extranjera**, en forma pura o a través de la constitución de inversiones mixtas de capital nacional y extranjero (coinversiones). Se deberá promover dichas radicaciones en los principales sectores del sistema productivo nacional. Así, la estructura industrial local se puede nutrir de desarrollo tecnológico y know how, de sistemas de calidad desarrollados por las empresas extranjeras.

3.2.2. Regionalismo

Es fundamental considerar los beneficios relativos a las experiencias de integración regional. Estos bloques comerciales crean mayores flujos de comercio entre los miembros, atraen mayor inversión externa y mejoran los ámbitos de competencia y de consumo internos.

El Estado, en todos sus niveles, debe apoyar a aquellos sistemas de integración de los cuales forma parte, para incrementar el volumen de productos comercializados y el bienestar de todos los países miembro de la integración. La eliminación sostenida de cualquier traba al comercio intrazona que exista dentro de los bloques debe ser un objetivo inquebrantable.

Otra meta primordial será establecer políticas compartidas con los otros Estados miembro del bloque, para lograr una progresiva liberalización de los factores de la producción y servicios entre los países integrantes. Además, se coordinará la progresiva corrección de las asimetrías entre los mismos en los aspectos fiscal, laboral, tributario, etc. En algunas formas menores de integración como son las áreas de libre comercio, sólo se buscará como objetivo la liberación del comercio intrazona.

Deberán ser plenamente aprovechados todos los efectos comerciales, que son consecuencia de la integración. Se deberá promover la firma de nuevos acuerdos regionales y multirregionales para usufructuar sus ventajas. Algunos puntos clave a observar en la constitución de nuevos bloques regionales son: total compatibilidad con los acuerdos de la Organización Mundial de Comercio, estipulación de cláusulas de adhesión y régimen de origen, establecimiento de objetivos de integración ambiciosos y limitación a las acciones antidumping, entre otros.

Deben ser tenidos en cuenta los beneficios no económicos derivados de los sistemas de integración como: fortalecimiento de los vínculos, control de corrientes migratorias, aumento de la capacidad negociadora como bloque, o protección de industrias regionales incipientes.

3.2.3. Infraestructura y logística

Las deficiencias en la infraestructura nacional deben ser reducidas para lograr mejores costos en transportes, comunicaciones, puertos, aeropuertos, energía, entre otras áreas. Un sistema inadecuado infraestructural limita el alcance de las economías de escala y los logros de competitividad en cuestiones de costo y tiempo. La implementación de políticas gubernamentales que fomenten **el aumento de estructuras de almacenaje** (depósitos fiscales, silos, galpones, etc.) repercute en una mayor eficiencia logística. El desarrollo de plataformas de almacenamiento permite realizar el acopio estratégico de ciertos productos a exportar (como, por ejemplo, los de origen agropecuario), para comercializarlos en períodos diferentes de los de producción. Con la utilización de estas estrategias, el productor puede obtener precios internacionales más elevados. También es necesario el desarrollo de sistemas y estructuras especializadas logísticas (terminales, puertos, etc.) para facilitar la exportación de cargas contenerizadas y la utilización de transporte multimodal.

El Estado debe proseguir con ese continuo proceso de **privatización y desregulación**. Se deben acordar políticas de integración física como mejora de rutas, autopistas y corredores bioceánicos, para penetrar mercados de otras latitudes. Es relevante una total armonización legislativa del transporte en el ámbito regional en aspectos que hacen al cruce fronterizo entre los países de los distintos medios. Se debe insistir en la realización de **acuerdos y protocolos de integración física** entre distintos países.

Es imperante apoyar obras de hidrovías que optimicen la navegabilidad y que contemplen dragados y balizamientos de los ríos internacionales. Se debe construir sistemas de ferrovías y carreteras, e incrementar pasos fronterizos y puertos de tercera generación (cuyas instalaciones se adecuen al tráfico de contenedores y aumenten la capacidad y movimiento de TEUs de los mismos). TEU es la unidad de medida equivalente a un contenedor de 20 pies.

3.2.4. Financiamiento

Debido a la falta de recursos financieros suficientes que sufre la mayoría de las pequeñas y medianas empresas para hacer frente a una adecuada internacionalización, es muy útil el apoyo del Estado para que puedan cumplir con una política de marketing internacional. Será de vital importancia, pues, establecer **líneas de crédito y planes especiales de financiamiento a la actividad productiva exportadora**. Además, el Estado deberá configurar un adecuado y sólido sistema financiero nacional, con reglas de juego claras para los operadores nacionales e internacionales.

La asistencia financiera a la empresa exportadora debe formar parte de los principales objetivos de los bancos estatales para mejorar la **débil solvencia financiera** que afecta a la mayoría de las empresas de pequeño porte, que, en ciertos casos, resulta una traba para penetrar mercados internacionales. Para ello, se debe tomar en consideración la **reducción de los costos financieros** a través de la disminución de la tasa de interés. Un factor crítico es lograr continuamente el desarrollo y la modernización del mercado de valores a nivel nacional.

Es papel del gobierno fomentar entre los empresarios otras **fuentes de financiación no tradicionales o de escasa difusión**. Entre ellas se hallan la emisión de obligaciones negociables, el leasing (alquiler de un bien con opción a compra) y el factoring (descuento bancario de facturas de exportaciones realizadas).

3.2.5. Políticas de promoción del comercio exterior

Las iniciativas gubernamentales se deben centrar en la promoción de mercados externos y provisión de estudios de mercados de productos elaborados por las agencias estatales en los distintos niveles. La asistencia al exportador debe ser configurada dentro de una **política de descentralización** del asesoramiento relativo a la temática de comercio exterior. Esta política de apoyo se halla inmersa en una política de desarrollo a nivel nacional, pero debe contar con estructuras operativas de asesoramiento y evacuación de consultas sobre aspectos de la internacionalización que tengan **base local** (o sea, situados en ciudades o regiones pequeñas).

El objetivo de este sistema descentralizado es que el apoyo estatal llegue en forma eficiente al empresario y no quede centralizado en las principales ciudades del país. Se busca una **mayor conexión** entre el funcionario que asesora y el empresario que ignora aspectos del comercio exterior. Además permite que los agentes del gobierno tomen un mayor conocimiento de los sectores productivos y de las realidades económicas a nivel local.

Esta base local de asistencia gubernamental hacia el empresario en las actividades internacionales procura un **asesoramiento más preciso y especializado**. Dicho auxilio descentrado pondera adecuadamente las distintas peculiaridades relativas a las producciones existentes en cada economía regional.

Otra de las actividades estatales consiste en estimular a los productores para su **participación en exhibiciones y ferias internacionales, misiones comerciales, y rondas de negocios**. Algunos eventos pueden prever la capacitación **de los empresarios a través de cursos, seminarios, charlas, y publicaciones** sobre comercio exterior. Este tipo de encuentros promueve expectativas favorables en los empresarios con respecto a las actividades de exportación.

Los **agregados comerciales** —que son los representantes de las embajadas y consulados del país en el exterior— deben desarrollar un doble flujo de información con el gobierno estatal. Estos funcionarios tienen el deber de proveer a las distintas agencias gubernamentales información actualizada sobre el mercado externo (oportunidades de negocios detectadas, listados de importadores y eventos internacionales), para que pueda ser comunicada a las empresas interesadas. Por otra parte, el gobierno, en todos sus niveles, debe proveer cierta información a las distintas secciones comerciales en el exterior. Los datos provistos consistirán en un listado de productores nacionales con interés en exportar a esos mercados, dicha información deberá ser actualizada constantemente. De esta forma se logra la integración, el **perfeccionamiento** y la **interconexión** de los sistemas informativos del Estado y los agregados a nivel internacional. Esto redunda en beneficio del empresario que requiera información sobre los mercados mundiales.

El objetivo es que las agencias gubernamentales, agregados y otros agentes de cambio integren y complementen sus bases de datos. Como consecuencia de este hecho podrá ser construido gradualmente un **sistema nacional de información sobre los mercados externos**. Estas metas se pueden lograr más eficientemente con el establecimiento **de mayor cantidad de oficinas regionales comerciales o ventanillas de carácter oficial** en los principales países del mercado global.

La mayoría de las pequeñas y medianas organizaciones requiere algún apoyo institucional en las actividades externas. El Estado puede prestar colaboración a través de la provisión de información útil sobre los entornos internacionales. Las agencias y los agregados del gobierno pueden suministrar valiosos **estudios de mercado** de productos. La colaboración y asistencia puede consistir en la participación conjunta, entre sector privado y estatal, en eventos y salones internacionales. En algunos casos, es importante que la información sobre internacionalización sea publicada en **manuales, folletos o instructivos**, para permitir que el empresario se capacite sobre los aspectos más relevantes.

3.2.6. Información sobre mejoramiento del proceso industrial

Mediante diferentes organismos debe ser difundida información sobre mejoramiento de los procesos industriales, así como sobre otros aspectos:

— **Controles:** a través de distintas certificaciones, de los aspectos de eficiencia y seguridad en las diferentes etapas de un proceso industrial de un producto a exportar. El objetivo buscado es asesorar al empresario sobre distintas facetas de la adecuación del producto a normas de los países de destino y a requerimientos de los compradores extranjeros.

— **Calidad:** información sobre los requisitos de normas de calidad internacionales (ISO 9000 y 14000). Datos sobre normas a nivel nacional o regional. Asesoramiento sobre los costos y beneficios de una certificación de calidad. Listas de los principales consultores especializados a nivel nacional en esa temática.

— **Pruebas:** realización de pruebas con respecto a distintos aspectos del producto a exportar (características físicoquímicas, resistencia, etc.).

— **Capacitación:** programas de formación práctica y de concienciación empresarial sobre la relevancia del control de calidad y de las nuevas tecnologías para los mercados externos.

— **Envases y embalajes:** aspectos que hacen al envase y embalaje de exportación (diseño, materiales utilizados en su confección, adecuación al medio de transporte y a la distancia geográfica recorrida, etc.).

Se procura una mayor difusión de dichos conocimientos entre las empresas a través de **publicaciones, programas de capacitación** y un sistema **de apoyo técnico** que esté al alcance de organizaciones con problemas tecnológicos o de obsolescencia de los procesos productivos, que les resulten una traba para exportar. Este asesoramiento deberá integrar también a las distintas **universidades** privadas y estatales con distintos especialistas en el área. A tal fin se celebrarán **convenios** entre dichos claustros y los órganos estatales, para realizar actividades con un enfoque **interdisciplinario.**

Se observa que el Estado debe brindar su apoyo y auxilio en forma integrada con los demás agentes de cambio del comercio exterior. Por ello, el gobierno debe realizar una **amplia comunicación sobre los diversos aspectos del comercio internacional.** El Estado debe cumplir con la función de brindar información sobre oportunidades comerciales y cuestiones documentales, financieras y operativas externas. Además se deben difundir las innovaciones técnicas que afecten directamente a la actividad industrial exportadora, sobre todo, aquellos hechos que mejoren la competencia de las empresas.

3.2.7. Trabas paraarancelarias y subsidios

En cuanto a las importaciones realizadas por empresarios locales, el gobierno central debe abandonar el establecimiento, con carácter proteccionista, de trabas paraarancelarias que impidan los flujos normales y habituales con un país extranjero (como, por ejemplo, formalidades aduaneras excesivas y burocráticas, normativas de requisitos técnicos o sanitarios para obstaculizar el ingreso de productos, exigencia de garantías de calidad, entre otros). Se debe incentivar las importaciones de aquellos productos que constituyen insumos críticos, así como aquellos que permitan la reconversión del sistema productivo nacional (maquinarias, bienes de capital, plantas llave en mano, etc.).

Con respecto a los subsidios, el gobierno local debe evitar otorgar aquellos que están específicamente prohibidos por la Organización Mundial de Comercio. Las subvenciones no permitidas por la OMC son aquellas ayudas directas o indirectas otorgadas por el Estado a los productores y que inciden en el resultado de las exportaciones. Esto debe ser tenido en cuenta para evitar que los productos exportados sean gravados por derechos compensatorios en los países de destino que son afectados por los citados subsidios.

3.2.8. Aspectos normativos y operativos de la exportación

Es una asignatura pendiente la integración y simplificación normativa relativa a aspectos aduaneros, operativos y financieros del comercio exterior. Generalmente existe un **importante cúmulo de normas** que afectan a las exportaciones y que son **emitidas por distintos organismos gubernamentales.** En ciertos casos, los distintos órganos involucrados pueden emitir normativas con **contradicciones** entre sí.

Esta **dispersión normativa** conlleva una gran complejidad en la interpretación y análisis legislativo por parte de la empresa, que afecta gravemente el desempeño de la actividad comercial internacional. Estas disposiciones legales suelen ser complicadas, aun para los asesores especializados en dicha temática.

Es relevante que las normas posean **estabilidad y continuidad** a lo largo del tiempo, más allá de las políticas gubernamentales. Fijar reglas de juego claras y estables a nivel nacional que rijan los negocios de exportación, contribuirá para que el empresario diseñe un horizonte de planeamiento de operaciones a mediano y largo plazo con respecto al mercado mundial.

Desde el punto de vista normativo, el Estado debe profundizar en la implementación de diversos **escenarios legales que promuevan la realización de operaciones internacionales** como son: pago de reintegros, reembolsos y draw back, regímenes de admisión temporaria, envíos en consignación, exportación por cuenta de terceros, áreas francas, entre otros.

3.2.9. Imagen-país

El Estado debe realizar campañas a través de un organismo específico que persiga el buen posicionamiento de la imagen del país en los distintos mercados mundiales. Este órgano resaltará los atributos particulares de ciertos productos locales o regionales (por ejemplo, naturales, sin conservantes, etc.), para contribuir a la conformación de una adecuada marca-país en el exterior.

Es posible realizar la promoción del país por regiones homogéneas destacadas a nivel nacional y con características distintivas. Estas acciones permiten el desarrollo de estrategias empresarias para la comercialización de productos íntimamente ligados a los entornos locales del país promocionado.

3.2.10. Otras políticas

Por último, se debe lograr la progresiva disminución del costo de insumos energéticos, costos laborales, de seguridad social, cargas tributarias, entre otros. Estos componentes pueden repercutir negativamente en la formación de precios internacionales. Todas estas actividades deberán ser encuadradas dentro una política económica de utilización eficiente del gasto público en sus distintos niveles. Otro aspecto transformador comprende una política cambiaria con un adecuado tipo de cambio de equilibrio que permita una armonización entre los volúmenes importados y exportados por el país.

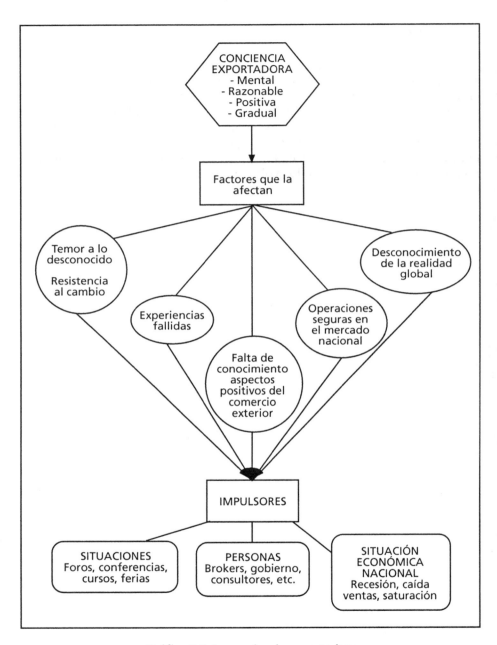

Gráfico 2.1. La conciencia exportadora.

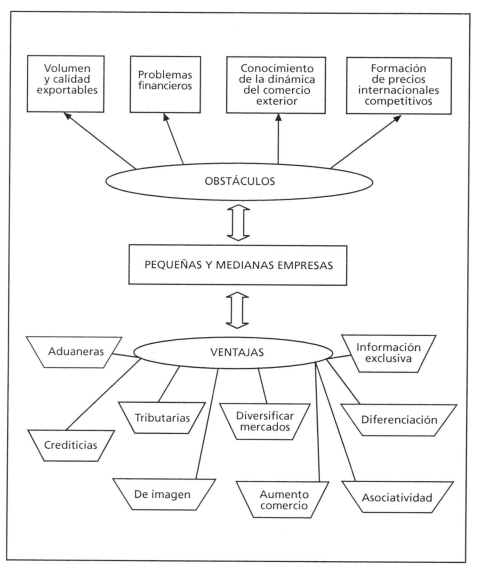

Gráfico 2.2. Problemas y ventajas de la internacionalización.

III

SISTEMAS DE INFORMACIÓN DE MERCADOS INTERNACIONALES. BARRERAS Y OPORTUNIDADES

1. Importancia de la información internacional para la pequeña y mediana empresa

La información es el **componente inicial** para el diseño e implementación de una estrategia de comercialización internacional. Una estrategia de marketing internacional comienza con una adecuada provisión de datos que permitan proyectar las subsiguientes etapas. Los elementos de información con los que cuenta la empresa también sirven para controlar la puesta en práctica de dicha estrategia.

A pesar de ser un elemento **vital** para la construcción de un **plan de negocios** internacionales, los flujos de datos deben alimentar el desarrollo de cada una de sus **etapas**, y sobre la base de los resultados obtenidos (que también son elementos informativos) colaborar con la formulación de los **reajustes** correspondientes.

Una **problemática** fundamental para la pequeña y mediana empresa es el desconocimiento sobre **qué** información es útil para penetrar con su producto en los mercados internacionales. Además de ello, la organización ignora **dónde** obtener datos de mercados externos (no conoce cuáles son las fuentes informativas más apropiadas).

Generar, de manera más o menos estructurada, un sistema de información sobre los mercados internacionales debe formar parte de la actividad empresarial. Este sistema tendrá importancia en actividades como: recopilación, actualización, análisis, depuración, registro y consulta sobre distintos aspectos legales, económicos, culturales, comerciales, tecnológicos y de consumo de los entornos internacionales. Se manejará información que, en ciertos casos, será de carácter general, y en otros, más específica. A tal efecto, es necesario la utilización de múltiples fuentes de acceso que se complementan entre sí.

2. Sistemas de información sobre los mercados externos. Características

Los sistemas de información, tanto para una gran empresa como para una organización de menor porte, deben reunir los siguientes requisitos:

— **Multiplicidad de fuentes:** un dato valioso no necesariamente es obtenido y corroborado por una única fuente. Se utiliza una **gran cantidad de fuentes** para acceder a ciertos elementos de información. Por lo tanto, la búsqueda y obtención de la información no se agota con la primera fuente que la provea.

— **Complementariedad:** ciertos datos pueden ser completados, ampliados o restringidos con la utilización de esa pluralidad de formas de acceso a la información.

— **Carácter provisorio:** este carácter provisorio se compone de dos aspectos:

  • El primero consiste en que ciertos datos (por ejemplo, estadísticas de importaciones de un país, datos numéricos sobre consumo de un determinado mercado, etc.) que deben ser **actualizados** en forma periódica para conservar su validez y vigencia, a los fines de su utilización en políticas empresarias internacionales.

  • El segundo trata del carácter provisorio de la **conservación** de toda la información obtenida, por más que parte de la misma no aparezca como útil a los objetivos perseguidos. Se evitarán el enjuiciamiento y la eliminación de aquellos datos que en un primer análisis no sean coherentes con las metas fijadas y no deberán ser descartados en un primer momento, por más que no tengan relación directa con el mercado o producto que se busca conocer. La información compilada puede ser **plurifuncional**, puede tener más de un uso definido. Los datos obtenidos pueden ser de utilidad en una etapa posterior, como información complementaria o **ampliatoria** a los fines estratégicos. La información obtenida en forma no intencional puede contribuir al desarrollo de mercados o comercialización de bienes que no se hallaban dentro del plan original de la empresa. Es posible también **descubrir** ciertos nichos de mercado rentables para la empresa. Por lo tanto, el proceso de filtrado y descarte informativo solamente formará parte de una evaluación realizada en períodos posteriores.

— **Fácil sistematización a los fines de registro y consulta**: los datos obtenidos tienen que ser archivados en una base que contenga **un sistema acumulativo** definido de **clasificación informativa** por fuentes (directa, indirecta, etc.), por producto, por mercado, por empresa y por fecha. Dicha organización permite a la empresa **disponibilidad** de la información contenida en la base, para la implementación de políticas y decisiones más precisas.

Algunas otras características de los sistemas de información son:

— **Complejidad**: en ciertos casos se puede obtener un **volumen** suficientemente importante de información. Esta magnitud de datos precisa un constante **ordenamiento** de los sistemas administrativos para un adecuado proceso, archivo y disponibilidad en los mismos.

— **Parcialidad**: la información en general, y en especial aquella que trata sobre determinados mercados externos, no es completa. No brinda la totalidad de los aspectos de un mercado o un producto. Esta información es **perfectible**, pues siempre van a faltar datos de algunas de las variables y, por lo tanto, no va reflejar fielmente todos los cambios acaecidos en un determinado entorno externo. La empresa obtiene datos parcializados sobre ciertos comportamientos de variables, los que reflejan sólo una parte de la realidad del momento en que se realiza la investigación y de algunos de los comportamientos futuros. Esta cuestión refleja un cierto grado de **incertidumbre** sobre algunos aspectos de la información contenida en un determinado sistema.

3. Clases de información: primaria y secundaria. Investigación formal e informal

3.1. Clasificación básica de la información internacional

La información puede ser de distintas clases. Se llama **información secundaria** a aquella de **carácter general**. Es obtenida a través de fuentes que han recopilado datos con objetivos y en momentos distintos de los fines de la investigación que realiza el empresario. Ejemplos de información secundaria: datos macroeconómicos de importaciones del país de destino, cantidad de habitantes, consumo per cápita, etc. (estos datos pueden haber sido recogidos por un organismo gubernamental con fines estadísticos, en un tiempo anterior al de la búsqueda).

La información se denomina **primaria** cuando es "construida" por la empresa que realiza el relevamiento. Es mucho más **detallada y específica**, y puede hacer uso de ciertas fuentes directas (o sea, investigación en el mercado de destino). Ejemplos de información primaria: políticas de descuentos de la competencia en mercados de destino, packaging utilizado por empresas en un determinado país, actitudes y comportamientos de compra del consumidor hacia determinada marca, etc.

Con respecto a la información secundaria, ésta nos da importantes **nociones introductorias** sobre un determinado entorno internacional. En ciertos casos dichos informes son tan completos (sobre todo aquellos que forman parte de investigaciones formales o perfiles de mercado) que hacen innecesaria la obtención de mayor información complementaria (por ejemplo, datos primarios).

La información secundaria es **básica** para la empresa de poco porte. Puede ser aplicada como un **punto de partida** para identificar y seleccionar determinados mercados. Para las pequeñas y medianas organizaciones, su obtención significa un menor esfuerzo económico (en ciertos casos, casi nulo). Algunas fuentes la proveen en forma **gratuita** (agregados comerciales, organismos gubernamentales relativos al comercio internacional) y en otros casos a un muy **bajo costo** (cámaras de comercio y empresariales).

En general, la empresa requiere una mayor cantidad de **recursos** (financieros, humanos, etc.) para acceder a la información primaria. Ésta tiene un mayor nivel de **precisión** y un carácter **complementario** de los datos secundarios, y completa aspectos que no pueden ser obtenidos por otras vías. Para cumplir con los objetivos propuestos, es posible que se deban formalizar las actividades de búsqueda de datos dentro de un **plan estructurado de investigación de mercados internacionales.**

3.2. Otras formas de clasificar la información sobre los mercados externos

La información se puede clasificar en personal y directa. La **personal** exige el contacto a través de distintas vías (entrevistas personales, viajes de negocios, comunicaciones telefónicas, etc.), que establecen lazos de comunicación con distintos auxiliares del comercio exterior (agentes, representantes, funcionarios gubernamentales, importadores, residentes en el país de destino). En cambio, la información **directa** implica siempre un desplazamiento físico del personal o de los directivos de la empresa hacia el mercado de destino. El objetivo del viaje es tomar conocimiento por sí mismos (con la percepción ampliada) de las condiciones específicas imperantes en el mercado externo.

Además, la información se puede obtener a través de un **estudio formal de mercados**. Éste tiene una serie de etapas, la recopilación de datos es de manera estructurada y suele, también, utilizar fuentes de información primarias (encuestas, entrevistas, etc.). Este estudio posee un **elevado costo** que lo convierte, en la mayoría de las situaciones, en inaccesible desde el punto de vista económico para la pequeña y mediana empresa que recién comienza a internacionalizarse. El primer aspecto de las etapas de una investigación formal es el establecimiento de los **objetivos** de la investigación (para aclarar cuáles son los fines de la prospección de mercados y qué tipo información se procura como resultado). En segundo término, se realiza el diseño de los **instrumentos** de recopilación de datos y del tamaño de la **muestra** (se define la utilización de cuestionarios, encuestas cualitativas y cuantitativas, y sobre qué parte representativa de la población se aplicarán dichos instrumentos). La etapa siguiente es la **puesta en práctica** de la investigación propiamente dicha (es decir, la realización de encuestas, cuestionarios), en el país mercado seleccionado. Como penúltimo proceso, se realiza la **interpretación** de los datos que implica la interrelación y evaluación de las variables sujetas a pesquisa. La etapa final se caracteriza por la obtención de **resultados** y la incorporación de los mismos dentro del sistema de información de marketing internacional de la empresa. En este último aspecto, puede ser necesario el **rediseño** o reajuste de algunas de las etapas de la estrategia integral de comercialización internacional empresaria, como, por ejemplo, el replanteo de los objetivos de internacionalización, la redefinición de los canales de penetración de mercados mundiales y la modificación de las variables de la mezcla comercial. La organización de pequeño tamaño puede acceder a esta clase de investigación, cuando al participar de un proyecto asociativo (consorcio, cooperativa de exportación, etc.) se contrata en forma conjunta a un consultor que realiza los estudios de mercados respectivos.

La **investigación informal** es la más utilizada por las pequeñas y medianas empresas. Es de **bajo costo**; se nutre principalmente por fuentes de **información secundaria** (informes, perfiles de mercado, listados de importadores, listados públicos de oportunidades comerciales publicados por organismos oficiales, entre otras). Generalmente no persigue una serie de etapas definidas, aunque siempre está guiada por algún plan "intuitivo" desde el punto de vista empresario. Suele ser suficiente para el acceso a determinados mercados, sobre todo en las primeras etapas de internacionalización.

3.3. Fuentes de información

Se observa que no existe en realidad una fuente más importante que otra, ya que en ciertos casos se **complementan**. Es posible que los datos que brinda una determinada fuente no se obtengan a través de una alternativa. Cuando la empresa utiliza **mayor cantidad de fuentes**, puede completar las distintas piezas que componen el escenario internacional. Entre las principales fuentes se puede nombrar:

3.3.1. Ferias y exposiciones comerciales

En esta clase de eventos se puede concurrir como expositor o como asistente. En cualquiera de los dos roles citados se puede obtener información sobre la competencia **a nivel comparativo**, de un determinado producto a nivel internacional. Además, es posible recopilar datos sobre determinados canales para realizar operaciones internacionales (agentes, distribuidores, brokers, etc.). Es factible generar potenciales contactos con proveedores o clientes internacionales y en el caso que una empresa exponga en una feria, puede percibir cuestiones de relevancia relativas a intereses y motivaciones del potencial consumidor de un producto, a través de cuestionarios, encuestas, etc.

3.3.2. Otros eventos

Los **cursos** de capacitación sobre comercio exterior, las **jornadas** empresarias y los **foros** económicos regionales o internacionales son otros espacios donde la organización puede obtener determinada información sobre los mercados mundiales.

3.3.3. Informes técnicos, publicaciones y revistas especializadas

Existen **publicaciones** locales, regionales, nacionales e internacionales que pueden brindar determinada información al empresario sobre el mercado global.

3.3.4. Realización de una investigación formal de mercado por parte de la empresa

Como ya se ha explicado, esta vía es demasiado **onerosa** para la pequeña y mediana empresa.

3.3.5. Ronda de negocios

Esta vía de contacto indirecto de comercio exterior exige la intervención de un organizador que desarrolla el evento. La empresa u organismo gubernamental que realiza este evento hace previamente las inscripciones de los participantes interesados que formarán parte de la base de datos, a efectos de realizar las distintas vinculaciones entre ellos. Luego se conciertan **entrevistas** entre potenciales compradores y vendedores de un determinado producto para que se realicen propuestas mutuas.

3.3.6. Viajes o misiones comerciales

Están organizados por agencias gubernamentales, cámaras o entidades privadas y tienen por objeto que los productores visiten en un determinado país de destino, a los potenciales compradores de sus bienes. Estos viajes se realizan en días que ya han sido prefijados y combinados por los organizadores y las empresas en destino. El itinerario es de pocos días pero con **ritmo intensivo**. Todos los aspectos son combinados por el organizador y pueden incluirse entrevistas con algunos funcionarios gubernamentales en el país de destino. Este evento permite un **contacto** más personal para los empresarios con el mercado extranjero y un trato más directo con potenciales importadores de sus productos.

3.3.7. Agregados comerciales en consulados o embajadas del país de origen en el exterior

Este tema se va a desarrollar más en detalle en el apartado correspondiente (3.4).

3.3.8. Sectores comerciales de las representaciones diplomáticas de países extranjeros en el país de origen

Grandes flujos de información vinculan a los consulados o embajadas extranjeras con el país que representan. Es posible obtener **datos** muy **valiosos** tanto para importar productos como para realizar exportaciones a dicho mercado-país.

3.3.9. Agencias gubernamentales, fundaciones y asociaciones vinculadas a la actividad exportadora

Todo Estado tiene uno o más **organismos** o sectores específicos que promueven la gestión empresarial de negocios internacionales. El Estado, en todos sus niveles, tiene algún ministerio, organismo, secretaría, subsecretaría, sector o sección que se dedica a la promoción del comercio exterior. Estos entes otorgan asesoramiento en forma gratuita sobre diversos temas internacionales: requisitos a cumplir para el ingreso a determinados mercados, listados de importadores y de agregados comerciales, estudios e investigaciones sobre ciertos mercados y cuestiones de clasificación de la mercadería, entre otros datos. Dichos órganos reciben constantemente, de los **agregados comerciales**, información actualizada sobre pedidos de productos realizados por los mercados externos (llamados "oportunidades de negocio comerciales"). Las organizaciones privadas, mixtas y demás entidades intermedias pueden ser también una importante fuente de consulta. Éstas suelen organizar **cursos** de capacitación sobre la temática de comercio internacional, **foros** de encuentro o conferencias sobre la temática de operaciones mundiales.

3.3.10. Estadísticas e informes oficiales confeccionados por las naciones

Todo país tiene centralizado su **sistema estadístico** en un organismo rector que realiza compilaciones, análisis e informes oficiales sobre actividades de importación y exportación. Estos datos son macroeconómicos, pero constituyen importante información secundaria que describe en forma inicial y general aspectos de los mercados de exportación (volúmenes de operaciones realizadas, tendencias históricas, porcentaje relativo sobre el total de exportaciones). Por otra parte, existe información que es compilada en informes por fundaciones, consultores internacionales y otros agentes privados, que es de gran relevancia. Además, existen **estadísticas a nivel internacional** elaboradas por algunos organismos, como el Banco Mundial o la Organización de las Naciones Unidas, que pueden ser de mucha utilidad como información complementaria sobre determinados mercados.

3.3.11. Encuentros o entrevistas personales con operadores de comercio exterior en el mercado de destino

Permiten un **contacto directo** con importadores, tradings, distribuidores y otros agentes situados en el mercado externo, facilitando el acceso a una determinada clase de información que, por su extrema sensibilidad, exige un encuentro personal. Es difícil procurar dichos datos por otras vías, y generalmente se trata de información primaria. Estas entrevistas integran el itinerario de un viaje de negocios. Información de un valor similar se recopila a través de la *observación personal y sensorial en el mercado de destino*. Un ejemplo de ello es el recorrido que el empresario realiza en los distintos puntos de venta en destino, para ver cómo se presenta y se localiza el producto de la competencia, en forma comparativa a los productos propios. Esa observación personal puede formar parte de un **viaje** con fines no comerciales, como puede ser un viaje al exterior para esparcimiento.

3.3.12. Cámaras binacionales

Son fuentes de información muy específicas y calificadas. Son sustanciales aquellas que vinculan al país de origen con el país-mercado seleccionado. Estas cámaras pueden estar localizadas tanto en el mercado de origen como en el de destino. Poseen **listados** sobre los principales importadores y exportadores de ambos países y sobre los productos comercializados a nivel binacional. Conocen en forma detallada los **requisitos** concretos para la importación y exportación de distintos productos entre esos dos mercados. La información suministrada puede ser gratuita o con algún arancelamiento de bajo costo para el acceso a la información.

3.3.13. Consultores en comercio exterior

En general, brindan un **amplio asesoramiento** que puede extenderse desde estudios de mercado hasta localización de oportunidades de negocios. Detectan las barreras comerciales existentes en destino para el acceso de un determinado producto y asesoran sobre intervenciones gubernamentales obligatorias a los fines de exportación. Además, pueden realizar la negociación de fletes y la contratación de seguros, y auxiliar en la confección de documentos comerciales y financieros, entre otras funciones.

3.3.14. Instituciones financieras

La mayoría de los bancos tiene un sector dedicado al comercio exterior. El mismo da un considerable apoyo en temas como: **medios de pago** más utilizados en determinados mercados, requisitos operativos y legales para el manejo de instrumentos financieros, plazos de cobro, compra y venta de divisas, entre otros aspectos.

3.3.15. Compañías de transporte internacionales

Brindan información sobre itinerarios para acceder a determinados mercados. Cotizan los distintos **fletes** (y otros servicios conexos, como la consolidación de mercadería), ofrecen asistencia sobre requisitos y adecuaciones del **embalaje** al medio de transporte y proporcionan información sobre capacidades de los medios de carga y sobre la utilización de cargas unitarias (*pallets*) y de sistemas de contenerización (*containers*).

3.3.16. Compañías de seguro

Facilitan auxilio sobre coberturas de **riesgos** más usuales para un determinado producto, mercado y medio de transporte. Evacuan consultas sobre distintos **tipos de pólizas** (flotante, individual) utilizadas en el comercio internacional y sobre formas de seguro más específicas (como es el seguro de caución).

3.3.17. Estudios de despachantes de aduanas

Su principal actividad se centra en la **presentación de los documentos y la realización de trámites operativos** necesarios para el control aduanero. También calculan y liquidan los impuestos a favor del servicio aduanero por las operaciones externas, y gestionan el cobro de **beneficios** promocionales al comercio exterior (reintegros, draw backs). Están muy capacitados en aspectos de valoración y clasificación arancelaria, envío de muestras y realización de operaciones de importación y exportación en forma temporaria.

3.3.18. Internet

Este tema va a ser desarrollado más específicamente en el capítulo de comercio electrónico. Los **motores de búsqueda** permiten detectar potenciales importadores y distribuidores para la empresa que quiere exportar.

3.3.19. Otras estructuras empresarias vinculadas al comercio exterior

Agentes, distribuidores, brokers, cámaras empresarias generales, cámaras empresarias del sector y cámaras de comercio exterior son algunas de las estructuras que integran los mecanismos que ponen en funcionamiento el comercio exterior.

3.4. Los agregados comerciales en embajadas y consulados del país de origen situados en los mercados externos seleccionados

3.4.1. Su importancia como fuente de información para pequeñas y medianas empresas

Los agregados o consejeros comerciales son representantes especializados que trabajan en las embajadas o consulados que una nación tiene en los distintos países-mercados.

Se caracterizan por lo siguiente:

— Se hallan situados en un determinado mercado externo, por lo que están en constante **contacto** con el mismo.

— Tienen conocimientos sobre las **prácticas** comerciales, normativas legales, características culturales, aspectos de la competencia en el mercado de destino.

— Poseen una importante **base de datos** sobre el mercado-país en el cual están localizados.

— Tienen información **actualizada** sobre dichos mercados.

— Proporcionan datos, en forma **gratuita**, sobre distintos aspectos del país de destino.

En general, las listas de agregados comerciales se pueden obtener por distintas vías, como, por ejemplo:

— **Organismos** gubernamentales de comercio exterior.

— **Cámaras** empresariales, binacionales y de comercio exterior.

— Fundaciones, organismos y **asociaciones** privadas relativas al comercio internacional.

— Vía **internet**, a través de motores de búsqueda (buscadores), con la utilización de ciertas palabras clave como: "agregados", "consejeros", "consulados" o "embajadas".

En algunos mercados de gran relevancia comercial y extensión geográfica, pueden existir más de una representación comercial, y cada agregado comercial en ese mercado puede no contar con la misma información. En ciertos mercados de reducida dimensión, las secciones comerciales se establecen por regiones o áreas de influencia que abarcan más de un país. En este caso, existe un único agregado que compila la información sobre distintos países cercanos geográficamente. La información que suministran tiene variaciones, según el agregado y el país. La mayoría de los agregados posee correo electrónico, herramienta que se constituye en un medio **idóneo, económico** y **práctico** para solicitar y recibir información.

3.4.2. Datos que pueden proveernos los agregados comerciales

Entre la **vasta información** que estos agentes de cambio del comercio exterior pueden proveer a la empresa se encuentran:

— **Listados de importadores**, distribuidores, agentes, cadenas de supermercados (nombre, razón social, domicilio, telefax, correo electrónico, qué tipo de productos comercializan, si han realizado importaciones desde el país de origen, etc.).

— Listado de **cámaras empresariales**, organismos gubernamentales, asociaciones de comercio exterior radicadas en ese país.

— Cronograma de los **eventos** más importantes a realizarse en dicho país (ferias, exposiciones, congresos, rondas de negocios, encuentros comerciales y empresariales, entre otros).

— Listado actualizado sobre **oportunidades de negocios** puntuales en ese mercado.

— **Datos macroeconómicos** relativos al país de destino (volumen de importaciones, principales productos requeridos, etc.).

— Principales **barreras** arancelarias y paraarancelarias existentes en ese mercado.

— **Estudios** de mercado y **perfiles** que existan sobre un determinado producto, e **informes oficiales** sobre ciertos segmentos de mercado en el país de destino.

— Potenciales **socios** para efectuar proyectos conjuntos a nivel binacional (coinversiones, alianzas estratégicas), legislación para la **radicación** de filiales de comercialización y/o producción en destino.

— Principales **páginas web** que contienen algunos de los datos aludidos precedentemente.

Los agregados pueden, en ciertos casos, concertarle al empresario **entrevistas** con organizaciones privadas y entes públicos situados en el exterior. Este servicio que prestan debe ser tenido en cuenta por la empresa que decide realizar un viaje, para concretar encuentros personales con potenciales interesados.

Muchos de los datos aludidos precedentemente también pueden ser suministrados por gran parte de las otras fuentes citadas en el punto 3.3 (organismos gubernamentales, asociaciones, cámaras). La ventaja comparativa que tienen los agregados comerciales sobre éstas es que poseen un **conexión** *in situ* con el mercado a penetrar. Este factor los coloca en una situación comparativa privilegiada, porque cuentan con **información** mucho más **amplia** y **actualizada**, y en ciertos casos, se constituyen en fuentes de información de las otras fuentes.

3.4.3. Perfiles de mercado

Otros informes a solicitar son los **perfiles de mercado**, los cuales comprenden gran cantidad de información, como:

— Características del producto y **clasificación** arancelaria.

— Régimen arancelario general del producto en destino: **gravámenes** de importación, impuestos y tasas.

— Existencia de **trabas paraarancelarias** que afectan al bien de la empresa (cupos, licencias, certificados sanitarios, normas de fabricación, controles de calidad, obligatorios).

— Ranking de los **principales países proveedores** del producto a dicho país.

— Valores y volúmenes de las **importaciones**. Son datos estadísticos que presentan cantidades y precios totales y unitarios promedio, discriminadas por origen, es decir, en forma diferenciada por país, así como la evolución y tendencia de dichos datos numéricos.

— Datos sobre la **elaboración nacional** del producto en destino.

— Vigencia de **convenios** firmados con el país de origen y **beneficios preferenciales** otorgados a través de los mismos. Exigencia de certificados de origen.

— Principales **compradores** (distribuidores, minoristas, etc.) en destino y sus requerimientos. Estructura de los canales de distribución más usuales. **Centros de consumo** más reconocidos en este mercado y **accesos** más convenientes al mismo.

— Existencia de cámaras, asociaciones empresarias y otras **instituciones** vinculadas al bien en cuestión. **Eventos** en destino (ferias y exposiciones), que se relacionen con el producto.

— Aspectos sobre la presentación y **envasado** del bien. Exigencias de rotulado. Cuestiones de **embalaje** (utilización de cajas, sistemas paletizados y contenerizados, o graneles).

— Si ya han sido realizadas operaciones con el mercado de origen.

3.4.4. Modelo de pedido de información al agregado comercial

En la carta electrónica (o fax) dirigida al agregado comercial se debe incluir como mínimo:

— Nombre del agregado comercial al cual se le dirige la consulta.

— Nombre de la empresa que solicita la información.

— Nombre del **producto**, con su **descripción** técnica y comercial detallada. Se debe hacer mención a la **partida arancelaria** del producto según la Nomenclatura Arancelaria (basada en el Sistema Armonizado de Clasificación y Codificación de Mercaderías), para facilitar la tarea de búsqueda de la información solicitada.

— Identificación clara de la **información específica y precisa que se le solicita**. Un ejemplo sería: *"listado de los principales distribuidores con indicación de su nombre, telefax, e-mail y domicilio, localizados en la ciudad A que importen el producto Y"*.

4. Información trascendente para la elección y penetración de un determinado mercado externo

4.1. Distintos aspectos de la información sobre los mercados externos

La información de principal relevancia puede constar de *datos actuales* (por ejemplo, PBI per cápita para el año anterior al que se realiza la investigación), o *datos de tendencia* (v.g., la variable PBI per cápita de los últimos cinco años). En este último caso, el análisis de esa serie puede determinar un aumento de dicha variable o un decremento de la misma en un determinado lapso.

Los datos pueden ser **cuantitativos** —son susceptibles de ser expresados numéricamente (cifras estadísticas)— o **cualitativos** —no pueden ser expresados en cifras o porcentajes (por ejemplo, determinadas actitudes de compra y lealtad hacia la marca)—. También puede haber datos que contemplen aspectos **cualicuantitativos** (por ejemplo, el informe de una encuesta que arroja como resultado que cierto porcentaje de un mercado tiene un determinado estilo de vida o preferencia).

Los datos sobre el mercado extranjero a considerar pueden versar sobre los siguientes aspectos:

— los **aspectos gubernamentales generales**;
— las **barreras** arancelarias y paraarancelarias;
— el mercado **consumidor**;
— la **competencia** y/o **sector** y el producto comercializado;
— la **infraestructura** existente en dicho mercado.

4.1.1. Información sobre aspectos gubernamentales generales

Esta información muestra en rasgos generales los **aspectos macro del país**, sobre el cual la empresa del país de origen puede estar interesada en desarrollar sus negocios:

— Información sobre las **principales variables** económicas y demográficas (población, tasa de crecimiento demográfico, tasa de natalidad, PBI, PBN, volumen de importaciones y de exportaciones, nivel de endeudamiento, riesgo país, desempleo, balance comercial y de pagos, etc.).

- **Datos generales** sobre el país (religión, idioma, educación, sistema político imperante, etc.).
- **Políticas** industriales, fiscales, monetaria, cambiaria, laboral, etc.
- **Política económica** general del país de destino. Información sobre políticas vigentes que pueden tener efectos indirectos o directos sobre comercio e inversión internacionales (coeficiente de apertura de la economía, existencia de leyes de radicación de empresas extranjeras, leyes de defensa de la competencia y del consumidor, leyes antimonopolio, etc.).
- Existencia de **acuerdos regionales** (área de libre comercio, uniones aduaneras) o tratados especiales de cooperación y desarrollo entre el país de origen y el de destino que creen situaciones de comercio preferenciales.

4.1.2. Información sobre barreras arancelarias y paraarancelarias

Se trata de obstáculos que establecen la mayoría de los Estados y tienen por objetivo:

- **Proteger** la economía nacional del mercado de destino.
- **Dificultar el acceso** de productos de empresas extranjeras a un determinado mercado. En general, la mayoría de éstas dificultan la dinámica natural de los flujos de importación en el mercado de destino.
- En ciertos casos, generan **ingresos fiscales** para el Estado de destino, siendo una importante fuente de recaudación.

4.1.2.1. Barreras arancelarias

Los obstáculos comerciales se dividen en dos grupos: barreras arancelarias y paraarancelarias. Las trabas **arancelarias** o tarifarias consisten en la imposición de aranceles o impuestos a los flujos de comercio internacional (en general, alcanzan a la mayoría de las importaciones efectuadas por el país de destino). Son **transparentes**, por lo que es fácil obtener información sobre las mismas. Son **monetarias**, porque su efecto sobre las importaciones puede ser fácilmente cuantificados. En general, estas barreras **incrementan el precio** del producto importado y tienen un **efecto protector** para el productor del país de destino. Además encarecen el precio de los productos importados para el consumidor del mercado externo. Aparte de lo expuesto, estos obstáculos son los únicos que generan **ingresos para el fisco** del país-mercado importador.

Es acertado contar con una correcta descripción técnica y comercial y una **adecuada clasificación arancelaria** (ver anexo V), para la obtención de información sobre las barreras que puedan afectar específicamente a un producto de determinada empresa. La **aplicación de barreras varía de producto a producto**. Algunos bienes pueden estar sometidos a la imposición de mayores trabas comerciales que otros, según el enfoque que adopte la política comercial del país de destino.

Entre la amplia diversidad de barreras arancelarias se pueden destacar:

— *Derechos de importación:* son **impuestos** que gravan a la importación efectuada por los compradores del exterior. Pueden ser un porcentaje, llamados "derechos *ad valorem*", o un monto fijo por unidad importada (o arancel **específico**). Además, existen los tributos **compuestos**, que son una combinatoria del arancel *ad valorem* y específico, aranceles **continuos**, cuya aplicación se realiza a lo largo de todo el año y **estacionales**, cuando se aplican en cierto período del año. Otras clasificaciones son: los **derechos antidumping**, que se afectan a productos que provienen desde origen en condiciones de dumping, y los derechos **compensatorios** que se gravan a productos que provienen desde origen con incidencia de subsidios.

— *Valores oficiales:* son precios que sirven de **base legal** para la aplicación de impuestos a la importación *ad valorem*. A los fines del cálculo del impuesto, se toma como base el valor real o el precio oficial, el que sea mayor. De esta forma, el Estado que los impone busca determinar un piso de **recaudación fiscal** y desalentar las **maniobras fraudulentas** de subfacturación (que es la declaración de un valor de la mercadería inferior al real).

— *Menor carga tributaria para más valor agregado local:* más que una barrera arancelaria es un **sistema comercial arancelario**. Los productos con mayor grado de industrialización que sean exportados a un mercado tributarán mayores impuestos de importación que los que tengan menos valor agregado. Un ejemplo claro es el siguiente: la importación de un automóvil terminado tributa más impuestos que la importación de las piezas sin ensamblar. Este sistema es adoptado en general por la mayoría de los países en el ámbito mundial. Tiene como objetivo, incentivar la importación de bienes que incorporen necesariamente algún **valor agregado** en el mercado de destino y desalentar la compra de productos terminados.

— *Tasación variable:* es un impuesto a la importación que tiene como objetivo igualar el precio del mercado interno (sobre todo en productos que son poco competitivos a nivel internacional), con el precio vigente del mercado internacional. Es utilizado para los **commodities**, que son productos que cotizan internacionalmente, o sea que su precio se determina por la oferta y la demanda mundiales. El producto protegido a nivel nacional tiene un precio superior que la cotización internacional. Como el precio mundial de los productos varía constantemente en el tiempo, el arancel se va modificando para acompañar al precio internacional y lograr un nivel **uniforme de protección**.

Otras barreras arancelarias pueden ser:

— *Tasas:* son retribuciones por determinados **servicios** prestados en el país de destino con motivo de la importación. Pueden cobrarse por compilaciones de estadísticas, servicios complementarios de verificación de la mercadería importada, servicios de verificación del destino asignado al bien nacionalizado.

— *Impuestos nacionales:* las mercaderías importadas por un país están alcanzadas por los mismos impuestos que la mercadería que es vendida en dicho mercado interno (por ejemplo, impuesto al valor agregado o su equivalente). Dichos gravámenes tienen idéntico tratamiento para las operaciones comerciales que se efectúan entre miembros de un acuerdo regional. Internacionalmente, rige el criterio general que promueve que la mercadería exportada se desgrave de la mayoría de los impuestos, por parte el país de origen. Éste es el principio del comercio internacional **de no exportar impuestos**. Los bienes comercializados sólo van a tributar por el **criterio del país de destino**. Por lo tanto, los impuestos alcanzarán a las mercaderías cuando se realice su importación.

— *Impuestos o derechos a las exportaciones:* son **cargas tributarias** que algunos países establecen para las exportaciones de ciertos productos. Estos impuestos incrementan el precio del producto exportado y son calculados sobre el precio FOB o similares. El principal objetivo de su existencia es aumentar la **recaudación** fiscal del país que exporta. Otro de los objetivos puede ser solamente la imposición a la exportación de productos con bajo nivel de industrialización. De esta forma se impulsa oficialmente la exportación de productos con gran **valor agregado** nacional, los cuales van a estar desgravados de dichos tributos.

4.1.2.2. Barreras paraarancelarias

Estas barreras se llaman, también, "no arancelarias" o "paratarifarias", y comprenden una **amplia variedad** de obstáculos al comercio. En las últimas décadas han estado proliferando estas trabas en el sistema de comercio internacional. Al igual que las arancelarias, son impuestas por los Estados nacionales y tienen carácter obligatorio.

Dentro de ellas se incluyen a todas las que no tienen relación directa o indirecta con aranceles a la importación o exportación. Pueden ser **cuantitativas** (cuando uno o varios Estados establecen límites en las cantidades comercializadas) y **cualitativas**, y entre las principales se pueden nombrar:

— *Normas y requisitos legales*: son de diversa índole. Los requerimientos de carácter **aduanero** obligan a la realización de determinados trámites burocráticos ante el servicio de control aduanal de origen o destino, al despachar la mercadería. Las normativas **documentales** establecen el aporte legal de determinados documentos para importación o exportación. Las normas de **calidad** estipulan ciertos parámetros para la elaboración del producto de acuerdo con estándares de control. Los requisitos de **envasado** limitan la utilización de determinados materiales en el packaging o aspectos de su diseño. Las revisiones **sanitarias** procuran el cuidado de la salubridad del producto y el resguardo de la salud de la población consumidora, llevándose a cabo el control a través de instituciones oficiales de origen y/o destino.

— *Cuotas a la importación o exportación*: son cantidades **máximas** a importar o a exportar. Con respecto a las cantidades que limitan los volúmenes importados, éstas crean **escasez** del producto en destino. Se produce una insuficiencia en los productos importados ofrecidos, si éstos se hallan limitados por cuotas y la demanda de importaciones fuera elevada en destino. Estas trabas cuantitativas crean un mayor nivel de protección a la industria nacional que los aranceles.

Existen distintas clases de cuotas: **globales** y **asignadas**. En las globales, los primeros que completan la cuota de importación se benefician en este régimen. En las asignadas, generalmente se distribuyen partes de dichas cuotas entre los potenciales interesados en importar, mediante un sistema similar a la licitación. Las cuotas pueden ser **simples** o **arancelarias**. En este último caso consisten en una limitación cuantitativa que si es superada permite la importación con el pago de altos aranceles.

— *Subsidios:* los subsidios son formas de **ayuda** directas o indirectas que un país otorga a determinados productores locales. Cuando la empresa quiere ingresar a un mercado, en el cual el Estado ha proporcionado subsidios a sus productores nacionales, dicha empresa se halla en condiciones de desigualdad. Las empresas locales beneficiadas por el subsidio deducirán de su precio de venta el beneficio de la subvención y como consecuencia formarán precios más competitivos. Debido al auxilio otorgado, estas organizaciones podrán competir en los mercados internacionales y no sólo en el mercado doméstico. El otorgamiento de ciertos subsidios está **prohibido** dentro del marco de la Organización Mundial de Comercio. No son admitidos aquellos que se destinan para obtener mejores resultados en un proceso de exportación. La **investigación** sobre la existencia de subvenciones tiene una condición adicional que es que las mismas produzcan **daño** en la industria del país importador de los productos subsidiados. Los países perjudicados pueden iniciar un proceso para que puedan aplicar **impuestos y derechos compensatorios.** Los subsidios destinados al comercio internacional son considerados **políticas desleales de comercio** al igual que el dumping.

— *Política de compras gubernamentales:* esta clase de barrera se presenta cuando los pliegos del sistema de compras estatales en destino establecen requisitos que son "a medida" de las empresas nacionales. Dichos requerimientos sólo pueden ser cumplidos por las empresas locales, dejando fuera del juego a la competencia extranjera.

— *Intercambio:* también conocido como trueque en sus distintas modalidades (intercambio compensado, *barter*, etc.). Significa la exportación de bienes recibiendo como contrapartida de esta operación productos y no divisas. Este obstáculo plantea límites en la **capacidad de elección** del exportador que ve restringida su contraprestación a los bienes recibidos desde el exterior.

— *Acuerdos comerciales:* existen diversas clases de acuerdos. Algunos puede consistir en **cuotas,** tanto para importación como para exportación. De esta manera se traba y estructura totalmente el comercio entre los países signatarios del acuerdo. Un ejemplo de esta clase de barreras es el Acuerdo Multifibras (AMF), que regula el comercio de textiles. Con las conclusiones consensuadas en la Ronda Uruguay, y dentro del marco de la OMC, el AMF está siendo progresivamente desmantelado.

— *Controles de cambio:* las divisas son moneda extranjera depositada en una cuenta en el exterior. Con esta traba, los empresarios necesitan la **intervención** de la autoridad de control estatal del sistema financiero para comprar o vender divisas. Es posible que los organismos aduaneros puedan contribuir, en forma auxiliar, con el desenvolvimiento de la regulación de cambios. Este sistema puede establecer las siguientes **restricciones**: cantidades máximas y mínimas para comprar y vender divisas, plazos límite para realizar pagos y cobros internacionales, plazos para liquidar las divisas cobradas en las exportaciones. Al limitarse las compras y ventas de divisas a negociar, se ejerce un **dominio** directo sobre los volúmenes importados y exportados, ya que éstos tienen estrecha dependencia con la cantidad de divisas existentes en un país. El desconocimiento de la existencia de controles de cambio, en origen o destino, puede trabar la operación de exportación.

4.1.3. Información sobre el mercado consumidor

La información sobre el mercado consumidor es muy **amplia** y puede abarcar muchos aspectos.

Entre los principales a tener en cuenta se hallan:

— *Características del consumidor:* este aspecto tiene relación con el proceso de **segmentación** del mercado. El mercado total para un determinado producto en destino es demasiado amplio en su totalidad, por ello se debe **particionar** en unidades con características homogéneas llamadas "segmentos". La segmentación del mercado permite a la empresa realizar **presupuestación** de las operaciones del mercado y **concentrar** más eficazmente los esfuerzos en dicho segmento. Con esta política se prevén mejor las **necesidades** del consumidor y las acciones de la **competencia**.

Existen distintas formas de segmentar un mercado, según diferentes autores (ACERENZA, KOTLER, STANTON). El mercado de consumo final se puede dividir en partes de acuerdo con las características **socioeconómicas** (sexo, edad, trabajo, nivel económico) o por características **psicográficas** del consumidor (intereses, estilos de vida, motivaciones y demás características personales), y por cuestiones de **conducta** (reacciones o respuestas ante un producto). Otros mercados pueden ser segmentados según las características del **intermediario** (cantidad de operaciones, especialización, ámbito de cobertura, etc.). Para el caso de **industrias** algunos criterios válidos son el uso final del producto, el volumen y la frecuencia de operaciones, la localización geográfica de la empresa, entre otros. Generalmente, la empresa utiliza más de una variable de segmentación, siempre según criterios o **características distintivas** del **consumidor** o usuario en destino.

En relación con la segmentación, y para definir las cualidades del mercado consumidor, se deben contemplar:

- Características generales de la **demanda** del producto. Si el producto en destino tiene una demanda inelástica el consumidor no variará las cantidades compradas ante fluctuaciones del precio del bien; si la demanda es elástica, se modifican los volúmenes de compra ante el aumento o la disminución de los precios.

- **Proceso de compra.** Es necesario identificar quiénes inician el proceso de compra y sus motivos, causas de la recompra de un producto, etc. También es importante detectar si las compras son realizadas por comportamientos racionales o impulsivos.

- Principales **canales** utilizados para el proceso de compra. Observar si se trata de tiendas generalistas, almacenes pequeños, puntos de venta especializados, etc. Detectar qué **servicios** prestan dichos sistemas de comercialización más allá del proceso de venta del producto.

- Consumo o uso de **productos sustitutivos** o **complementarios.** Los sustitutivos son productos que pueden satisfacer de forma similar la necesidad cubierta por un determinado producto de la empresa. Los productos complementarios son aquellos consumidos en forma conexa con otro producto.

- Exigencia por parte del consumidor de determinadas **presentaciones**, calidades y packaging de los productos.

- Requerimientos por parte del consumidor de determinados **servicios** como garantía, instalación y reparación, que pueden variar en amplitud según el bien en cuestión.

- Existencia de ciertas **cuestiones culturales** como puede ser la religión, moda, determinados hábitos y costumbres, que condicionan el proceso de compra. En determinados mercados las diferencias interculturales son tan fuertes que impulsan a **adecuar** el producto a las mismas.

- Aspectos nacionalistas en el proceso de compra, que generen un rechazo hacia los productos extranjeros, y que promuevan el apoyo a los locales.

4.1.4. Información sobre la competencia, sobre el sector industrial y sobre el producto

En general, la información de la competencia puede tener distintos **enfoques** para su obtención y análisis. Puede verse desde un punto de vista general o **macroeconómico** que contenga una evaluación actual e histórica del sector productor del bien en el mercado de destino o de sus importaciones. Algunos datos de relevancia al respecto son los volúmenes de venta totales, importaciones totales, tendencias interanuales, orígenes de las importaciones, entre otros. Un análisis más **microeconómico** supone la identificación de cada competidor, su nombre y demás datos, y sus participaciones de mercado; se trata de información específica de las empresas productoras e importadoras localizadas en el mercado de destino. Además deben ser identificadas las **políticas de comercialización** desplegadas por los operadores de dicho mercado.

- Características de la **industria** local en el mercado de destino a tener en cuenta:

  — Si es un sector **concentrado** en pocas empresas o tiene una competencia muy repartida entre numerosas firmas.

  — La existencia o no de actividades monopólicas o estatales, y la participación de empresas multinacionales en las operaciones de dicho sector.

  — Características **globales** o locales de la estructura industrial en destino y estrategia a adoptar por la empresa exportadora.

  — **Situación** actual, su evolución y adecuación a las distintas políticas económicas del país de destino.

  — Relación entre producción local en dicho mercado y el volumen de importaciones del producto.

  — Existencia de normativas legales que beneficien a las importaciones o a la radicación de inversiones en el país extranjero.

- Estrategias de **comercialización** utilizadas por las empresas productoras o importadoras en dicho mercado-país:

  — Estrategias de **comunicación** implementadas: información sobre medios utilizados para la promoción del producto, clase de mensajes emitidos, estrategias de posicionamiento del producto, realización de eventos comunicacionales, etc.

— Estrategias de **distribución** utilizadas por dichas empresas: datos sobre utilización de canales cortos o largos de distribución, sobre funciones y servicios prestados por cada intermediario, vinculaciones contractuales que conectan a cada nivel del sistema distributivo, política de distribución utilizada (selectiva, exclusiva o masiva), aspectos de comunicación dentro del canal, cobertura del canal, entre otros.

— Estrategias de **precio** utilizadas: existencia de líderes y seguidores en precio, políticas de descuento y bonificaciones, distintos componentes que integran el costo del producto importado en destino, incidencia de aspectos financieros y tributarios sobre el precio final, etc.

— Estrategias de **producto** utilizadas: cantidad y clases de marcas existentes en el mercado, políticas de envases implementadas por las empresas y distintas presentaciones que se comercializan del producto. Materiales utilizados, aspectos técnicos, calidad del producto, desarrollo tecnológico del bien comercializado. Otras cuestiones como exigencias gubernamentales que afectan a la elaboración y comercialización en destino, normas de envasado, de componentes, de conservantes, etc. También será analizada la etapa del ciclo de vida en que se halla el producto en ese mercado (de introducción, de desarrollo o crecimiento, de madurez o de declinación).

La pequeña y mediana organización debe compilar y evaluar la información sobre la competencia (y el sector) y los productos ofrecidos en el país seleccionado. El propósito de este análisis es diseñar una **estrategia de diferenciación** que resalte los principales atributos del producto para el mercado objetivo.

4.1.5. Información sobre la infraestructura existente en el mercado

En un sentido amplio y desde un punto de vista comercial, la infraestructura consiste en aquellos **sistemas facilitadores** que colaboran en forma directa o indirecta con la comercialización del producto en el mercado de destino. La infraestructura existente en un determinado mercado-país tiene distintas facetas:

— *Financiera*. Existencia de un sistema financiero sólido. Gran cantidad y variedad de bancos nacionales y extranjeros, públicos y privados. Consolidación en destino de una plataforma segura y fluida para cobros y pagos de operaciones internacionales. Mercado de capitales desarrollado. Vigencia de mecanismos financieros alternativos (factoring, leasing, etc.).

— *Logística.* Desarrollo de carreteras, autopistas, redes férreas, puentes que habilitan un fácil acceso al mercado. Así como también, operatoria eficiente de puertos, aeropuertos, plazoletas para contenedores, depósitos fiscales, zonas francas que contribuyen a un mejor desenvolvimiento comercial en destino. Además, la localización de variadas compañías de transporte, compañías de almacenamiento y compañías de seguro en dicho mercado.

— *Comercial.* Distribuidores, importadores, *trading companies*, agentes, minoristas, como canales sólidos y confiables de distribución en destino. Como asimismo, agencias publicitarias, medios masivos de comunicación, estudios de marketing, estudios profesionales y consultores como parte de la cadena de valor en el mercado externo.

5. Criterios para la selección de un mercado

Los criterios para la selección de un mercado entre varios potenciales son **diversos**. A este proceso de determinar las relaciones empresa-producto / países-mercados más adecuadas, se lo llama "**macrosegmentación**" (según GARCÍA CRUZ), y algunos de sus factores más destacados son:

5.1. Tamaño del mercado

Debe realizarse un estudio de las **variables macroeconómicas** de un país: número de habitantes de su población, Producto Bruto Interno, tasa de crecimiento demográfico, y volumen y tendencia de las importaciones totales y del producto. Sobre la base de esta información, la empresa tiene que proyectar y estimar datos sobre el **segmento** al que desea dirigirse.

5.2. Cercanía psicográfica

También llamada "cercanía psicológica", consiste en **la similitud** existente entre el mercado de origen y el de destino en las prácticas comerciales, la legislación mercantil vigente, los hábitos de consumo, el idioma y ciertas cuestiones culturales. Permite al empresario observar al mercado externo con una visión de mayor **familiaridad** con el mercado nacional. Se genera una actitud mental hacia la internacionalización de mayor solvencia y **certidumbre**.

5.3. Poder adquisitivo

Es importante para evaluar el **poder de compra** de los potenciales consumidores. Algunos indicios de ello pueden ser mostrados por el PBI per cápita.

5.4. Cercanía geográfica

La **facilidad de acceso** y la **cercanía** del país a seleccionar es uno de los factores de relevancia. Esta cuestión influye en todo lo relativo al costo de transporte internacional de la mercadería y en cuanto a la complejidad de la operatoria logística. Es conveniente que una empresa, en sus **primeras etapas** de internacionalización, comience concentrando sus exportaciones en mercados cercanos geográficamente, dirigiéndose a países limítrofes.

5.5. Grado de apertura de la economía del país de destino

Se puede medir teniendo en cuenta la relación del total de **importaciones** con el Producto Bruto Interno. Otro indicador es el nivel de **aranceles** y las **barreras paraarancelarias** impuestas para el producto de la empresa.

5.6. Riesgo del mercado-país

Este debe ser medido desde un **punto de vista amplio**, que considere no sólo aspectos económicos, sino también financieros, políticos y legales.

5.7. Indicadores económicos relevantes

Algunos indicadores de interés pueden ser: tasa de **alfabetización**, salario promedio, **salario** mínimo y consumo de **energía**, entre otros. Estos indicadores nos permiten conocer características generales del consumidor.

5.8. Modificaciones del producto

Se debe tener en cuenta la cantidad de adaptaciones por cuestiones culturales, económicas o legales que hay que realizar sobre el producto. Algunas de las transformaciones pueden consistir en el uso obligatorio de ciertos componentes y envases, normativa de etiquetas, requisitos técnicos y estándares de calidad.

5.9. Facilidad y rapidez para realizar las operaciones

Se debe examinar la agilidad, simplificación y celeridad en destino de los **trámites para el ingreso** del producto. Éstos comprenden todas aquellas actividades burocráticas, de gestión de documentación, de obtención de permisos y licencias, de registración en organismos de control, entre otras.

5.10. Existencia de incentivos gubernamentales

Se debe conocer que algunos países extranjeros otorgan **líneas de financiamiento** a los productores locales para que las destinen a ciertas importaciones. Otra cuestión a observar es la vigencia de leyes de **inversiones extrajeras** amplias y ventajosas para las empresas de origen. Estas normativas pueden motivar al empresario para la elaboración del producto en destino, a través de filiales de producción que lo beneficien financiera y tributariamente.

5.11. Ciclo de vida del producto

Se deben distinguir claramente aquellos mercados en el cual el producto de la empresa se halla en una etapa inicial o de desarrollo de su **ciclo vital**. Estos ciclos varían de mercado a mercado, por cuestiones culturales, económicas y tecnológicas.

5.12. Existencia de mercados regionales homogéneos

Un aspecto diferenciado se presenta en aquellos países-mercados que son miembros de un **bloque comercial**. La empresa puede considerar en una etapa posterior el acceso directo o indirecto al resto del mercado regional ampliado.

5.13. Nivel de recursos destinados por la empresa a la internacionalización

Tiene estrecha relación la selección del mercado internacional a penetrar con la cantidad de **recursos** monetarios, financieros, productivos y humanos, que la empresa va a destinar en su estrategia internacional. Es importante examinar la **etapa** de internacionalización de la empresa. La organización puede hallarse en una etapa inicial, como puede ser una exportación esporádica o experimental, o encontrarse consolidada en los mercados externos a través de una actividad de exportación continua.

5.14. Otros elementos de relevancia

Entre otros, son de real importancia la **cantidad de oportunidades de negocios potenciales detectadas** y la **estructura del ambiente competitivo** e **infraestructura** en un determinado mercado externo.

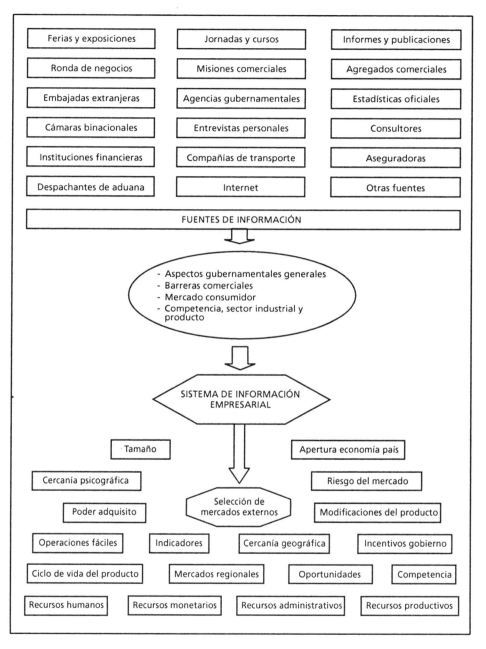

Gráfico 3.1. Importancia de la información para la internacionalización.

ESTRATEGIA DE COMERCIALIZACIÓN INTERNACIONAL

1. La decisión de internacionalización

1.1. Factores que influyen en la toma de decisión

En primer término, el pequeño y mediano empresario que toma la decisión de internacionalizarse fija los **objetivos** afines a dicha cuestión. En la evaluación efectuada se toman en consideración los **distintos cursos de acción alternativos** a las actividades internacionales (ampliar la cobertura del mercado interno, dirigirse a nuevos segmentos o ampliando la línea de productos en el mercado nacional). Posteriormente, se analizan los **probables resultados** de las acciones que son consecuencia de las decisiones tomadas. Y por último, se realiza una adecuada **valoración** de estos resultados.

En el proceso de toma de decisiones para acceder a los mercados externos, la empresa se maneja en condiciones de cierta **incertidumbre**. Como consecuencia de esa incertidumbre sobre algunas variables que quedan fuera de su dominio (comportamiento de sus competidores, o de la demanda), es que el empresario nunca tiene la total certeza del resultado de sus acciones. No obstante, la empresa debe proyectar sus actividades enmarcándolas dentro de un **plan estratégico**, considerando **recursos y tiempo disponibles** y **cursos de acción**, entre otros factores de importancia. Se deben contemplar también las **restricciones a nivel interno** de la empresa (limitaciones en su capacidad productiva, o en su financiamiento operativo interno para exportar) o que se presentan **en el entorno internacional** (existencia de barreras arancelarias o paraarancelarias en el mercado de destino).

En toda selección empresarial entre distintas alternativas (entre las que podemos incluir la de acceder a determinado mercado externo) tiene un sentido sustancial el concepto de **costo de oportunidad**. Dicho costo significa lo que el empresario prevé que deja de obtener (o pierde) por la elección de un curso de acción sobre otros posibles. Al considerar la posibilidad del acceso internacional, la organización debe prever si exportar tiene un menor costo de oportunidad que concentrar sus actividades en el mercado interno.

Se debe destacar que el empresario siempre toma las decisiones **sobre los resultados que percibe que pueden suceder**, lo que conlleva siempre algún grado de incertidumbre, ambigüedad e **indeterminismo** sobre lo que serán los acontecimientos futuros. La organización realiza una "apuesta" hacia alguna cuestión prevista sobre el futuro, estando contenido siempre cierto **riesgo** sobre las decisiones adoptadas.

1.2. Características de las decisiones de internacionalización

Cuando una organización analiza la conveniencia del comercio exterior, siempre se percibe un **panorama parcial** de las variables involucradas en la elección de esta alternativa empresarial, entre otras. Estas decisiones no son realizadas en condiciones de certeza, sino que constituyen **aproximaciones** a resultados deseados. Se observa que en toda decisión, el empresario procura **organizar la realidad**, limitar su **complejidad** y reducir su **incertidumbre**.

Este proceso decisorio tiene un carácter mental, el empresario, situado en el momento presente, busca **modificar ciertas condiciones actuales** de la dinámica de la empresa con los cuáles no está conforme (capacidad ociosa, caída de ventas, elevado endeudamiento). A su vez se buscan ciertos **resultados** para un determinado **momento futuro** (aumento de rentabilidad, obtención de mayor status por exportaciones realizadas, disminución de costos fijos unitarios por mayores ventas).

La toma de decisión de operar en el mercado mundial implica un proceso con las siguientes características:

— **Racionalidad** y coherencia, no obstante existen decisiones que pueden incluir componentes intuitivos o emocionales.

— **Planificación** y previsión de los resultados del acceso a los mercados externos.

— **Responsabilidad** y compromiso.

— **Creatividad** (evaluación de alternativas no tradicionales).

La decisión de internacionalizarse comprende una serie de **decisiones adicionales** que se bifurcan de la principal, como son: obtención de información, adecuación del producto a requerimiento de un mercado, elección de la política de penetración más apropiada, entre otras.

Las decisiones tomadas en el acceso a mercados externos pueden ser **estratégicas** o políticas. Éstas se refieren a aquellas tomadas a *largo plazo*, en forma integral, considerando todos los factores involucrados globalmente, y en un entorno de gran incertidumbre. Existen las decisiones **tácticas** o directivas, cuando conjugan ciertos aspectos del planeamiento estratégico para *períodos más cortos*. En último término están las decisiones **operativas** que ponen *en práctica*, a través de acciones concretas, las decisiones tácticas.

Un ejemplo de una decisión estratégica relativa a los mercados externos sería: *exportar a la ciudad de Miami, Estados Unidos de América*. Una decisión táctica referida a esa cuestión es: *elección de un distribuidor situado en Miami para que venda el producto en dicha zona*. Una decisión operativa acorde es: *consensuar y firmar el contrato de distribución internacional, estipulándose en el mismo cláusulas de exclusividad geográfica, volúmenes de venta mínimos, niveles de stocks, etc.*

1.3. Evaluación de los recursos internos para la inserción internacional

La organización debe determinar, entre otros aspectos, si tiene o no **potencial exportador**, o sea, capacidad para internacionalizarse. A tal efecto, en primer término, se debe realizar una evaluación macroeconómica del **país de origen** (como competitividad del país por su tipo de cambio, sistema de apoyo a las exportaciones, ventajas comparativas del país en un determinado sector, etc.). En segundo término, se deben interpretar ciertos datos relativos a los **países de destino** seleccionados (obstáculos al comercio, indicadores económicos, acuerdos comerciales regionales, existencia de oportunidades de negocios). Pero sobre todo, en las decisiones de internacionalización, se relevará la existencia de **recursos suficientes dentro de la empresa** que sean adecuados para un **proyecto exportador**:

— Directivos.
— Tecnológicos.
— Humanos operativos.
— Comerciales.
— Financieros.
— Productivos y de propiedad intelectual.
— Administrativos y organizativos.
— Logísticos.
— Creativos.

2. Pasos de una estrategia internacional

La estrategia es un **plan** que tiene objetivos predeterminados y que parte desde una **situación actual**, previéndose una **situación futura**. Se incluyen distintos **cursos de acción** para alcanzar en un **plazo** determinado un **estado diferente** del presente. Comprende la idea de **cambio**, de transformación, de reconversión o renovación del estado actual de las cosas y de generación de acciones de mejora y **nuevas realidades**.

La actitud estratégica es **proactiva**, conlleva una visión a **largo plazo** y contiene una previsión de **escenarios futuros**. Debe existir un **fuerte compromiso** empresarial para diseñar e implementar una estrategia, y a tal fin se debe actuar con **flexibilidad y creatividad**. El empresario debe concentrar **esfuerzos** y asignar eficientemente sus **recursos** (entre ellos el tiempo o *timing*) para el logro de las metas estipuladas en la etapa de diseño del plan.

La estrategia debe estar siempre dirigida a crear **valor** para la empresa y el consumidor y debe perseguir una clara **diferenciación** de la organización con respecto a los competidores. Estará adecuadamente sintonizada con la **misión** de la empresa, la que deberá responder a la pregunta: *¿cuál es el negocio para la organización?*

La estrategia de comercialización internacional sigue una serie de etapas:

1. Diseño.
2. Implementación.
3. Control y ajuste.

Muchos pequeños y medianos empresarios suponen erróneamente que el plan de comercialización internacional sólo debe ser desarrollado por las **grandes empresas**. Dicha conclusión se basa en concepciones equivocadas y simplistas, que relegan la importancia del plan para la organización pequeña. **Todas** las empresas que deseen internacionalizarse deben tener su **plan de negocios externos**.

Para el diseño de una **adecuada estrategia**, se seguirá una serie de pasos de total relevancia para las empresas de cualquier dimensión, entre los que se cuentan:

— Búsqueda de **información** para toma de decisiones.
— Ordenamiento de una serie de **etapas** (asignación de prioridades y tiempos límite) a cumplir para acceder a los mercados externos.

— Evaluación de los **recursos** internos de las empresas para la penetración internacional (humanos, monetarios, etc.).

— Cuantificación de los **objetivos** y supervisión de su cumplimiento.

— **Puesta en práctica** de cada una de las distintas políticas para el logro de las metas fijadas.

— **Ajuste** en los distintos pasos de la estrategia a medida que se va implementando el plan.

2.1. Diseño de la estrategia

La etapa de diseño de la estrategia implica una serie de subetapas:

2.1.1. Obtención de información sobre mercados internacionales

Este punto ya ha sido desarrollado con más detalle en el capítulo III. No obstante, en esta sección se va a completar algunos aspectos sobre el tema que han sido tratados oportunamente. Esta etapa comprende una serie de pasos a seguir:

— fijación de *objetivos* sobre qué información se quiere obtener sobre los mercados internacionales;

— diseño de *instrumentos* de pesquisa de información y definición del campo de acción sobre el cual se va a desplegar la investigación;

— determinación de las distintas *fuentes* tradicionales y alternativas de información (sobre todo para el caso de la investigación informal de mercado);

— *obtención* de los elementos de datos (información histórica o presente y tendencias);

— análisis, comparación, registro, acumulación e *interrelación* de la información obtenida;

— extracción de *conclusiones* sobre los datos obtenidos y analizados.

La investigación inicial de mercados internacionales va arrojar luz sobre ciertas cuestiones como:

— Determinación de los **mercados-países** más atractivos para un determinado producto de un empresario. Si existe una gran cantidad de mercados igualmente atractivos, y el presupuesto asignado a los mercados internacionales es escaso, o la empresa se quiere concentrar en pocos mercados se deben considerar, a los efectos de la selección de los mercados, distintos factores: similaridad del mercado externo con el nacional, cantidad de normas legales o cuestiones culturales que implican adaptación del producto, características de la competencia, entre otros factores, etc.

— Determinadas **políticas** con respecto a la **mezcla** comercial (producto, precio, promoción, plaza) o sobre la **estrategia de penetración** a utilizar (agentes, distribuidores, etc.).

Toda obtención de información sobre los mercados internacionales tiene un **valor** para la empresa, que se refleja en ciertas características: **exclusividad, confiabilidad, precisión, especificidad,** reducción de la **incertidumbre**, etc. La obtención de datos tiene un **costo** (que puede estar medido en forma monetaria o por el tiempo insumido en la investigación). El empresario debe realizar siempre el análisis de una adecuada **relación valor-costo,** en la compilación de información internacional.

El propósito prioritario de esta fase es la selección de los mercados más adecuados para los productos de la empresa. Luego de ello, se proseguirá con la siguiente etapa.

2.1.2. Fijación de los objetivos buscados para el acceso a los mercados

2.1.2.1. Los objetivos como marcos conductores de la actividad internacional

Estos objetivos de la estrategia internacional siempre se determinan con respecto a un **producto** específico y un **mercado** (o submercado) determinado, y para la estipulación de los mismos se debe tener en cuenta:

— *Los recursos internos de la empresa:* **fondos** destinados para el desarrollo de operaciones internacionales, **personal** asignado a la tarea internacional (desarrollo de talentos humanos), capacidad de la **estructura productiva** para satisfacer la demanda internacional (actualización tecnológica de los procesos) y existencia de **elementos diferenciales** en el producto de la empresa (calidad, costos, innovación en materiales y packaging utilizados, marca conocida, patentes y servicios ofrecidos).

— *Las características del mercado elegido:* **barreras** comerciales existentes, **normas** que afecten a la comercialización del producto, estructura y comportamiento de la **competencia** local en destino, dinámica de las **importaciones**, motivaciones y demás características de la demanda en destino, **segmentos** y **nichos** de mercado detectados, necesidades insatisfechas, entre otras cuestiones de consideración.

2.1.2.2. Características de los objetivos

Los objetivos en general tienen las siguientes características:

— Tienen un **límite temporal** para su cumplimiento y para la evaluación del cumplimiento de los mismos.

— Se encuadran dentro de la **misión** de la empresa (coherencia).

— Deben ser **cuantificados**, o sea, convertidos en metas, para la posterior medición de los resultados obtenidos. Si el objetivo no es medible cuantitativamente, por lo menos debe establecerse algún **parámetro** válido que permita verificar con facilidad su cumplimiento.

— Prevén una correcta evaluación de los **riesgos** comerciales y financieros que implica el desarrollo de actividades para su cumplimiento.

— Consideran apropiadamente las **restricciones** existentes en la empresa con respecto a la cantidad y calidad de los **recursos** a asignar a tales fines.

— Contemplan las distintas **alternativas** para el desarrollo de las actividades del proceso. En la práctica, siempre existe más de una alternativa para que la empresa alcance sus metas.

— En el caso de que hubiera varios objetivos en juego, es decir, en el caso de objetivos en conflicto, se establecerán **prioridades** y **ponderaciones** de los mismos para su cumplimiento, y se dividirán los mismos en principales y secundarios.

— Cuando se fijen **múltiples objetivos** es importante contemplar el grado de similitud, compatibilidad, así como su simultaneidad o secuencialidad de los mismos.

— Es importante considerar que algunos objetivos pueden ser **autónomos** y **otros** van a estar **condicionados** al previo cumplimiento de objetivos menores.

2.1.2.3. Ejemplos de objetivos de internacionalización

Entre los objetivos a perseguir por la empresa se hallan:

— Lograr cierto **porcentaje** de exportaciones (calculado sobre las ventas totales de la empresa) para cada mercado.

— Alcanzar un determinado **monto fijo** de ventas o cierta cantidad de unidades por cada mercado elegido.

— Abarcar una determinada **porción** de mercado (*market share*), en un determinado país.

— Obtener cierto **nivel de utilidad** (bruta o después de impuestos) en las operaciones internacionales.

— Conseguir cierta **rentabilidad** por las actividades en los mercados externos.

— **Acceder** a ciertas ciudades o regiones (submercados).

— Fijar **montos mínimos** o máximos de exportación por mes.

— Realizar determinada cantidad de **embarques.**

— Otros objetivos: llevar a cabo cierta cantidad de **acciones promocionales**, realizar **acuerdos comerciales** y de distribución.

2.1.3. Diseño de la mezcla comercial y del canal de comercialización internacionales

El diseño de la **mezcla de comercialización internacional** implica una serie de diversas políticas (de producto, de precio, de distribución, de comunicación) que están interrelacionadas. Cada una de estas variables, que se conocen como las cuatro *p* del mix de marketing internacional (producto, precio, promoción y plaza) serán tratadas con mayor profundidad en el capítulo V.

2.1.3.1. Política de producto internacional

La **política de producto internacional** hace referencia a todos aquellos **atributos, funciones** y **características diferenciadas** que posee el bien, para la satisfacción de las necesidades de la demanda internacional (consumidores y usuarios). Esta importante política incluye los siguientes aspectos:

— Materiales y **componentes** a utilizar en la fabricación del producto.

— **Diseño** y registración a nivel internacional de una o varias **marcas** adecuadas para la línea de productos.

— Colores, formas, estilo y planeamiento **estético** del producto.

— Formas de **uso** o modo de operación del producto.

— Aspectos de **calidad** y **vida útil** del producto (durabilidad).

— Cuestiones funcionales y comunicacionales del **envase** (packaging).

— Aspectos técnicos, materiales y logísticos del **embalaje** de exportación.

— **Servicios** conexos con el producto (instalación, capacitación, reemplazo de piezas, reparación, garantía, etc.).

— **Adaptación** del producto de acuerdo con distintos factores del mercado de destino: poder adquisitivo del consumidor, regulaciones gubernamentales, patrones de consumo, conducta del cliente externo, aspectos económicos, entre otros.

2.1.3.2. Política de precio internacional

La **política de precio** comprende todos aquellos componentes que influyen en la formación del precio final de exportación: costos, comportamiento de la demanda y actitud de los competidores en el mercado externo. Esta política incluye los siguientes aspectos:

— Costo de **producción** del bien exportado (teniendo en cuenta las adaptaciones por cuestiones legales, culturales, económicas o tecnológicas que requiera el mercado externo).

— Costos de **financiación**.

— Costos **administrativos**.

— Costos de **comercialización** (incluye márgenes de los distribuidores y retribuciones de los demás intermediarios que participan en la entrega del producto).

— Costos de **exportación** (documentación, trámites aduaneros, transporte, etc.).

— Costos de los **servicios** conexos al producto.

— Otras cuestiones **comerciales** (descuentos y bonificaciones, adelantos, pagos parcializados, etc.).

2.1.3.3. Política de distribución internacional

La **política de distribución** (o plaza) abarca todas las cuestiones comerciales, logísticas y de comunicaciones entre los distintos intermediarios que constituyen un canal de distribución internacional.

— **Estructura** del canal de distribución.

— **Cobertura** del canal de distribución.

— **Funciones** de cada nivel del canal de distribución.

— **Cantidad** de intermediarios en cada nivel del canal (densidad del mismo).

— Formas de **comunicación** dentro del canal.

— Cuestiones **contractuales** y retribuciones de cada nivel del canal de distribución.

— Intervención de intermediarios **facilitadores** de la distribución internacional (**transportistas**, depositarios, etc.).

2.1.3.4. Política de comunicación internacional

La **política de comunicación** (o promoción) hace referencia a distintos aspectos que implican la transmisión a diferentes **receptores** (consumidores, proveedores, empleados y sociedad), de variados mensajes sobre atributos y características del producto y la empresa, que permiten la formación de **una imagen diferenciada** de los mismos:

— Promoción de ventas.

— Actividades publicitarias.

— Fuerza de ventas.

— Relaciones públicas.

— Aspectos visuales del envase.

Todas las políticas de producto, precio, promoción y plaza están íntimamente vinculadas unas con otras. Por ejemplo, un producto que se dirige a un segmento de alto poder adquisitivo necesitará componentes y un envase de alta calidad y se resaltarán atributos intangibles del producto, como el *status* que conlleva su consumo. En ese caso, el precio del producto se ajustará a un nivel alto y su distribución no se hará en forma masiva, sino en determinados canales exclusivos. Por otra parte, la publicidad se realizará selectivamente en determinados medios, revistas y publicaciones especializadas que son consumidos por personas de un alto estilo de vida.

El diseño de esta mezcla comercial para productos dirigidos a mercados internacionales tiene mayor complejidad, que la destinada al mercado nacional, ya que la mayor parte de estas variables (producto, precio, promoción y distribución) van a estar **afectadas**, en mayor o en menor medida, por las características diferenciales de los **entornos económicos, financieros, político-legales, culturales** de cada mercado externo.

2.1.4. Elección del canal de acceso a los mercados externos

El diseño del **canal de comercialización internacional** significa la elección de la estructura empresaria más adecuada para el acceso a los mercados externos. En la evaluación de la política de penetración de mercados internacionales, el empresario considerará determinados factores que van a influir en su decisión: dimensión y conocimiento del mercado a penetrar, obstáculos arancelarios o paraarancelarios, características del ambiente competitivo y del consumidor, clase de producto, segmento al cual se dirige, entre otros. Los principales canales de comercialización son:

— Vendedores.
— Agentes y distribuidores.
— Brokers.
— Concesión internacional.
— Licencias y franquicias de exportación.
— Contrato de manufactura.
— Contrato de administración.
— Estrategias asociativas (consorcios y cooperativas de exportación, joint ventures).
— Compañías de comercialización (trading companies).
— Sucursales y filiales de venta.
— Inversión directa en el extranjero (IDE).
— Otros canales (Piggy backing, transferencia de tecnología, contratos de administración).

2.2. Implementación

En esta fase, se procura llevar a la práctica la estrategia diseñada y se busca la operacionalización de todas las variables involucradas en la estrategia (**mezcla comercial y canales de comercialización**) para el cumplimiento de los **objetivos**. Esta implementación estratégica, se desarrollará de acuerdo con la **información de mercados internacionales** recabada a lo largo de la **etapa de diseño** y se aplicará hacia los **mercados externos** que han sido **seleccionados** en la misma.

Se trata una etapa operativa, es decir, de **acción**, en la que la empresa destina **recursos** materiales, humanos, monetarios y productivos para **el desarrollo concreto** del cumplimiento de las distintas **metas** fijadas en la etapa anterior. El empresario transforma lo planeado, lo estipulado, lo proyectado en la estrategia de comercialización, en actividades reales y tangibles.

Un ejemplo sobre las actividades de esta fase sería: si se ha diseñado un producto para acceder el mercado internacional con un determinado envase, a fabricar por la empresa, se buscarán los proveedores de materiales que ofrezcan la calidad requerida para dicho envase; se realizarán reuniones entre el personal que lo ha diseñado visualmente y los empleados que lo elaborarán, de acuerdo con las estipulaciones determinadas en la etapa de diseño. Una vez elaborado el envase, se realizarán pruebas para corroborar su durabilidad y funcionalidad.

2.3. Control y ajuste

Esta etapa es fundamental en las actividades internacionales, ya que es necesario obtener una **retroalimentación** de las acciones desplegadas en la etapa de implementación. En esta fase, se analiza la información sobre los resultados obtenidos en la puesta en práctica de la estrategia de comercialización internacional y se verifica:

— el grado de **cumplimiento** de los **objetivos**;

— el correcto **funcionamiento** y estructuración del **canal** de comercialización internacional;

— la **congruencia** y adecuación de cada una de las variables del **mix** de marketing.

De este análisis, puede resultar que se han **cumplido totalmente** los objetivos planteados en la primera etapa (diseño), por lo que el empresario podrá fijar objetivos más altos para el próximo período teniendo en cuenta la experiencia obtenida en las actividades de internacionalización.

Puede ser que **no** se hayan **cumplido** las metas fijadas o que sólo se hayan alcanzado parcialmente, lo que implica dos análisis a realizar:

— evaluar si las **actividades** operativas se han ejecutado correctamente;

— considerar si los **objetivos** fijados son muy **ambiciosos** para esta etapa. Si así fuera, el empresario deberá considerar fijar metas más realistas y más fáciles de alcanzar.

Con respecto al canal de comercialización y mezcla comercial internacionales, es posible que se detecte en esta etapa **ajustes** que hay que realizar en estos ítem. Este **rediseño** puede surgir como consecuencia de **nueva información** obtenida en la etapa de implementación (por ejemplo, reacción de los consumidores ante el producto, reacción de la competencia, etc.) y que la empresa no contaba en la etapa de diseño estratégico.

Usualmente **la empresa va recibiendo información en forma constante** en cada una de las etapas de sus actividades internacionales, y sobre la base de dichos datos se van produciendo variados ajustes a la estrategia diseñada. Por lo expuesto anteriormente, la estrategia de comercialización debe tener como principal cualidad la **flexibilidad**, de manera de producir las distintas modificaciones, en función de los resultados obtenidos por el empresario en su actuación en los mercados externos.

3. Distintas etapas de internacionalización de una pequeña y mediana empresa

3.1. El gradualismo de la conexión con los mercados mundiales

En su acceso a los mercados internacionales, una empresa va transitando por una serie de etapas que implican:

— una **conexión gradual** con los mercados externos;

— una asignación en forma **progresiva** de sus **recursos** a las actividades de internacionalización;

— un **aprendizaje** acumulativo de las distintas cuestiones de comercio exterior (que genera una mayor seguridad y solvencia empresarial en la actuación externa).

A través del desarrollo de operaciones mundiales, la pequeña y mediana organización va reconociendo ciertos aspectos del "**know how**" exportador y va reduciendo la **incertidumbre** percibida en los momentos iniciales. Generalmente, una empresa no nace exportadora, ya que en un comienzo no posee la experiencia y los conocimientos sobre comercio internacional. Se hace exportadora, a través del desarrollo empírico de las actividades externas. La visión de una organización sobre la dinámica mundial, solamente se puede desenvolver a través de una continua **práctica exportadora**.

3.2. Principales etapas de la inserción internacional

Siguiendo al **Dr. JARILLO**, se observa que una empresa puede comenzar a acceder a los mercados internacionales a través de una **exportación ocasional**, que contiene una actividad de comercialización pasiva por parte de la empresa. La compañía que accede ocasionalmente al mercado global no genera ninguna estrategia proactiva para internacionalizarse. En esta etapa, se realizan operaciones de pequeña envergadura como consecuencia de pedidos hechos por empresas del exterior. La organización no despliega una estrategia para exportar, sino que son los compradores del exterior los que vienen a comprarle a la empresa. Existe un nulo o escaso manejo por parte de la empresa de las variables de la mezcla de comercialización internacional, que quedan definidas por el adquirente externo.

En una segunda etapa, llamada "**exportación experimental**", se realizan operaciones a modo de prueba a uno o pocos mercados, destinando saldos exportables (que son excedentes de producción no comercializados en el mercado nacional). En esta fase, la empresa controla muy pocos componentes de la mezcla comercial, entre ellos, el costo del producto y su diseño interno, quedando la mayoría de las variables de comercialización estipuladas por el comprador externo.

Pueden ser utilizadas, también en esta etapa, la exportación a través de estructuras indirectas, como, por ejemplo, compañías de comercialización u otros intermediarios con base local en el país de origen.

En una fase posterior, llamada exportación continua o **exportación consolidada**, se aumenta el número de operaciones y de mercados accedidos. Este mayor volumen de negocios puede requerir la conformación de un departamento de exportación dentro de la empresa. Se pueden utilizar distintos canales de comercialización internacionales (vendedores propios, agentes y distribuidores, exportación indirecta, licencias, franquicias, etc.). Se adquiere un mayor control sobre aspectos del mix de marketing, como son el diseño externo del producto y la fijación de políticas activas de precio y comunicación a compradores minoristas y la distribución en destino.

Existen dos etapas posteriores que son la fijación de una filial de comercialización y la inversión directa en el exterior (también llamada filial de producción). En el establecimiento de una **filial de comercialización**, la empresa toma a su cargo distintas funciones que antes quedaban en manos de intermediarios (distribuidores, agentes, etc.). Ello le permite desarrollar su estrategia de comercialización en forma mucho más eficiente, ya que está en contacto concreto con el mercado seleccionado. El establecimiento de una base para desarrollo de actividades comerciales, con radicación geográfica en el mercado de destino, hace necesario destinar una importante serie de recursos para el desarrollo de las actividades de la filial (personal de ventas, instalaciones y locales, depósitos y medios de transporte). El aumento de recursos comprometidos permite detentar un control casi integral de los principales ítem del producto a nivel externo y asumir actividades promocionales hacia los distintos intermediarios de distribución en destino.

En la **inversión directa** la empresa elabora el producto total o parcialmente en destino. En el caso de producción total en destino, no se realiza actividad alguna de exportación, pero en el caso de producción parcial en destino, la empresa puede realizar exportación de piezas, esbozos o productos sin terminar, que luego son terminados en la filial de producción. Existen distintas razones que pueden motivar al empresario a la radicación geográfica de la estructura productiva en el exterior como: beneficios fiscales para inversiones extranjeras, insumos más económicos en dicho mercado que justifican la producción en destino, altos costos de transporte internacional de cargas, existencia de altas barreras en dicho país-mercado, entre otros. De esta forma, la organización posee un control casi integral de la estrategia de comercialización internacional.

No obstante, es importante resaltar que la empresa no necesariamente tiene que llegar hasta la última etapa, lo preferible será que como mínimo alcance la fase de **exportación continua o consolidada**.

4. Distintos enfoques de la estrategia de comercialización internacional

Según distintos autores (KEEGAN, GARCÍA CRUZ, CATEORA), el enfoque de la estrategia hacia los mercados externos puede ser diferente, a saber:

— **Enfoque nacional o doméstico:** la empresa no considera la posibilidad de explorar los mercados externos, ni desarrolla ningún contacto con los operadores internacionales; su estrategia comercial se desarrolla sólo teniendo en cuenta factores del entorno local (ámbito competitivo, prácticas comerciales domésticas y consumidores nacionales). En este enfoque estratégico generalmente se adolece de conciencia exportadora, y no se asume ningún riesgo ni compromiso respecto de los entornos mundiales.

— **Enfoque de extensión o internacional:** en el mismo, la empresa ya se halla en un proceso de internacionalización, pero asigna mayor jerarquía al mercado nacional y le otorga una importancia secundaria a los mercados externos. Se despliega un enfoque de carácter etnocéntrico, que desarrolla la misma estrategia nacional en los distintos mercados externos, sin realizarle ningún tipo de modificaciones de adaptación a los diferentes entornos internacionales (económicos, legales y político-legales). El empresario considera que una estrategia nacional implementada con éxito en el mercado interno también debe funcionar adecuadamente en el mercado mundial. Por lo tanto, es extendida la estrategia de comercialización implementada en el mercado local hacia los distintos mercados-países, presuponiendo homogeneidad y similaridades de los mismos, con respecto al mercado local. Esta estrategia suele ser aplicada en las primeras etapas de acceso de la empresa a los mercados internacionales, cuando se busca penetrar mercados con gran cantidad de semejanzas con el mercado nacional (cercanía psicográfica).

— **Enfoque de adaptación o multinacional:** en éste, la empresa accede a los mercados internacionales teniendo en cuenta las particularidades de cada país. Se diseña una estrategia específica de comercialización para cada país, contemplando adecuaciones hacia las necesidades locales de cada mercado. Es un enfoque policéntrico, en el cual cada país-mercado es considerado en forma individual para el diseño e implementación de la estrategia internacional. Las diferencias existentes de legislaciones, culturas, sistemas económicos, normativas, desarrollo tecnológico y cuestiones políticas entre los diversos mercados hacen que cada mercado precise de un enfoque particularizado de acceso al mismo. Se suele adoptar este enfoque luego de uno de extensión, cuando se reconoce que las necesidades de cada mercado se satisfacen en forma más amplia, considerando las peculiaridades de cada uno. Esta actitud estratégica está caracterizada por una mayor familiarización de la empresa con las actividades internacionales y una comprensión de la existencia de diferencias entre los distintos países-mercados. A pesar de que la empresa desarrolla un mosaico de estrategias multilocales que están adaptadas para cada mercado, este enfoque tiene altos costos de adaptación a cuestiones específicas de cada país objetivo.

— **Enfoque global:** se considera a los mercados internacionales como un único mercado desde el punto de vista estratégico; cada país no es importante por sí mismo en forma individual, sino por su contribución a la estrategia total de la empresa. Una premisa en este enfoque estratégico es que los distintos mercados internacionales se hallan interconectados, interdependientes, por lo que todo lo que sucede en uno de los mercados repercute en el resto. El enfoque global de acceso a los mercados mundiales comprende actividades de extensión, adaptación y de creación de estrategias, integradas en un enfoque global. El despliegue de una estrategia global produce sinergias en la utilización de recursos y en la realización de esfuerzos para la actuación en el ámbito externo. La interconexión de los distintos mercados, considerados en este enfoque como un único mercado global, exige coordinar las actividades entre los mismos, así como compartir y difundir información generada en cada mercado, para que pueda ser utilizada en los demás. Dentro de esta estrategia, la empresa puede desarrollar cierta estandarización en las variables de su marketing mix, que implica aplicar idénticas políticas para todos los mercados sin modificaciones ni adaptaciones para cada uno. Esta estandarización nunca va ser absoluta, sólo se trata de una cuestión de grados de estandarización. En ciertos casos, también se pueden reestructurar otras actividades de la cadena de valor de una empresa como es el proceso productivo, el cual puede ser centralizado en un país para lograr economías de escala. En este enfoque geocéntrico, el empresario puede distribuir los eslabones productivos en distintos países, teniendo en cuenta las ventajas comparativas de cada uno, a través de un sistema productivo integrado a nivel mundial. En este enfoque se tienen en cuenta cuestiones de adaptación, ya que la estrategia está desarrollada a nivel global pero es sensible a las necesidades locales de cada mercado-país a los fines de su implantación. También se busca superar las ineficiencias en costos que implica sostener distintas estrategias que varían de país a país, con la integración de todos los mercados seleccionados en una estrategia global.

— **Enfoque regiocéntrico:** la estrategia puede ser **regiocéntrica** cuando selecciona determinadas regiones como ámbito de actuación para el diseño de una estrategia genérica e integrada para los mismos. En este caso, la empresa diseña estrategias panregionales que consideran el mercado objetivo compuesto por distintos países, como si se tratase de un único mercado a los fines estratégicos.

5. Estrategias de expansión en los mercados externos

5.1. Importancia de la cantidad de mercados y profundidad de acciones

Existen dos estrategias definidas que tienen en cuenta la **cantidad de mercados penetrados**. La primera de ellas es la estrategia de **diversificación** de mercados, a través de la cual la empresa accede a numerosos mercados, y la estrategia de **concentración**, en la cual la organización centraliza sus esfuerzos y recursos en pocos mercados.

Teniendo en cuenta que el empresario posee recursos limitados de carácter humano, monetario, productivo y comercial, deben ser evaluados una serie de factores para seleccionar la estrategia de expansión para una determinada empresa y producto. Con respecto a los términos "numerosos" y "pocos" en referencia a la cantidad de mercados externos a los que se accede, son conceptos muy relativos que varían de empresa a empresa, según una serie de factores: productos elaborados, estructura organizacional, importancia económica, sector al que pertenece, entre otros. Los que pueden ser *numerosos* mercados para una pequeña y mediana empresa, pueden resultar *pocos* para una transnacional.

La organización desarrolla una **expansión intensiva** en la estrategia de **concentración** de mercados y una **expansión extensiva** en la estrategia de **diversificación** de mercados.

5.2. Concentración de mercados

Características de la estrategia de **concentración**:

— Existe una **asignación intensiva de esfuerzos** de la empresa en *pocos mercados* y una utilización más eficiente de sus recursos *para evitar la dispersión de los mismos*.

— Se promueve un mayor nivel de **compromiso** y consolidación de las operaciones en cada mercado seleccionado.

— Se realiza una selección de los pocos mercados que la empresa considera "**claves**" para el desarrollo de sus operaciones internacionales. En general, la empresa se vuelca hacia los mercados más dinámicos y estables a nivel internacional. Los niveles de venta en dichos mercados desarrollan una **tendencia creciente de la participación** de la empresa en los mercados elegidos.

— Al tener concentrado el riesgo de sus operaciones internacionales en pocos mercados, crea una situación de **mayor dependencia** de la empresa a ese reducido número de mercados. Existe una situación de mayor **fragilidad** de la empresa que queda expuesta a los distintos sucesos que acontecen en los mercados elegidos.

— Trae como resultado que la empresa tenga un **mayor conocimiento** sobre dichos mercados, lográndose una mayor capacidad de **aprendizaje** sobre las prácticas comerciales, comportamientos del consumidor y ambientes competitivos de dichos mercados.

— Es recomendable que sea utilizada cuando los **costos de acceso**, de administración, de ventas y distribución en nuevos mercados son muy **elevados** para el empresario. Concentrarse en pocos mercados le permite generar economías de escala en las actividades de distribución y ventas.

— Se demuestra muy eficiente en bienes que precisan una **adaptación** de las variables del producto y de la comunicación para cada mercado, por lo que no se presenta aconsejable diversificar la expansión en numerosos países ya que los costos de adaptación en cada uno de ellos, serían muy elevados. Es eficaz en la comercialización de bienes que tiene **un proceso de compra repetitivo** y que permite la **fidelización** del consumidor.

— Es útil para aquellos productos que necesitan **un fuerte control y participación** de la empresa en forma directa o indirecta, en las distintas etapas del proceso de comercialización (a través de **servicios** de preventa y posventa). En general, es utilizada en etapas intermedias de internacionalización de la empresa.

5.3. Diversificación de mercados

Características de la estrategia de **diversificación**:

— Se logra una **penetración** en cada mercado **menos profunda** que en la etapa de concentración.

— Es una estrategia que otorga **mayor flexibilidad** a la empresa por su menor asignación de recursos a cada mercado, reduciéndose la situación de vulnerabilidad ante sucesos que ocurren en los mismos, por lo que puede ser eficiente para el acceso a mercados con alto grado de inseguridad e inestabilidad.

— Es aplicable para los casos en los que no se producen grandes costos por la implementación de actividades de distribución en cada nuevo mercado, o en aquellas situaciones en las que la empresa puede **derivar la distribución** hacia terceros intermediarios en el mercado de destino.

— No existen altos **costos de adaptación** del producto a cada mercado nuevo por cuestiones culturales, económicas, legales, etc.

— La empresa no cuenta con demasiados datos sobre las variables que rigen el funcionamiento de cada mercado, sólo posee un **conocimiento superficial de los mismos**.

— Es muy útil para productos en los que la celeridad en la **entrega** es una ventaja competitiva para el acceso a los mercados-países. También en aquellos casos en que se obtienen grandes **economías de escala** en el **proceso productivo**, al ampliar la cantidad de mercados penetrados, ofreciéndose **precios muy competitivos** a nivel internacional.

— En general puede ser desplegada en etapas exploratorias de internacionalización, así como en etapas más avanzadas en las cuales la empresa logra un mayor afianzamiento en mercados internacionales.

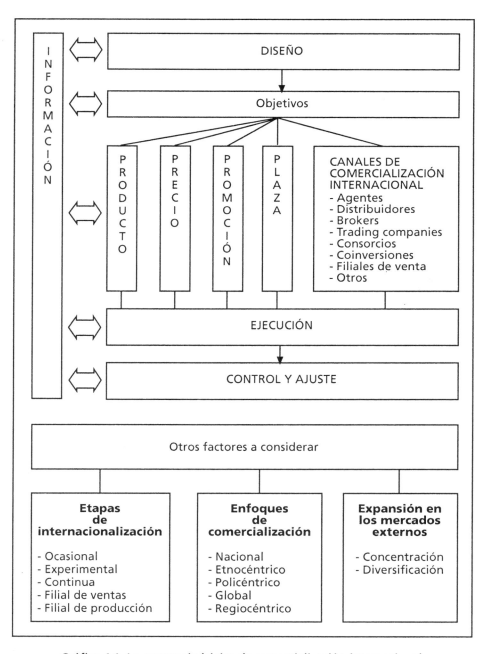

Gráfico 4.1. La estrategia básica de comercialización internacional.

Variables controlables básicas de la mezcla comercial

Las cuatro P de la comercialización internacional (producto, precio, promoción y plaza)

1. Estandarización y adaptación

1.1. Implementación de las variables estandarizadas en el mercado global

En el enfoque de adaptación, el empresario se centra en las **diferencias** existentes en cada mercado para realizar los **ajustes** pertinentes, teniendo en cuenta variaciones entre los distintos entornos de cada país; en cambio, la estrategia de estandarización significa utilizar las **mismas variables** de la mezcla comercial en los distintos mercados. La estandarización se basa en ciertos fenómenos que se presentan dentro de la tendencia globalizadora, que implica la **homogeneización** de ciertas **pautas de consumo** en los países centrales (llamados países de la Tríada: Europa, Japón y los Estados Unidos) para ciertos productos. Dentro del proceso global, como se ha comentado en el capítulo I, también existe una **mejora** en las **comunicaciones y tecnología** que hacen más interdependientes las economías nacionales, y constituyen al mercado mundial, como un ambiente propicio para el desarrollo de ciertas estrategias globales de productos que incluyan publicidad global, marcas estandarizadas, entre otras.

1.2. Exploración de segmentos transnacionales

La aplicación de una estrategia de estandarización es muy eficiente en determinados **segmentos**, llamados **globales**, que existen dentro del contexto de interconexión y globalidad de los distintos mercados internacionales. Dichos segmentos son los más adecuados para la implementación de estandarización. Esos segmentos, también llamados **transnacionales** o **in-**

termercados, toman en cuenta la similitud en las preferencias, hábitos, gustos y requerimientos de los consumidores en distintos mercados-países. Se trata de una segmentación realizada a nivel de necesidades afines y expectativas equivalentes entre consumidores de distintos países, que acumulados entre todos estos mercados internacionales dan como resultado un segmento agregado (o sumatoria de segmentos nacionales) de gran interés, desde el punto de vista del marketing.

No obstante, la estandarización se puede dar más allá del direccionamiento de dicha estrategia hacia segmentos globales. Los atributos del producto de la empresa son impuestos a los distintos mercados en forma indiferenciada, no teniéndose en cuenta la heterogeneidad de los países. La empresa puede acompañar esas acciones estratégicas con el desarrollo de un fuerte posicionamiento global, que implica formar una imagen única en la mente de los consumidores (que son considerados globales) que sea consistente, reforzada y homogénea en todos los mercados elegidos.

1.3. La estandarización y sus ventajas para las actividades internacionales

La estandarización tiene una serie de ventajas que provienen del ahorro de costos como consecuencia de utilizar variables estandarizadas: economías de escala, economías de investigación y desarrollo, economías de marketing, etc. Otra ventaja que posee este enfoque estratégico es la obtención de imágenes de empresa y producto reforzadas a nivel global, siendo una exigencia importante fuertes inversiones en promoción internacional para lograr dicho posicionamiento.

Otro beneficio es que la empresa puede explotar en forma eficiente ideas creativas que pueden ser compartidas por los distintos mercados en los cuales comercializa el producto estandarizado. Uno de los principales obstáculos que encuentra la estandarización son los aspectos diferenciales que componen los ambientes internacionales (existencia de regulaciones, patrones de consumo, cuestiones económicas particulares), que varían de país a país.

• Los productos de consumo final que se hallan afectados por el entorno cultural pueden presentarse como menos propensos a estandarizar; en cambio, los productos de uso o consumo industrial o que implican compras planificadas y gran desarrollo tecnológico tienen mayores posibilidades para ser estandarizados. Estas consideraciones son de carácter general, por lo que la empresa tiene que evaluar concretamente su producto y el sector industrial en que se encuentra (si se trata de un sector global o no), además de las características del mercado elegido, para ver si es posible aplicar esta estrategia. Existen **variables** que son **más propensas** a formar parte de una estrategia de estandarización como: la presentación del producto, el material promocional, la marca, el mensaje publicitario y ciertos aspectos del envase.

1.4. La contemplación de necesidades y expectativas locales de los mercados externos

Adaptación significa adecuación para cada mercado de las variables de comercialización teniendo en cuenta sus **requerimientos específicos**. Esta adaptación a su vez puede ser *obligatoria*, cuando el producto debe reunir ciertos requisitos mínimos impuestos por normativas del mercado de destino (normas de envasado, normas de etiquetado, prohibición de utilizar ciertos componentes y conservantes). La adaptación *voluntaria* o *discrecional* es aquella que no se realiza por cuestiones legales sino por otros motivos (económicos, tecnológicos, culturales, financieros, etc.), y la empresa procura una satisfacción mucho más adecuada de las necesidades locales. El límite apropiado en la adecuación de las variables va a estar dado por los **fondos insumidos** por las actividades de adaptación concretas de los distintos componentes del producto (envase, marca, presentación, materiales, calidad, etc.). En el caso extremo de **adaptación total**, en el que una empresa diseña un producto específico para cada país que penetra, sus elevados costos de adaptación pueden dejarla fuera del mercado.

1.5. La existencia de espacios comerciales diferenciados

Un factor que tiene mucha incidencia en la adaptación es la **cuestión cultural** que conforma **entornos diferenciales de consumo** en los mercados de destino con características peculiares (ciertos patrones o comportamientos de compra, cuestiones de *status* económico, valoración de ciertas funciones o atributos del producto, nivel de instrucción del adquirente, etc.). Otro factor importante es el **aspecto legal** que se presenta en los distintos mercados a través de la existencia de **barreras paraarancelarias** que determinan el cumplimiento de ciertas normas, que exigen la adaptación obligatoria del producto. En este caso, el incumplimiento de dichas adaptaciones trae como resultado la no autorización del ingreso del producto al país de destino. Generalmente, el control de los requisitos impuestos por la legislación del país externo que afectan al producto es llevado a cabo por el **organismo aduanero** del país importador. La **cuestión económica** no es menos importante, a efectos de evaluar la adaptación del producto. La **diferencia de desarrollo** existente entre los distintos países que se relaciona con el poder adquisitivo de los consumidores varía de mercado a mercado. Sobre la base de dichas diferencias deben ser replanteadas todas las variables del producto para adecuarlas en total coherencia con el **poder de compra del consumidor**. En la estrategia diseñada por la empresa, ciertas variables son más propensas a algún grado de adaptación, como son los **precios** internacionales, ciertos aspectos de la **distribución**, entre otros.

Se debe considerar que la empresa debe lograr un adecuado **equilibrio entre estandarización y adaptación**, teniéndose en cuenta que ambos enfoques nunca pueden ser llevados a cabo en forma absoluta. Por lo tanto, la empresa siempre lleva a cabo ciertos **grados de estandarización** para algunas variables y determinados **grados de adaptación** para otras.

2. Producto internacional

2.1. Principales características

El producto consiste en una serie de atributos **tangibles** e **intangibles** que tienen por objetivo satisfacer los **deseos y necesidades** de los consumidores y usuarios, y contribuir al cumplimiento de los **objetivos empresariales**.

Con respecto a los atributos de un producto, se realiza una división entre:

— **producto básico**, que es el concepto esencial tangible del producto o también llamado corazón del producto;

— **producto ampliado**, que comprende los distintos atributos, como la marca, el packaging, el estilo, la calidad y cuestiones estéticas;

— **productos sublimados o componentes de apoyo**, que son los distintos servicios de apoyo que agregan valor al producto tangible como servicios de refacción o reparación, capacitación e instrucciones, entrega e instalación y garantía legal, y otros servicios de posventa.

En un sentido amplio del término, se reconoce como producto también a los **servicios, lugares** e **ideas**. El producto es una mezcla compleja de componentes algunos directamente perceptibles por los sentidos (color, forma, materiales, etc.) y algunos atributos que no son aprehendidos en forma directa por el consumidor, sino generados por sus **esquemas mentales** (seguridad, *status*, etc.) en respuesta al posicionamiento que desarrolla la empresa.

Existe una **interacción** de esta variable controlable con el resto de las variables del mix de marketing internacional (comunicación, precio y distribución), que hace que cualquier modificación en una de ellas afecte directa o indirectamente a las restantes.

2.2. Clases de productos y ciclo de vida internacional

En relación con los productos, podemos realizar dos grandes divisiones: los de consumo empresarial y los de consumo final.

2.2.1. Productos de consumo empresarial

Productos de consumo empresarial u organizacional: que son aquellos dirigidos a organizaciones:

— estatales o privadas;
— industriales, comerciales o de servicios;
— con fines de lucro o con fines sociales;
— grandes, medianas o pequeñas;
— urbanas o rurales;
— orientadas hacia el mercado interno, el mercado externo o mixtas.

Estas estructuras adquieren el producto **para el desarrollo de sus actividades** (industrialización, prestación de servicios, etc.). Los productos pueden ser: suministros, materias primas, instalaciones, materiales, piezas, equipo accesorio, entre otros.

2.2.2. Productos de consumo final

Son aquellos que son utilizados o consumidos por los individuos o familias con fines no comerciales. Se pueden dividir en: productos de **consumo masivo** (que tienen un proceso de compra corto, bajo precio unitario y se hallan presentes en la mayoría de los canales de distribución que sean adecuados para su comercialización), **comparativos** (son aquellos que tienen un proceso más extenso, de compra selectiva, el consumidor realiza comparaciones entre distintos modelos, marcas y calidades; tienen un mayor valor agregado, utilizan menos canales que los masivos a los fines de su distribución) y **selectivos** (de alto valor, poseen una gran carga de atributos simbólicos o psicológicos, como *status*, pertenencia a una determinada clase social, reputación de la marca, y son distribuidos en limitados canales de distribución).

2.2.3. Cuestiones diferenciales entre los productos de consumo final y empresarial

En la clasificación de productos de consumo final y de consumo organizacional las diferencias están dadas por quién utiliza o consume estos productos, pero también por cómo se realiza dicho proceso. Las **organizaciones** tienen un proceso de compra más **racional y planificado**, de acuerdo con un **presupuesto** de compras; en algunos casos estipulan **estándares o requisitos** que debe reunir el producto, y le da importancia a ciertos aspectos del producto ampliado como son: **servicios** de posventa, explicación sobre utilización y garantía. El proceso de compra se puede producir en el domicilio de la empresa o en el del vendedor.

En cambio, el comportamiento de compra del **consumidor final** tiene aspectos menos racionales, más **emocionales**, **menos restringidos** a un plan de compras, excepto en épocas de recesión económica, en las cuales el consumidor ve afectado gravemente su poder adquisitivo. En esta clase de productos tiene gran importancia su **presentación** (packaging, diseño, colores) y las características del lugar de venta (decoración, distribución y acceso dentro del local). Para estos bienes el proceso de venta se produce en el punto de venta hacia el cual acude el comprador.

2.3. Ciclo de vida del producto internacional

2.3.1. Etapas del ciclo de vida internacional

El ciclo de vida de un producto se asemeja a la vida de una persona, y está **dividido en etapas**: introducción, desarrollo, madurez y declinación (nacimiento, crecimiento, adultez y muerte del ser humano). El ciclo de vida puede ser **corto** o **largo**, varía según el producto, y cada una de sus etapas tiene distinta extensión.

A nivel internacional, la etapa del ciclo de vida en que se halle un producto en un determinado país-mercado no necesariamente coincide con la etapa de ese producto en otro país-mercado. La empresa debe conocer que un producto puede hallarse en un país en la etapa de madurez o declinación, y en otro país puede no ser conocido o hallarse en la etapa de introducción. Puede haber **ciclos de vida homogéneos por regiones** que incluyen dos o más países-mercados.

En general, en la **etapa de introducción**, el producto no es conocido en el mercado, se lanza al mismo para su aceptación y hay poca competencia en ese mercado y el volumen de ventas crece lentamente. En esta fase, la empresa insume gran parte de su presupuesto, incurriendo en ciertos casos en quebrantos, para poder comunicar los atributos diferenciales del producto y lograr la difusión del mismo entre los consumidores.

En la **etapa de crecimiento**, las ventas y ganancias aumentan a un ritmo acelerado, pero en la última parte de esta fase, las ventas comienzan a disminuir su ritmo de crecimiento, debido a la introducción de nuevos competidores que ven atractivo el mercado para ese producto.

En la **etapa de madurez**, las ventas llegan a un punto máximo y se estabilizan, para luego adoptar una tendencia decreciente. El producto está ampliamente difundido y aceptado en todo el mercado-meta, por ello las empresas comienzan a utilizar fuertes estrategias de diferenciación hacia los productos presentados por sus competidores, para lograr una mayor participación en este mercado, que ha llegado a un punto de saturación. En la última etapa, el producto puede desaparecer o ser sustituido por otro con mejores atributos (para crear un nuevo ciclo de vida, con sus etapas respectivas). También puede ser motivo de la declinación del producto, su obsolescencia por sus características técnicas y de moda, entre otros.

No se debe confundir el concepto de ciclo de vida de un producto, recién expuesto, con el de **vida útil de un producto**, que tiene que ver con la durabilidad, el estado máximo de conservación de sus atributos a los fines de consumo. Este último concepto está íntimamente relacionado con la **calidad útil de un producto**, que es la congruencia entre los niveles de calidad y su vida útil. Además la vida también tiene vinculación con la utilización de ciertos atributos como **conservantes**, materiales de seguridad del **packaging**, entre otros.

2.3.2. Ciclo de vida de la comercialización internacional del producto

El concepto ciclo de vida de un producto es distinto de la definición del **ciclo de vida de comercialización internacional del producto**. Para explicar este segundo ciclo, hay que considerar que en el ámbito internacional existen dos grupos de países: aquellos que generan **conocimiento o ideas** y las comercializan, y los que comercializan **productos**.

En este ciclo internacional existe una *primera etapa* en la cual un país, generalmente desarrollado y con un mercado interno grande que le sirve como campo de pruebas, introduce al mercado un nuevo producto como consecuencia de grandes inversiones de I + D (Investigación y Desarrollo). En esta primera etapa, este país exporta en forma monopólica el producto innovador a los demás países.

En una *segunda etapa* otros países comienzan a elaborar el producto, como consecuencia de licencias que les ha otorgado el país que lo desarrolló originariamente, o como consecuencia de acciones desleales de comercio, como la falsificación. Por lo tanto, las exportaciones del primer país decrecen, ya que el producto no es importado por estos segundos países que lo producen a nivel interno.

En una *tercera etapa* estos países generan economías de escala y como utilizan intensivamente en el proceso productivo recursos muy abundantes en sus mercados locales (por ejemplo, mano de obra de baja remuneración), consiguen precios finales muy competitivos. De esta forma, comienzan a exportar por lo que las ventas al exterior del país originario decrecen aún más, ya que tiene nuevos competidores en los distintos mercados de exportación.

En una *cuarta etapa* el producto es importado desde los países incorporados en segundo término, por el país que lo ha desarrollado originariamente; entonces este país introduce un nuevo producto al mercado internacional, desarrollándose otro ciclo con todas sus etapas para este nuevo bien. Se concluye que ciertos países concentran en una primera etapa el desarrollo tecnológico y de innovaciones que luego, en etapas posteriores, van siendo difundidas hacia otros países. Estos países elaboran el producto y lo comercializan en forma más eficiente que el país innovador, por lo que impulsa a este país a concebir constantemente diferentes innovaciones.

2.4. Diseño del producto

2.4.1. Importancia de la concepción amplia del producto

Se debe buscar un **diseño integral** del producto, para no perder de vista el posicionamiento buscado para el mismo y resaltar sus principales atributos. Cuando se posiciona, se destacan **uno o dos atributos principales** y las demás cualidades surgen por conexión con la imagen que se forma en la mente del consumidor. En el diseño, no será descuidada la relación entre beneficios percibidos por el consumidor y el precio que paga por los atributos del producto (esa relación se denomina valor del bien consumido). Es imperante mejorar la relación **calidad/precio**, para enfocarse más sensiblemente hacia la satisfacción de los deseos y necesidades del consumidor o usuario. La organización debe utilizar **materiales y concepciones estéticas** que estén en congruencia con la **tecnología** imperante en el mercado, teniendo en cuenta las distintas aplicaciones del producto que requiere el usuario.

2.4.2. Principales cuestiones que gravitan en el diseño

Para el **diseño** del producto se deben tener en cuenta distintos factores:

2.4.2.1. Con respecto al ámbito competitivo y a los consumidores

— **Funciones** y utilidades que presta el producto.
— **Vida útil** (que permite un lapso temporal razonable desde que es producido hasta que es consumido y tiene relación con la durabilidad).
— **Patrones de compra** y uso existentes en un determinado mercado y compatibilidad del producto con los mismos.
— Distintos **materiales** utilizados y requerimientos de **calidad** (con respecto a la calidad, ésta debe ser uniforme en todos los componentes utilizados en la elaboración de producto, y además buscar una adecuada relación entre la calidad y la vida útil del producto).
— Preferencia hacia cierto **estilo** o presentación del producto.
— Referencia del producto con ciertas tendencias de **moda**.

2.4.2.2. Con respecto a la empresa

— **Costo** de los distintos **materiales**.
— Costo del **diseño** del producto, del **envase** y del **embalaje**, en lo referido a lo estético funcional y comunicacional.
— Ccosto de **adecuación** del **packaging** y embalaje.
— Costo de los distintos **servicios** ampliados.
— Costos de sostenimiento del sistema de **calidad**.

— Niveles de **utilidad** razonables de acuerdo con objetivos de la empresa.

— **Enfoque estratégico** adoptado con respecto a los mercados externos (etnocéntrico, policéntrico o geocéntrico).

2.4.2.3. Con respecto a la normativa a nivel gubernamental

Total adecuación con las leyes y reglamentaciones tanto del país de origen, como de destino, con respecto a los siguientes aspectos:

— Normas de **envasado**.

— Normativa de **etiquetado**.

— Regulaciones sobre la **prohibición** de ciertos **materiales** (conservantes, colorantes, aditivos, utilización de determinados productos químicos).

— **Normas medioambientales** (que buscan el cuidado de la ecología).

— Inscripción en origen o destino en determinados **registros** de productores del bien en cuestión.

— Exigencia de ciertas **pautas de calidad** en el proceso de producción (por ejemplo, verificación de la no existencia de contaminación, y de cumplimiento de ciertas pautas de sanidad y esterilización, etc.).

— Obligatoriedad de ciertos **controles** e intervenciones de organismos oficiales de verificación de ciertos aspectos del producto (fitosanitarios, medición de contenido de ciertos componentes químicos).

— Requerimiento legal de **documentación** que acredite cualquiera de los puntos citados precedentemente.

— Vigencia de legislación que regule distintos aspectos del producto con ámbito de aplicación en un mercado regional (Mercosur, Unión Europea, etc.).

2.5. Estrategias de producto

2.5.1. Factores que inciden en la selección de estrategias de producto

Existen distintas estrategias de producto para acceder a los mercados internacionales. La estrategia empresarial más adecuada va a ser elegida teniendo en cuenta:

— Fortalezas de la empresa, desde el punto de vista de **atributos** que la diferencian. También se debe evaluar los **puntos débiles** de la empresa en comparación a la oferta existente de los competidores.

— **Oportunidades** y **amenazas** existentes en el mercado.

— Características diferenciales de los **entornos** económicos, culturales y legales de los mercados internacionales.

— Etapa del **ciclo de vida** del producto existente en los mercados externos (introducción, crecimiento, madurez o declinación).

— **Características del producto.** Se va a modificar el enfoque según se trate de un producto de consumo final o industrial. Variará la estrategia a adoptar si se trata de un producto con pocas posibilidades de internacionalización, o sea, con fuerte base local, o de mercadería con amplias cualidades para ser exportada, o si el bien posee características globales o pertenece a un sector global (o sea que desarrolla sus actividades con una escala y enfoque globales).

— Si se posee algún atributo que lo haga **innovador** en el mercado-país meta.

2.5.2. Diferentes estrategias de producto

Siguiendo a diferentes autores (STANTON, KOTLER, LEDESMA y KEEGAN) las principales estrategias de producto son:

2.5.2.1. Por expansión geográfica

Se compone de cinco subestrategias:

— *Extensión doble:* significa adoptar un enfoque etnocéntrico hacia las variables.producto y comunicación, es decir, las políticas de producto y promoción para los mercados internacionales van a ser las mismas que las aplicadas en el mercado nacional.

— *Extensión del producto y adaptación de la comunicación:* en este caso se aplica la misma política de producto para el mercado doméstico y los mercados externos, pero la política de comunicación va a ser adecuada a los requerimientos de cada mercado externo. Dichas adaptaciones pueden surgir por cuestiones legales que regulen las formas de promoción en destino, por adaptación del mensaje en función de los medios de comunicación utilizados, por las distintas infraestructuras de marketing que existen en destino, o por los diferentes niveles de formación que existen en los mercados mundiales.

— *Extensión de la comunicación y adaptación del producto:* todos los componentes de la estrategia comunicacional para los distintos mercados extranjeros son los mismos que los desplegados en el mercado local del país de origen. La empresa expande su política doméstica de promoción a nivel global hacia los distintos países, pero con respecto al producto, existen variaciones parciales o totales de acuerdo con características y necesidades de cada mercado internacional.

— *Adaptación doble:* comprende la utilización de un enfoque policéntrico para ambas variables, que se aplica tanto para el producto como para la actividad promocional, teniéndose en cuenta criterios legales, culturales, o económicos de los mercados de destino.

— *Innovación:* significa desarrollar estrategias totalmente creativas para los mercados externos seleccionados. En las estrategias de extensión se prolongan las políticas domésticas hacia los mercados externos, y en las de adaptación, se toma como base el producto o la comunicación implementada en el mercado nacional, y sobre ésta se realizaban las modificaciones pertinentes. En la estrategia innovadora no se tiene como base ninguna política nacional ni para extenderla, ni para adaptarla. Se conciben productos o actividades de comunicación nuevos, inéditos, no existentes en el mercado nacional y que se implementan sólo para el comercio internacional. Los productos innovadores son sensiblemente diferentes de los existentes al momento de su aparición en el mercado de origen.

2.5.2.2. Concentración

Una estrategia de productos es concentrada, cuando la empresa comercializa pocos productos en pocos mercados.

2.5.2.3. Desarrollo de mercados-países

En comparación con la estrategia precedente, la empresa comercializa una limitada cantidad de productos en una importante cantidad de mercados. O sea que diversifica los mercados internacionales a los que accede, con una línea de productos reducida.

2.5.2.4. Desarrollo de segmentos

En esta estrategia se comercializa gran cantidad de diferentes productos de la empresa, en pocos mercados externos. En este caso, la organización amplía su línea de productos para limitados mercados-países. Al pasar de una cantidad limitada de productos por mercado, a una cantidad ampliada de bienes ofrecidos el empresario puede generar *economías de alcance*, que significa compartir cierta información (sobre la experiencia internacional, sobre estrategias de marketing internacional implementadas, sobre investigación y desarrollo) en una cantidad ampliada de productos por mercado.

2.5.2.5. Diversificación

También llamada diversificación de productos y mercados, o diversificación total. En estos casos la empresa dispersa sus esfuerzos en una gran cantidad de productos y mercados. Poco recomendable para la pequeña y mediana empresa.

2.5.2.6. Modificación y/o creación del ciclo de vida

Consiste en la generación de un nuevo atributo o el rediseño del posicionamiento del producto que crea un nuevo ciclo de vida del producto, evitando que éste llegue a su última etapa en un mercado-país.

2.5.2.7. Salto de ciclo de vida de un país-mercado a otro

Se aplica para un producto que se halla en un determinado mercado externo en la etapa de declinación; la empresa transfiere los esfuerzos de internacionalización hacia otro mercado, en el cual el producto no sea conocido o se halle en las primeras etapas del ciclo de vida. De este modo, se produce una renovación del ciclo de vida dentro de un enfoque estratégico intermercados.

2.5.2.8. Planeamiento de la obsolescencia

Significa que la empresa planifica una aceleración de las etapas del producto en el mercado e incide estratégicamente en el acortamiento del período en que el producto que es requerido por el mercado. Esta estrategia puede estar complementada por la estrategia precedente, o sea, el lanzamiento de un "nuevo" producto (en sentido amplio) en el mercado externo.

2.5.2.9. Estandarización

El mismo producto es ofrecido a todos los mercados y existe coherencia con una filosofía empresaria geocéntrica. Con referencia a este asunto, se denomina **producto universal** a aquel que es comercializado con los mismos atributos en cada mercado; no obstante, al producto se le pueden realizar modificaciones en ciertos aspectos como en el etiquetado, o el idioma de las instrucciones. En el caso de **producto modificado**, el producto es en esencia el mismo, ya que las modificaciones son sólo una pequeña proporción del total del mismo. En el caso del **producto nuevo** para un mercado, las adaptaciones y modificaciones insumen un porcentaje sustancial del total del producto. Para estos últimos productos, su principal característica es la originalidad. No obstante, también existe una concepción más amplia que considera como producto nuevo a aquel en el que se modifica cualquiera de sus atributos, más allá de la proporción e importancia del cambio.

2.5.2.10. Reducción de la línea

En el caso de reducción de la línea de productos para un determinado mercado se ofrecen menos productos (es decir, menos variedad de artículos) en el mismo que en el resto de los mercados.

2.5.2.11. Reducción o ampliación del número de modelos o gamas de un producto

Se denomina, también, variación de la profundidad de la mezcla de productos para un mercado (mezcla es el conjunto de productos que la empresa presenta al mercado). Esta modificación en el número de modelos ofrecidos en un país toma en consideración entre otros factores: dimensión del mercado, cantidad de segmentos detectados, desarrollo económico y cultural y nivel de competencia existentes en el mismo.

2.5.2.12. Simplificación

En un determinado mercado, la empresa ofrece un producto con menos atributos y prestaciones que en el resto, generalmente teniendo en cuenta condiciones especiales de poder adquisitivo o cultura que caracterizan a ese mercado.

2.5.2.13. Según el posicionamiento logrado dentro del segmento

— *Estrategia del líder:* el producto de la empresa tiene la primera posición en el mercado la cual es aceptada por los competidores, y por lo tanto sus acciones con respecto al producto son relevantes y son tomadas como referencia por parte de los mismos para la fijación de sus políticas. Esta estrategia del líder puede estar sostenida por la constante generación de nuevos atributos que posicionan en forma dominante al producto, hacia sus competidores.

— *Estrategia de confrontación o del reto:* la empresa anhela el liderazgo y dirige toda su estrategia a esos fines. Como el líder no va a quedar inmutable ante el ataque de cuota de mercado que realiza este retador, la empresa que aplica esta estrategia tiene que actuar con gran flexibilidad desde el punto de vista de reacción y defensa.

— *Estrategia del imitador:* se busca adecuar las actividades propias de la organización a la estrategia desplegada por la competencia. Tiene como principal fin no generar controversias dentro del ámbito competitivo.

— *Estrategia especializada:* el desarrollo del programa de producto se despliega en relación con un nicho de mercado muy especializado.

2.5.2.14. Estrategias con enfoque productivo y comercial

Desde el punto de vista productivo y comercial, existen distintas estrategias de producto como son:

- La **terciarización:** significa derivar en forma total o parcial la elaboración del producto a **otra empresa**, para luego comercializar el producto terminado en el mercado de destino. La empresa subcontratada puede estar localizada en el país de origen o de destino, y fabricará piezas, componentes, envases, o la totalidad del producto para la empresa que terciariza.

- La implementación de una **adecuada armonización de componentes importados y nacionales** a los fines de elaboración del producto para exportación. Este enfoque es necesario cuando el producto se dirige a un determinado mercado-país que requiere componentes, calidades o materiales que no se obtienen o son muy costosos en el mercado nacional.

- Importación de ciertas piezas, componentes, materiales, insumos o envases, a través de un régimen de **admisión o importación temporaria**, para incorporarle en el mercado nacional valor agregado, y luego exportar el producto obtenido. La ventaja de esta estrategia es que el producto importado no abona derechos y demás gravámenes a la importación, disminuyéndose sensiblemente los costos totales del producto. La mercadería importada en forma suspensiva puede permanecer en el territorio aduanero del país importador por un lapso limitado de tiempo, a los fines de la incorporación de la misma al proceso productivo, y debe ser exportada ya subsumida en el producto final. Se deben cumplir a tal fin los requisitos requeridos por el organismo estatal de aplicación de dicho régimen.

- **Dispersión de la cadena de valor en varios países:** en estos casos, una parte del producto se elabora en un país y se exporta en forma incompleta hacia otro país, en el cual, una filial de producción (propia o en coinversión con otra empresa) le incorpora valor agregado a través de algún proceso productivo. De este forma se incorporan los componentes y procesos en los países mercados en los cuales la empresa obtiene ventajas comparativas, y se logra un precio competitivo final en el ámbito internacional. Es una estrategia que sólo puede ser usada por la pequeña y mediana empresa en etapas más avanzadas de su internacionalización, debido al elevado presupuesto y a la coordinación de los procesos productivos y logísticos requeridos para su implementación.

— **Integración industrial para la exportación:** dos o más empresas se unen en un proyecto asociativo, a través de lazos contractuales o societarios para elaborar un producto para exportar. Un ejemplo sería el siguiente: una empresa A y una empresa B se unen conformando una alianza estratégica; A fabrica patas de hierro para mesas, y B es un fabricante de tablas de madera para mesas, entonces buscan integrar ambas producciones para exportar mesas terminadas. De esta forma, se pueden exportar productos terminados a través de esta estructura empresaria integrada por empresas complementarias. Es muy posible, además, que la exportación el producto integrado perciba mayores incentivos promocionales gubernamentales (reintegros de exportación), que la exportación de las partes sueltas.

2.6. Diferenciación y segmentación

Es importante realizar la distinción entre estos dos términos que son muy confundidos en la práctica. Cuando la empresa busca la **diferenciación**, desarrolla una serie de actividades que la enfocan *hacia sus competidores* y esta diferenciación se pude producir, por ejemplo, a nivel de atributos tangibles o a nivel de servicios o intangibles que le agregan valor al producto. Cuando la empresa segmenta, toma el mercado y su heterogeneidad y lo particiona en unidades menores (que son los segmentos), que van a ser el objeto de su estrategia. Dichas partes de mercado las divide y separa teniendo en cuenta una o más *características del consumidor*: demográficas (sexo, edad, etc.) socioeconómicas (clase social, trabajo, poder adquisitivo, etc.) o conductuales (lealtad y frecuencia de compra, etc.). Para el caso de productos de uso o consumo industrial puede haber distintos criterios de segmentación: por el tamaño de la empresa y/o del pedido, por sector industrial, así como otros factores como desarrollo tecnológico, uso del producto, estructura de la organización, solvencia financiera, etc. Como consecuencia de lo expuesto, la **segmentación** consiste en acciones empresariales que se enfocan *hacia el consumidor o usuario*.

2.7. El poder de las marcas

2.7.1. La marca como comunicación simbólica para identificación y distinción del producto

La marca es el nombre y conjunto de elementos simbólicos (logotipo o parte no vocalizable llamada "representación de la marca"), que identifican al producto de una empresa y lo diferencian de la competencia. Se trata de un sistema de codificación, en el sentido amplio de este término, que permite que el consumidor, con la identificación de la marca (código), pueda formar imágenes mentales sobre los **atributos** más relevantes de un determinado producto, generando ciertas **actitudes** hacia el mismo (compra, rechazo, evaluación comparativa con otras marcas, etc.). Con respecto a las marcas en el mercado internacional, las mismas **deben ser registradas** en cada uno de los países-mercados que el empresario decide acceder. Esta medida se toma como precaución y protección legal de los **derechos del propietario** de la marca en los mercados que desea comercializar sus productos. En algunos países rigen normativas en las cuales el primero que registra la marca es el único que puede utilizarla, aunque la empresa que la registre no haya desarrollado originariamente dicha marca. Este hecho es de total relevancia, ya que la marca puede significar uno de los activos más valiosos de la empresa, y ser considerado como **"capital de marca"**. En ciertos países con sistemas de escritura distintos de los de nuestra cultura (mercados orientales y árabes), es conveniente que la empresa registre y posicione la marca teniendo en cuenta para el diseño del nombre la utilización de los **criptogramas** que componen el lenguaje local.

2.7.2. La marca como elemento de posicionamiento

La marca es un fuerte elemento de **posicionamiento** de las características del producto en la mente del consumidor, tiene ese **poder de síntesis** que permite que la sola evocación de su símbolo o palabra despliegue en los consumidores múltiples ideas sobre el producto y sus rasgos distintivos. En la tarea de posicionar adecuadamente el producto con su marca, tiene sustancial importancia la utilización de una **adecuada estrategia de comunicación**. No basta que el producto sea diferenciado del resto de los existentes en el mercado, hay que utilizar fuertes acciones promocionales para que la marca sea conocida. Un producto con marca debe tener una fuerte base promocional para que se logre la **internalización** por parte de los consumidores de dicha marca, así como de las cualidades del producto implícitas en la misma.

Las marcas son códigos identificatorios, porque sintetizan las características de los productos en la mente del consumidor, y provocan acciones de compra hacia ciertos bienes y no aceptación de otros. Es vital que el producto con marca guarde un **nivel de calidad uniforme**, para que pueda tener el mismo grado de desempeño en la satisfacción de los clientes y usuarios que lo consumen. De esta manera se crea un fuerte **poder de conexión** entre la marca y los atributos del producto.

2.7.3. Políticas de marca

Hay distintas políticas de marca. Existen **marcas de familia** cuando todos los productos de la empresa tienen la misma marca, y **marcas individuales** cuando cada producto ofrecido tiene su propia marca. En este último caso, se puede hacer referencia a una marca de familia que englobe a todas las marcas individuales, llamada *política de extensión de marca*. En la utilización de marcas de familia, el nombre de la marca debe permitir la inclusión de nuevos productos a la línea ofrecida por la empresa, que puedan utilizar dicha marca.

La empresa puede determinar marcas individuales no sólo a nivel de producto, sino a nivel de versiones, modelos o presentaciones de un mismo producto. Esto es válido, cuando los atributos, prestaciones o calidades de los distintos productos de la línea, son heterogéneas. Esta estrategia le permite al empresario generar una **segunda marca** para un producto, que va dirigido a un segmento distinto del de la marca originaria.

La empresa puede además utilizar su **propia marca** o vender el **producto sin marca**. En este último caso, el producto llegará al consumidor con la **marca de algunos de los intermediarios** (por ejemplo, la marca de los importadores distribuidores) o **sin marca alguna** (este último caso se denomina producto indiferenciado o genérico). Otro ejemplo de marca de los intermediarios son aquellas que pueden imponer las **trading companies** a productos exportados que adquieren a las empresas del mercado interno, o la marca común que establece un **consorcio de exportación** para los productos de sus miembros.

2.7.4. La fuerza de la marca global

En el contexto global, la utilización de una misma marca en todos los mercados internacionales (**marca global**) refuerza la imagen de la empresa y crea un **posicionamiento transnacional**. Esta política de marca global va unida a una estandarización de ciertas actividades promocionales, para la adecuada difusión de la marca. Es muy apropiada la utilización de una marca global, sobre todo, en **mercados de integración** (mercados regionales) en los cuales se puede obtener economías de escala y de marketing.

2.7.5. Otras cuestiones relativas a la marca

La utilización de una política de marcas implica que la empresa puede lograr una eficiente **disponibilidad del producto** en los puntos de venta y a lo largo del tiempo. El producto con marca debe ser adecuadamente abastecido a los intermediarios del canal de comercialización, a medida que es requerido por el mercado.

Con respecto a los mercados internacionales, y siguiendo a CZINKOTA y RONKAINEN, **algunas líneas de acción potenciales** sobre la temática de marcas son: la utilización de la **marca traducida** en el idioma del país de destino en el caso que fuera posible, y la **transliteración**, en la que se verifica que la marca no tenga ninguna connotación negativa en el mercado de destino. Otros enfoques sobre el tema son la **transparencia**, que busca una marca nueva sin significado ni referencia alguna a palabras de la vida real, y el **abordaje transcultural de la marca**, en el que se utiliza un nombre en un único idioma extranjero para todos los mercados externos, con alusión directa al origen del producto.

Si la empresa utiliza internet y posee algún sitio a los fines de comercialización o promoción, se deberá registrar una **e-marca** (también conocida como marca electrónica o dominio), que es el nombre que permite a los navegantes virtuales la conexión a la *página web de la empresa*. Si la empresa ya es conocida internacionalmente, es posible que esta marca coincida con el nombre o marca real de la empresa. No obstante, la empresa puede utilizar un mismo nombre de dominio, pero registrarlo con la terminación nacional que corresponde e identifica a cada país (por ejemplo: *.br* para el caso de Brasil, *.de* para el de Alemania). La empresa que utiliza la estructura de la red con fines comerciales puede diseñar distintas **marcas virtuales específicas** que se adapten a características particulares de segmentos determinados, para llevar a cabo eficientemente sus actividades de **e-business**. Este tema va a ser analizado con más detalle en el apartado de conectividad internacional del capítulo VII.

2.8. Envase y embalajes

2.8.1. Funciones y características del envase

Se puede definir al **envase** como uno de los componentes de la política de producto internacional que debe reunir las siguientes características:

— **Protector:** asegura que el producto conserve su nivel de calidad a los fines de su consumo y utilización.

— **Contenedor:** contiene al producto y permite una armoniosa relación contenedor-contenido.

— **Comunicacional:** transmite información sobre los distintos atributos del producto como: color, forma, diseño y símbolos, olor, sabor, etc. Forma parte de la estrategia de posicionamiento desde el punto de vista visual.

— **Portable:** permite el transporte y manipuleo del producto a fines de su consumo o uso.

— **Comercial:** en los puntos de venta que existe el sistema de autoservicio, éste se convierte en un fuerte impulsor del proceso de compra del consumidor, es por ello que tiene gran importancia su atractivo y la armonía en su diseño que lo diferencien de la competencia. Al igual que la marca, el envase individualiza al producto y lo distingue de los presentados por los competidores

El envase puede ser **primario** cuando está en contacto directo y estrecho con el producto, y **secundario** cuando se agrupan varios envases primarios a los fines de exhibición. El envase **terciario** es la agrupación de envases secundarios en sistemas modulares mayores (unitización).

2.8.2. Factores que repercuten en el diseño del envase internacional

Con respecto al diseño del envase deben ser tenidos en cuenta **factores legales** (requisitos de medida, de mensaje, de materiales o de formas que debe reunir el envase según la legislación del país de destino), factores **económicos** (menor costo total en las actividades de diseño y utilización de envases), factores **culturales** (colores, diseño, presentación, utilización de ciertos símbolos, inclusión de accesorios para su manipulación y uso del producto, etc.) y **ecológicos** (cuidado del medio ambiente, materiales reciclados, y biodegradables, etc.). En el diseño se realiza un análisis **inter-**

disciplinario, que implica la construcción de un prototipo y sometimiento del mismo a pruebas que simulen las potenciales condiciones a las cuales estaría sometido en los distintos lugares del trayecto internacional (en tránsito, en el almacén del comercio, en el local de ventas y en su lugar de uso o consumo).

La **originalidad** de ciertos diseños de envases que representan una ornamentación innovadora y novedosa, pueden ser registrados como un derecho de propiedad intelectual (como un modelo registrable). También es sustancial para el comercio internacional, la registración e inclusión pertinente de una **codificación de barras**, que permita la agilización de los sistemas de comercialización y la generación de información estadística de ventas con la utilización de máquinas con *scanning*.

Con respecto a los **materiales** utilizados para el envase y el diseño de la presentación, el empresario debe efectuar exploraciones informales de información sobre la competencia en el mercado de destino. Se debe lograr una armónica **compatibilidad y convivencia** entre envase y contenido. El empresario debe seguir un **sistema total de calidad** en el diseño integral del envase, en cuanto a los materiales utilizados, a las funciones del envase, a la estipulación de los requisitos de su fabricación suministrados al proveedor y requerimientos del comprador. El envase debe tener un total cumplimiento de sus prestaciones, con costos mínimos y en total concordancia con la normativa internacional.

2.8.3. Elementos mínimos de la etiqueta

La **etiqueta** puede estar subsumida en el envase, o hallarse adherida al mismo; sobre todo, la etiqueta tiene un fin **comunicacional** de:

— **Marca**, modelo y datos de la empresa que elabora el producto.

— **Atributos** diferenciales del producto.

— Cualquier medida de referencia al **contenido**: peso bruto, peso neto, cantidad de centímetros cúbicos, extensión cantidad de unidades.

— Descomposición de los distintos **componentes**, ingredientes, aditivos que contiene el producto.

— **Origen** del producto.

— Datos de la empresa **importadora**.

— **Calidad** del producto determinada por normas específicas.

— Condiciones y precauciones de **uso**.

— Pauta para la adecuada **conservación** del producto.

— Número de **lote** de fabricación.

— **Fechas** de elaboración y de vencimiento.

— Alguna otra condición relativa al producto (orgánico o ecológico).

La etiqueta debe tener como característica principal la **veracidad** en la información comunicada, de esta manera se evitará que se atribuyan efectos o propiedades que el producto no posea, no puedan demostrarse o que puedan inducir a equívoco al comprador. Ésta debe estar en **dos idiomas como mínimo**, el de origen y el de destino, siendo muy común en ciertos mercados regionales como la Unión Europea la utilización de **etiquetas multilingües**.

2.8.4. El embalaje y la protección del producto

El **embalaje** no está en contacto directo con el producto y tiene como objetivo lograr **condiciones óptimas de seguridad y protección**, para una serie de envases dentro de una **cadena logística internacional**. Las principales etapas de dicha cadena son:

1. Salida de los almacenes de fábrica o depósitos y transporte interno en origen.

2. Carga en origen, transporte internacional y descarga en destino.

3. Transporte interno y almacenamiento en el país mercado seleccionado.

El embalaje o packing tiene una función de **aseguramiento** y salvaguarda de todos los atributos de los productos y de los envases embalados, y debe estar diseñado en total **adecuación** con el **medio de transporte**. En ciertos modos de transporte que son más inseguros, como es el caso del acuático, el embalaje debe estar diseñado para asegurar a la mercadería en las actividades poco cuidadosas como: manipulación, carga, estiba, acomodamiento, apilamiento, almacenaje y descarga. Además, en el caso del **transporte marítimo**, deben contemplarse los distintos riesgos a los que puede estar sometida la mercadería en el trayecto internacional como mojaduras, salinidad, robo o hurto, etc. En otras formas de transporte más seguras, como el **aéreo**, las condiciones de embalaje son menos exigentes y su costo es menor; no obstante, puede haber cierta mercadería que necesite cuidados especiales de packing, por ejemplo, mercadería peligrosa que requiera un embalaje particular.

2.8.5. Información que figura en el embalaje

El embalaje debe contemplar ciertos **datos mínimos del embarque**: lugar de partida, lugar de destino, nombre del fabricante y/o exportador, nombre del destinatario, país de origen, peso bruto y neto, otras medidas del embalaje y marcas del bulto que lo individualizan en un grupo.

El diseño adecuado del envase y del embalaje es responsabilidad del exportador por lo que debe evitar la mercadería en condiciones de **subembalaje o subenvase**. Se estima que un tercio de las mercaderías de carácter alimenticio arriban a destino en malas condiciones de conservación, por deficiencias en el embalaje o envase.

El embalaje debe tener **marcas precautorias** que señalen ciertas condiciones de manipuleo o almacenamiento de la mercadería para indicar: condiciones de fragilidad, protección contra la exposición a cierta temperatura o humedad, lugar por el cual debe ser cargado por la carretilla elevadora, posibilidad de apilar varios bultos, utilización de cadenas para la carga y qué lado del embalaje debe ir hacia arriba. Estos símbolos, llamados "**pictogramas**", son utilizados internacionalmente, y ante la duda sobre cuáles utilizar para un determinado embarque, el empresario podrá asesorarse consultando a la **compañía transportista**.

2.8.6. Unitización y contenerización

La **unitización** es la integración de distintos productos *en sistemas modulares* que pueden ser manipulados como una única carga. Esta carga unitaria se conforma a través del apilamiento de los productos embalados sobre plataformas o tarimas de variados materiales, llamadas "**pallets**" o "paletas". Esta mercadería va asegurada y acomodada con distintos materiales como flejes, o envolturas de material termocontráctil, etc. La **paletización** permite que las cargas sean transportadas y cargadas sobre los vehículos o medios como si se tratase de una sola unidad, mejorándose con este sistema los costos y tiempos de manipulación de la mercadería exportada. A efectos de llevar y manipular la mercadería paletizada, es muy frecuente la utilización de carretillas con horquillas elevadoras llamadas "**transpaletas**". En general, estas paletas tienen medidas estandarizadas determinadas por la ISO (Asociación Internacional de Estandarización), y las más utilizadas son de 800 x 1.200 mm de base. El sistema de paletización o unitización permite que el módulo uniforme de carga se integre en forma armónica al sistema de **contenerización** (utilización de contenedores). Dichos temas serán retomados en el anexo II de esta obra.

2.9. Servicios

El producto, aparte de las cualidades tangibles, tiene una serie de atributos totalmente **intangibles** que forman parte del mismo. Se incluyen en este último grupo todos aquellos servicios que agregan **valor** al producto y que se centran en una atención dedicada hacia el consumidor (en el período de preventa, venta o posventa).

Los principales servicios son:

— Demostración y asesoramiento.
— Garantía.
— Reparación y reemplazo de piezas defectuosas.
— Cumplimiento en el tiempo y forma de la entrega.
— Capacitación sobre el uso.
— Instalación y puesta en marcha (en caso de maquinarias).
— Aquellos vinculados con la contestación de quejas y reclamos.

Estos servicios buscan satisfacer al consumidor en sus necesidades en un período que se extiende **más allá del proceso de compra**, otorgando seguridad, seguimiento y contención al comprador, y brindándole asistencia en dificultades o dudas que se les puedan presentar en momentos posteriores a la adquisición.

3. Precio de exportación

3.1. Importancia del precio en la estrategia de comercialización internacional

3.1.1. Significado del término "precio"

El precio es la **valoración monetaria** sobre los beneficios tangibles e intangibles que percibe el consumidor o usuario. Existe una gran **interrelación** de esta variable con el resto de los componentes de la mezcla comercial. En razón de dicha vinculación, cualquier cambio en el producto, la distribución o la promoción repercute en la fijación del precio internacional.

Debe existir **congruencia** entre los componentes del mix de marketing, y la fijación de precios internacionales debe ser realizada en total coherencia con los objetivos de la estrategia de marketing internacionales diseñada. Por ejemplo: para penetrar en el mercado de un determinado país, la empresa debe adaptar su producto de acuerdo con las normas reglamentarias de dicho mercado de destino (como exigencias sanitarias y de envasado). Estas adecuaciones van a incidir directamente en la modificación del precio de exportación.

3.1.2. Factores que repercuten en el diseño del precio internacional

En la formación de precios internacionales, el empresario debe contemplar los siguientes factores importantes:

— Debe utilizarse una **técnica** que permita formar un precio adecuado no solamente para el comprador del exterior, sino para los distintos **objetivos** de la empresa (rentabilidad, nivel de ventas, utilidad esperada, desalojar a la competencia).

— Debe conformarse el precio en forma **diferencial** para cada país o segmento de ese mercado, teniendo en cuenta: regulaciones gubernamentales, pautas culturales, de poder adquisitivo, estructura del canal de distribución, tipo de cambio. El precio puede ser utilizado como una de las variables que creen lealtad hacia una determinada marca por parte del comprador.

— Deben contemplarse, en la formación de un precio amplio (cercano al consumidor o usuario final), los **distintos márgenes de los intermediarios** que intervienen en el sistema de distribución, márgenes que varían de país a país.

— Se debe realizar una **correcta imputación** de sus componentes en la formación del precio de exportación y una correcta discriminación entre aquellos ítem que sólo se imputan al precio del **mercado interno** (publicidad local en el país de origen) y aquellos relativos al **mercado internacional** (gastos de exportación). Sin embargo habrá algunos componentes que pertenecerán a ambos mercados, por lo que el empresario deberá realizar una correcta asignación de los mismos.

— La empresa tiene **escaso poder discrecional** de las variables que juegan en la formación de precios (costos, competencia, demanda y, en ciertos casos, el Estado). Sólo puede controlar los costos, por lo que debe realizar una **auditoría** de los que repercuten en el precio final, planteando distintas estrategias para el abaratamiento de las partidas más onerosas y reducción del precio de exportación.

— De ser posible, se estudiará la **estructura de la demanda** para el producto exportado y su sensibilidad a fluctuaciones de precio. Otro dato de total relevancia es conocer cuál es el **precio de mercado** que ofrecen mis competidores para productos idénticos o similares, y qué servicios diferenciales prestan. Esto datos implican una **investigación de mercado** para recabar información sobre las variables más relevantes del mismo. Cualquiera sea el método utilizado, la fijación de precios se debe realizar considerando apropiadamente los principales factores imperantes en el mercado de destino.

— En la formación del precio es conveniente considerar no sólo los atributos físicos y tangibles del producto, sino también los **atributos intangibles** y psicológicos que percibe el consumidor.

— Un dato fundamental a evaluar es el **sistema económico** del mercado-país extranjero, con sus caracteres como: existencia de inflación, controles de precio, políticas cambiarias y financieras. Debe tenerse en cuenta, a los fines del diseño del precio de exportación, la existencia de **acuerdos regionales** que puedan ligar a los países de origen y destino y que impliquen ventajas arancelarias para el comercio intrazona.

— No solamente se debe considerar el precio de un producto en forma individual y separada del resto de los productos no exportados, sino que debe contemplarse su **contribución** a la mejora de las utilidades totales de la empresa y al mejor **prorrateo de los costos fijos** compartidos entre el mercado nacional y el externo.

— En la conformación del precio final ofertado al exterior, es conveniente la inclusión del costo de los distintos **servicios** que incluye dicho producto (garantía, reparación, asesoramiento, etc.).

— El precio constituye uno de los componentes que forma parte de la **imagen** de la empresa y se complementa con **otros atributos**, como calidad, celeridad en la atención del pedido, envase y embalaje adecuados y seguridad en el entrega del embarque, que provocan en su conjunto la **elección de compra** por parte del adquirente.

— Debe analizarse en la fijación de precios el comportamiento de los **precios en destino** de productos sustitutivos y complementarios.

— Existe una técnica en la formación de precios para los mercados internacionales, que va más allá de un simple cálculo numérico y que implica cierta **intuición empresarial** y **flexibilidad** en la estimación de cada uno de sus componentes.

— Se debe contemplar una correcta **política de descuentos**, teniendo en cuenta: formas de pago, funciones de marketing que asume el comprador, volúmenes adquiridos, continuidad en los pedidos, etc.

— Es posible que la empresa sostenga como filosofía comercial el ofrecimiento de un **precio lo más cercano posible al comprador**. Para ello debe utilizar una cláusula de precio internacional (o incoterm) que incluya la mayor parte de los componentes y gastos de exportación (transporte internacional, seguro, etc.).

3.2. Estrategia para la fijación de precios internacionales

3.2.1. Estrategias genéricas para la conformación del precio

Según el precio vigente para productos similares o idénticos en el mercado de destino, la empresa puede fijar un **precio bajo o de penetración** cuando quiere obtener una cuota de mercado y desalojar progresivamente a los competidores en sus *market shares*. Ésta es una política agresiva y puede ser utilizada en la etapa de introducción del producto en el mercado. También puede ser utilizada para un producto que esté protegido por algún derecho de propiedad intelectual (como una patente) que no se encuentre en manos de la competencia. En este caso, la empresa quiere realizar la cobertura y difusión del producto en forma total en el mercado de destino con un precio atractivo y accesible.

También puede utilizarse una política de **precios altos** en comparación a los existentes en el mercado elegido. El producto es comercializado por un precio más elevado al nivel vigente en el mercado externo porque tiene ciertas características: marca conocida, alto desarrollo tecnológico, calidad de diseño o materiales utilizados. En ciertos casos, se utiliza esta política para posicionar ciertos atributos intangibles psicológicos que busca el consumidor: *status*, vanidad, pertenencia a un estrato o clase social, etc.

Puede utilizarse un **único precio** para todos los mercados internacionales, que es el mismo que en el mercado interno (lo que implicaría una estrategia etnocéntrica). En este caso, el empresario extiende el precio local hacia el exterior, sin tener en cuenta particularidades locales de cada mercado, y tampoco considera la correcta imputación de costos internos y de exportación.

El empresario puede cotizar un **precio diferencial** o adaptado a cada mercado. Es una estrategia *policéntrica* en la cual el precio es conformado "artesanalmente", teniendo en cuenta las peculiaridades de cada mercado-país. Aun, dentro de cada país extranjero, puede haber distintos precios diferenciales para cada comprador, segmento, o zonas geográficas.

Otra alternativa es la fijación de un **precio base para exportación** común a todos los mercados, sobre el cual se realizarán las adecuaciones para cada mercado específico. Otra opción es fijar un **precio nuevo** para ese mercado, debido a que la empresa no comercializa ese producto en el mercado doméstico y, por lo tanto, no tiene precio de referencia para realizar los ajustes para determinar el precio de exportación.

En ciertos casos se puede fijar un precio **cercano a los costos de producción** para lograr distintos objetivos, como una diferenciación agresiva por cuestiones monetarias con respecto a sus competidores, o para liquidar excedentes de producción. Los competidores pueden reaccionar bajando sus precios, por lo que se puede desatar una **guerra de precios**, en la cual se llega a un precio general homogéneo y bajo, con márgenes muy reducidos de utilidad para las empresas intervinientes.

El enfoque dado por la empresa puede estar orientado hacia los costos, hacia la demanda o hacia la competencia. La **orientación hacia la competencia** puede seguir una estrategia de **precio líder** (que va a ser considerado como precio de referencia en un determinado mercado) y **precio de imitación**, que es aquel que se va adaptando según las acciones de los competidores y la empresa va realizando un **seguimiento** de los precios de la competencia.

Cuando el precio es orientado **hacia la demanda**, la variable fundamental y prioritaria es *cuánto están dispuestos a pagar los consumidores por un producto*. En el caso de que sea un precio orientado **hacia los costos** estará formado por una **sumatoria** de distintos gastos (productivos, comerciales, financieros, de exportación) más un margen de utilidad que lo conforman. La desventaja de este último método es que no toma en cuenta a la competencia, ni los requerimientos y necesidades de la demanda, por lo que es recomendable que no sea utilizado en su forma pura, ya que puede dar lugar a precios no competitivos en el mercado de destino. Si fuera utilizado como una estrategia promocional en las etapas de acceso inicial a un mercado, hay que tener en cuenta que esa política de precios es muy difícil de revertir en períodos posteriores. El empresario debe tener en cuenta los costos como un **límite inferior** en la fijación de precios, o sea, considerar a los costos como una **restricción** por debajo de la cual no va fijar precios.

La empresa puede utilizar una estrategia de **costos totales** para la formación de precios de exportación. El empresario conforma el valor monetario del producto dirigido a los mercados externos, teniendo en cuenta costos fijos (que son aquellos que no varían según el volumen producido como: los alquileres, la amortización de maquinarias, etc.) y costos variables (que son aquellos que varían ante fluctuaciones de los volúmenes de la producción como: materias primas, envases, etc.). No obstante, algunos empresarios utilizan una estrategia de **costos variables** para exportación, imputando la totalidad de los costos fijos en las ventas del mercado interno nacional. En este último enfoque, se logran precios más competitivos en el exterior, pero existe la posibilidad de que la empresa sea investigada por cuestiones de dumping. El **dumping** es cuando un producto se vende en el mercado externo a un precio inferior al del mercado de origen, y causa daño a la industria del país de destino. El dumping es considerado a nivel internacional, dentro del marco de la Organización Mundial de Comercio, como una política desleal de comercio. El mercado importador puede aplicar derechos antidumping para corregir el daño causado por dicha estrategia empresarial.

La empresa puede fijar **precios marginales**, es decir, *cuánto sería el precio de una unidad adicional para ese mercado*, por lo que tiene que calcular los costos marginales. Este método ofrece gran complejidad en empresas que utilizan gran cantidad de componentes con variación en los grados de su utilización, en el proceso de elaboración del producto. Por lo tanto, no resulta un método adecuado, ya que exige información muy precisa sobre los costos, e implica una gran dificultad en su estimación, sobre todo para las empresas de pequeño porte.

La empresa puede fijar ciertos **costos meta** que van a conformar el precio ofrecido a un determinado mercado; y a partir de ese costo que quiere alcanzar como objetivo, la empresa comienza a negociar con proveedores y a reducir costos internos para ver cómo puede lograr un precio competitivo. También puede ser tomado un precio de referencia vigente en el país de destino, y comenzar a **desagregar** los distintos componentes que conforman dicho precio (transporte internacional, seguro, comisiones comerciales, etc.) hasta llegar a los costos en origen; entonces, se observará si éstos le permiten al empresario obtener un margen mínimo de utilidad. Esta política de desagregar puede ser utilizada en productos que tienen *cotización internacional* como son los *commodities*. Este enfoque es inverso *al método de adicionar* (en el cual se suman los distintos componentes que forman parte del costo hasta conformar el precio final), esta estrategia de sumatoria o agregado de distintos costos y utilidad se denomina "**escandallo**".

En ciertos casos, la empresa puede establecer precios altos en su introducción en un determinado mercado e ir adecuándolos a medida que va testeando su aceptación en el mismo. El empresario va produciendo una

decantación del precio a medida que va adquiriendo información y experiencia en dicho mercado.

Es muy difícil lograr una estandarización total para la variable precio, ya que los ambientes competitivos, el poder adquisitivo del consumidor y las políticas estatales que puedan influir en la fijación de precios varían en cada país-mercado. En el caso que se desee implementar una política global de precios, será necesario ajustar el *posicionamiento* del producto para adecuarlo a los requerimientos de cada mercado.

En el precio conformado debe contemplarse la incidencia de los distintos **componentes opcionales y accesorios** que hacen al producto y que permiten lograr una diferenciación de acuerdo con los requerimientos puntuales del comprador. El empresario puede tener una política de **precios múltiples**, dependiendo de las características del producto requerido, la forma de pago, los servicios incluidos, las tareas de marketing que quedan a cargo del comprador, etc.

En la consideración de un precio para un determinado país, se debe tener en cuenta en qué etapa del **ciclo de vida** se halla el producto en el mercado elegido (introducción, desarrollo, madurez o declinación). Por ejemplo, en una etapa de madurez, la empresa va a buscar un precio competitivo que la distinga de la competencia, y en una etapa de declinación, va a producir una baja importante en los precios ofrecidos para hacer más atractiva su oferta.

En países exportadores con **moneda nacional débil** el precio puede ser destacado como uno de los principales beneficios y atributos del producto, y convertirse así en la variable diferencial más relevante. En cambio, en **países de moneda fuerte,** la oferta al exterior se basará, sobre todo, en los distintos servicios que implica dicho precio (posventa, celeridad en el envío, garantía, financiación, etc.). En países mercados en los cuales existe un **alto índice inflacionario,** los precios vigentes en los mismos sufrirán ajustes frecuentes por parte de las empresas, para cubrir su valor de reposición.

3.2.2. Estrategias para la disminución del precio

El empresario debe fijar **estrategias para la reducción del precio** del producto exportado a través de la implementación ciertas actividades como:

— Utilización de **componentes importados** en sustitución de los nacionales.

- **Terciarizar** ciertos procesos de producción (total o parcialmente).

- Realizar **importación temporaria** de ciertos componentes para incorporarlos al producto exportado.

- Realizar una **integración vertical** con sus proveedores.

- Mejorar la **productividad** de la empresa con incorporación de maquinarias más desarrolladas tecnológicamente, o con cambio de los métodos de fabricación.

- **Reducir la gama** de productos ofrecidos o **eliminar adaptaciones** costosas del producto que sean realmente innecesarias para cada mercado. En estos casos se tiende a una oferta reducida de productos y con alto grado de estandarización internacional, repercutiendo en forma directa en la rebaja de costos.

- Integrar algún **proyecto asociativo** como consorcios, cooperativas de exportación, para disminuir ciertos costos (sobre todo los fijos) y lograr economías de escala y de marketing.

- Seleccionar otras **alternativas más económicas de transporte internacional**, evaluando factores como la seguridad, celeridad, capacidad de carga y costo de los distintos modos.

- **Relocalización** de ciertas **actividades productivas** en ciertos mercados en los que se obtengan ventajas comparativas (filial de producción y coinversión productiva). En determinados mercados, además, se pueden obtener **incentivos gubernamentales** para el desarrollo de establecimientos productivos.

- Analizar la **calidad** de los materiales del producto en función de la vida útil del mismo en el mercado, y evaluar si su calidad útil es correcta. En caso de que la misma sea excesiva con respecto a la vida del producto, disminuirla.

- **Replanteo** de la **cadena de abastecimiento** hacia la empresa por parte de los distintos proveedores y rediseño del **sistema de distribución** internacional, considerándose en ambas cuestiones, alternativas de eliminación o sustitución de intermediarios para abaratar el producto.

- **Análisis** meticuloso de **rubros** administrativos, financieros, productivos, y comerciales de gran incidencia en el precio final, y que puedan estar encareciendo el producto.

- Utilización de **áreas francas** con fines comerciales o productivos.

3.3. Componentes que forman parte del precio de exportación

Los componentes que forman parte del producto exportado varían según el incoterm (o cláusula de precio) utilizado y pueden consistir en **sumas fijas** o en **porcentuales** calculados sobre el precio final cotizado. Algunos de los principales ítem son:

— **Costo de producción:** en los mismos deben ser incluidos aquellos costos de adaptación del producto por requerimientos legales, culturales o económicos del mercado de destino.

— **Gastos de administración, comercialización internacional y de financiación:** se considerará la imputación de los gastos: erogaciones relativas al departamento de exportación de la empresa, exploraciones de mercados internacionales, obtención de créditos para exportar o elaborar productos exportables, comisiones bancarias en los instrumentos financieros utilizados (carta de crédito, transferencia internacional o cobranza documentaria), participación en ferias internacionales, entre otros.

— **Gastos de exportación:** implica una serie de gastos que incluyen:

- Documentación necesaria para exportar: factura comercial de exportación, lista de empaque, certificados de origen y sanitarios, documentos aduaneros, documentos de transporte, etc.
- Manuales, rótulos, etiquetas, etc.
- Transporte y seguro internos.
- Envío de muestras al exterior.
- Gastos y tasas portuarias.
- Comisiones por contactos comerciales realizados.
- Honorarios de distintos profesionales intervinientes (despachantes, consultores, etc.).
- Gastos de consolidado y carga de contenedores.
- Impuestos que alcanzan a la exportación (derechos).
- Gastos de inspecciones varias (fitosanitarias, de calidad, etc.).

— **Incentivos a la exportación:** en el caso de que la empresa percibiese ciertos incentivos gubernamentales, como reintegros o draw backs, deberían deducirse dichos componentes del precio para hacerlo más competitivo.

- **Utilidad deseada:** puede ser una suma fija o porcentual sobre el incoterm cotizado o una combinación de ambos conceptos.

- **Transporte internacional:** costo de la tarifa o flete internacional, que variará según el modo utilizado (acuático, aéreo o terrestre) y de acuerdo con las condiciones negociadas con el transportista.

- **Seguro internacional:** el costo del aseguramiento variará según la cobertura realizada, en virtud de los riesgos a los cuales se halla sometida, las características del producto, el medio transportador utilizado, el trayecto geográfico recorrido, entre otros factores.

- **Intereses por financiación hacia el exterior:** componentes de financiación por el cobro diferido de las operaciones de exportación.

- **Gastos en destino:** son de diversa índole:
  - de descarga, portuarios, de gestión de documentación y recaudación tributaria aduanera (barreras arancelarias de importación).
  - de transporte y aseguramiento interno.
  - comisiones por intermediación en sus distintos niveles (mayoristas, minoristas, depositarios, etc.).
  - distintos impuestos y tasas en destino.

3.4. Incoterms

3.4.1. Importancia de los incoterms y sus funciones

Son cláusulas de precio establecidas por el Centro de Comercio Internacional. Estos términos comerciales internacionales se basan en prácticas y costumbres mercantiles mundiales. Se van realizando actualizaciones de dichas cláusulas cada cierta cantidad de años **y no son de aplicación obligatoria**, pero son aceptadas y reconocidas por la mayor parte de los operadores externos. Los *incoterms 2000* son la última versión publicada y vigente a la fecha de la edición de la presente obra. Es importante destacar que algunos países, como los Estados Unidos, tienen sus propias cláusulas comerciales, que son similares a los incoterms.

El objetivo de los incoterms es determinar:

- el reparto de los **riesgos** de la operación entre el vendedor y el comprador, o sea, el lugar a partir del cual se traslada, de una parte hacia la otra, la responsabilidad sobre la mercadería.

— los distintos **gastos** que incluye el precio cotizado (por ejemplo, si comprende el transporte internacional, el seguro internacional, la descarga, etc.).

— en forma implícita, qué **documentos** tiene que gestionar cada participante de la operación comercial.

3.4.2. Cualidades de cada incoterm

Los incoterms se dividen en 4 grupos E, F, C y D, y se ordenan desde aquellos que contienen un menor grado de responsabilidad y gastos por parte del vendedor hacia los que incluyen mayores niveles de gastos y una transmisión de riesgo más cercana al comprador.

Grupo E

EXW (ex works —puesto en fábrica—): la mercadería es puesta por el vendedor a disposición del comprador *en la puerta de la fábrica, en las inmediaciones o en los galpones de la misma (en origen).* La venta efectuada se asimila a una venta en el mercado interno. La responsabilidad del vendedor es entregar la mercadería en dicho lugar con embalaje adecuado para ser exportada. La mercadería va a ser exportada e importada por el comprador, y todos los trámites y documentos a tal efecto, van ser gestionados por éste. En el precio, el incoterm EXW irá acompañado por el nombre de la ciudad del mercado de origen. Se utiliza para cualquier modo de transporte.

Grupo F

FCA (free carrier —libre transportista—): es utilizado para cualquier modo de transporte. La mercadería es puesta por el vendedor *a disposición del transportista en el punto convenido* con todos los trámites realizados y documentos necesarios para ser exportada. Todos los demás gastos (transporte internacional, seguro internacional y gastos en destino) son realizados por el comprador. El incoterm FCA va acompañado por el nombre de la ciudad de origen.

FAS (free alongside ship —libre al costado del buque—): la mercadería es puesta por el vendedor *al costado del buque o en barcazas para que sea cargada* a éste por el comprador. Incluye todos los trámites realizados y documentos para que sea exportada. Toda otra tramitación queda a cargo del comprador. El incoterm FAS va acompañado por el nombre de la ciudad portuaria de origen y es utilizado para transporte acuático.

FOB *(free On board —puesto a bordo—)*: los bienes comercializados son puestos por el vendedor *a bordo del buque*, con todos los trámites realizados para ser exportada. Todos los demás trámites y documentos los gestiona el comprador. FOB es utilizado para transporte acuático y va acompañado por el nombre de la ciudad del puerto de origen.

Grupo C

CPT *(carriage paid to —transporte pagado hasta—)*: la mercadería es puesta por el vendedor a *disposición del transportista en el punto convenido*, con todos los trámites realizados para que sea exportada. Pero se *incluye* en el precio, a diferencia del FCA, *el costo del transporte internacional*. Todos los demás componentes (seguros internacionales y gastos en destino) son erogados por el comprador. El incoterm va acompañado por el nombre de la ciudad del mercado de destino y se utiliza para cualquier modo de transporte.

CIP *(carriage and insurance paid to —transporte y seguro pagados hasta—)*: se utiliza para cualquier modo de transporte. La mercadería es puesta por el vendedor *a disposición del transportista en el punto convenido*, con todos los trámites realizados para ser exportada. Pero este incoterm *incluye*, a diferencia del FCA, el *costo del transporte y seguros internacionales*. Todas las erogaciones en destino son realizadas por el comprador. El incoterm va acompañado por el nombre de la ciudad del mercado de destino y se utiliza para cualquier modo de transporte.

CFR *(cost and freight —costo y flete—)*: es utilizada para transporte acuático. El vendedor entrega los bienes *puestos a bordo del buque* con todos los trámites realizados para ser exportados. Allí se transmite el riesgo de la mercadería y se *incluye* entre los gastos el *flete internacional*. Todos los demás trámites, erogaciones y documentos son a cargo del comprador. Es utilizado solamente para transporte acuático. El incoterm va acompañado por el nombre de la ciudad del puerto de destino.

CIF *(cost, insurance and freight —costo, seguro y flete—)*: La mercadería es puesta por el vendedor a bordo del buque, con todos los trámites realizados para ser exportada. Allí se transmite el riesgo de la mercadería. *Es-*

tán incluidos entre los gastos el *costo del flete y seguro internacionales*. Todos los demás trámites, gastos y documentos son a cargo del comprador. Se utiliza para transporte acuático. El incoterm va acompañado por el nombre de la ciudad del puerto de destino.

Grupo D

DAF (delivered at frontier —entregado en frontera—): los bienes comercializados son *puestos* por el vendedor en un *punto convenido entre la frontera del país exportador y la del país importador*. Todos los demás trámites, gastos y documentos, a partir de que es entregada la mercadería en dicho lugar, son a cargo del comprador. Es utilizado generalmente para transporte terrestre. El incoterm va acompañado por el nombre de la ciudad del mercado de destino.

DES (delivered ex ship —entregado sobre buque [en puerto de destino]—): las mercaderías son entregadas por el vendedor *a bordo del buque en el puerto de destino*. Todos los demás trámites, gastos y documentos son a cargo del comprador. Es utilizado para transporte acuático. El incoterm va acompañado por el nombre de la ciudad del puerto de destino.

DEQ (delivered ex quay —entregado sobre muelle [en puerto de destino]—): Es puesta por el *vendedor descargada en muelle en el puerto de destino*. Todos los demás trámites, gastos y documentos son a cargo del comprador. Es utilizado para transporte acuático. El incoterm va acompañado por el nombre de la ciudad del puerto de destino.

DDU (delivered duty unpaid —entregado derechos impagos—): los bienes son *entregados* por el vendedor *en el punto convenido en el lugar de destino con los derechos impagos*. Todos los demás trámites, gastos y documentos son a cargo del comprador. Es utilizado para cualquier modo de transporte. El incoterm va acompañado por el nombre de la ciudad del mercado de destino.

DDP (delivered duty paid —entregado derechos pagos—): es entregada por el vendedor *en el punto convenido, en el lugar de destino y con los derechos pagos*. Todos los demás trámites, gastos, y documentos son a cargo del comprador. Es utilizado para cualquier modo de transporte. El incoterm va acompañado por el nombre de la ciudad del mercado de destino. Es óptimo para el sistema puerta a puerta (*house to house*).

3.5. El ofrecimiento al exterior o cotización internacional

3.5.1. Importancia de la correcta confección de la oferta. Principales elementos componentes

La oferta o cotización es uno de los principales documentos comerciales en el cual el vendedor, en forma espontánea o a pedido del comprador, **comunica atributos** del producto, así como los principales **términos** y **condiciones** sobre una potencial operación comercial. Una de las variables relevantes dentro de una cotización internacional es el precio, que es la valoración monetaria de todo lo que incluye el ofrecimiento.

Algunos de los elementos de relevancia que componen la oferta son: una correcta **descripción** de la mercadería (en su forma comercial, técnica, y aduanera), **partida arancelaria** de la mercadería (según reglas de clasificación arancelaria), medio de **transporte** utilizado, cuestiones de aseguramiento de la mercadería, cuestiones de **envase** y **embalaje** del producto, forma y plazo de **pago** de la operación (instrumento de pago utilizado). Otro elemento de importancia es establecer una **fecha para la vigencia** de las condiciones de la oferta.

Este documento tiene dos elementos sustanciales que son: el *precio* y la *cantidad ofrecida*. La cantidad puede ser concreta, o de límites cuantitativos (mínimos o máximos), o que implique un abastecimiento durante un período de tiempo (v.g., 1.000 unidades mensuales). Debe aclararse el precio total y el unitario, en relación con las cantidades, atributos y condiciones del ofrecimiento. El **precio internacional completo** debe ir acompañado por los siguientes elementos:

— *Incoterm* utilizado.

— *Moneda extranjera* o nacional en que se cotiza la mercadería.

— *Cantidad de unidades monetarias.*

Ejemplo: *FOB Buenos Aires* USD 10.000,00.

También se podría agregar al precio la leyenda: *Incoterms 2000*.

3.5.2. Otros factores de relevancia de la oferta

Otras cuestiones que influyen en el precio cotizado son: **descuentos** por grandes pedidos, la fijación de **plazos** máximos de **entrega**, **cuestiones especiales de embalaje** de la mercadería, inclusión de ciertos **servicios** de posventa, y **modificaciones** sobre etiquetado o presentaciones.

Algunas cuestiones contractuales, como el otorgamiento de **exclusividad** o la fijación de acuerdos de **larga duración**, influyen en el precio expuesto por el vendedor al comprador. Cualquiera de estos ítem puede ser modificado a través de una **contraoferta** realizada por el potencial comprador.

Si el punto de discusión entre ambos operadores comerciales se basa solamente en el precio (es decir, la contraparte del exterior lo considera muy elevado), es necesario resaltar los **demás atributos** del producto (calidad, servicios, forma de pago, etc.), no centralizando la discusión sólo en la variable precio. En ciertos casos, las empresas extranjeras no aceptan en una primera instancia el precio ofrecido, porque prueban la fuerza negociadora del vendedor y la **seriedad de la oferta**.

En los pedidos de reducción de precios, la empresa vendedora no tiene que ceder inmediatamente, sino que se debe buscar una estrategia de *ganar-ganar*, en la que ambas partes se realicen **concesiones mutuas** (por ejemplo, el comprador obtiene la rebaja que solicita en el precio, pero en compensación se acortan los plazos de garantía del producto).

En el caso de que no sea aceptado el precio ofrecido por el vendedor, y por determinadas cuestiones, como son la desconfianza o falta de interés, el comprador no realiza contraoferta, el empresario exportador debe preguntarle sobre *cuál sería el precio que considera como "adecuado"*.

El vendedor, para realizar una oferta al exterior o contestar una contraoferta con precios modificados por el comprador, debe realizar una **evaluación razonable** de las condiciones negociadas, utilizando información obtenida previamente como: precios ofrecidos por la competencia, precio de venta final vigente en el mercado para dicho producto, márgenes de los intermediarios de los canales comerciales existentes en el mercado, etc. En la negociación del precio internacional se debe resaltar, en el caso de que fuera oportuno, la **responsabilidad y trayectoria de la empresa** en el mercado nacional y/o internacional, así como los distintos antecedentes en el cumplimiento de compromisos.

El precio es una consecuencia monetaria de muchas variables, entre las que se incluyen: los distintos atributos del producto, las condiciones específicas de la operación y las cuestiones que hacen a la **trayectoria e imagen de la empresa**. Por lo expuesto, es importante en el ofrecimiento de una cotización al exterior, abrir la discusión hacia otras cuestiones conexas en forma indirecta al precio. El empresario debe descubrir, en el desarrollo de una interacción con el comprador, las distintas **motivaciones** de este último con respecto al producto ofrecido, para despertar y sostener el **interés** sobre la posible operación comercial y satisfacer las **necesidades** de ambas partes, en un acuerdo comercial provechoso.

4. Comunicación o promoción internacional

4.1. Importancia de la comunicación

4.1.1. Funciones de la promoción internacional

La comunicación es la serie de actividades que, en sintonía con los objetivos de una estrategia de marketing internacional, busca:

— educar;
— persuadir;
— informar;
— recordar,

sobre atributos de:

— producto;
— servicio;
— idea;
— cualidades de una empresa.

4.1.2. Elementos constitutivos de la comunicación

Esta idea de comunicación implica la existencia de un **emisor** (que es el que elabora el mensaje), un receptor (que es la persona destinataria de ese mensaje), un **mensaje** (que se transmite del emisor al receptor), un **código** (que es un sistema común de símbolos y significaciones utilizado a los fines de la conformación del mensaje), un **contexto** en el cual se efectúa todo el proceso de comunicación (que puede estar constituido por dos o más *entornos*), un **punto de contacto** (que es el momento en el cual se efectúa el traspaso del mensaje) y una **retroalimentación** del proceso (a través de las respuestas implícitas o explícitas que genera la transmisión comunicacional).

Dentro del contexto pueden haber **ruidos de carácter físico** que dificulten la emisión o recepción de mensaje (distorsiones en el canal, interferencia en la transmisión del mensaje, etc.). También existen ruidos de mayor significación que inciden negativamente en el proceso de comunicación, que son los **ruidos de carácter conceptual**. En el momento de conformación del mensaje, el emisor puede tener una escasa sensibilidad hacia las actitudes, creencias, formación y códigos peculiares del receptor. Es muy posible que cuando el emisor elabore y emita el mensaje, no tenga en cuenta las *diferencias de entornos* que existen entre el emisor y el receptor. Se ha visto que uno de los principales entornos que se diferencian de un mercado-país a otro son los **ambientes culturales**. Diferentes comportamientos, preferencias, costumbres y expresiones idiomáticas que existen en los mercados externos, generan ruidos conceptuales que dificultan la correcta concepción del mensaje enviado por el emisor y su correcta asimilación por parte del receptor. Estos ruidos atentan contra la **claridad** y **precisión** en la divulgación de los mensajes.

Con respecto al código, éste se halla compuesto de *símbolos, imágenes, palabras*, que pueden tener distinto nivel de significación en el entorno del emisor y el receptor. Con respecto a las palabras, pueden además existir **diferencias idiomáticas** entre el mercado de origen y el de destino, que exigen la adaptación del mensaje a un idioma común para los dos mercados. Se produce un proceso de **codificación** del mensaje por parte del emisor y un proceso de **decodificación** por parte del receptor, que exige un lenguaje común (y nivel internacional, de un *idioma común*). En la actividad de comunicación, los códigos se desarrollan como un proceso continuo e interactivo de **construcción** e **interpretación de significados** de **mensajes**, cargados de una fuerte relevancia simbólica.

El *punto de contacto* es el momento en el cual se realiza la transmisión del mensaje (puede ser el encuentro entre el emisor y el receptor en una feria comercial, la lectura de un folleto de la empresa por parte de un potencial comprador). El punto de contacto aparece nuevamente cuando se emite la respuesta al mensaje, y a lo largo del proceso comunicacional se van generando sucesivos puntos de contactos, en ciertos casos yuxtapuestos.

Es importante destacar que el comprador del exterior se maneja en sus actividades comerciales por **percepciones**; su realidad es *su percepción de la realidad*. Es tarea de la comunicación concentrar sus esfuerzos para lograr una *impronta* que afecte el proceso decisorio del comprador y que le haga elegir el producto de la empresa, entre varios ofrecidos en el mercado.

4.2. Factores que inciden en las acciones de comunicación internacional

4.2.1. Principales aspectos a considerar desde el punto de vista comunicacional

La comunicación, a los fines internacionales, tiene que tener en cuenta los siguientes **factores**:

— **Fortalezas** y **debilidades** de la **empresa** que se internacionaliza (que es la que concebirá el mensaje a comunicar).

— Características del **destinatario** de la comunicación (consumidor, usuario, sociedad, etc.).

— Clase de **producto** y etapa de su **ciclo de vida** en el mercado externo.

— Acciones de **comunicación** de los distintos **competidores** en el mercado de destino.

— **Cuestiones legales** del mercado de destino que influyan en el proceso de comunicación.

— Cuestiones de **infraestructura** (y otras que forman parte del ambiente económico) del mercado externo.

— **Estrategia** de comunicación utilizada (geocéntrica, policéntrica, etc.) y objetivos promocionales que se persigue.

— Distintas alternativas de asignación de los **fondos** disponibles para comunicación.

4.2.2. Análisis detallado de los principales aspectos de la comunicación internacional

4.2.2.1. Influencia de los entornos diferenciales

En el proceso de promoción internacional, el empresario debe realizar un exhaustivo análisis y recopilación de **información**, para detectar y comprender las diferencias existentes entre los **entornos** (del país de origen y del de destino), que forman parte del contexto de comunicación. La comunicación siempre debe tener como **criterio de referencia**, el mercado **de destino**. Las acciones tienen que ser desplegadas teniendo en cuenta las **singularidades del receptor** y los factores que gravitan en su entorno.

Se deben contemplar también los distintos **espacios culturales** (compuestos por elementos lingüísticos, simbolismos, usos y costumbres, herencia cultural, niveles de analfabetismo, etc.), que conforman el contexto donde se desenvuelve la acción de promoción internacional. Aun dentro de una misma cultura pueden existir **matices culturales o subculturas** que la componen. La empresa debe tener **sensibilidad hacia el entorno cultural** para no comunicar mensajes que puedan resultar lesivos o groseros hacia las costumbres y creencias de un determinado mercado.

Con respecto a las **cuestiones legales** del mercado de destino, pueden existir reglamentaciones que limiten la utilización de ciertas formas de comunicación, como por ejemplo: emisión de mensajes publicitarios de determinados productos permitida solamente en ciertos horarios, o prohibición de la publicidad comparativa entre productos de distintas empresas. Esta clase de normativa puede constituirse en una verdadera **barrera** a los fines promocionales y puede impulsar al replanteo total de la estrategia de comunicación en un determinado mercado-país.

El grado de similitud que tenga la estrategia comunicacional en destino, en relación con la utilizada en origen, va estar dado por la **cercanía psicológica** entre ambos mercados, es decir, la existencia de similaridad entre culturas, prácticas comerciales y entornos legales y económicos.

4.2.2.2. Relevancia de la correcta definición del destinatario y finalidad del mensaje

El destinatario de la información (o **mercado meta de la acción promocional**) puede ser un **usuario industrial** que puede tener una demanda de *mensajes más racionales*, o un **consumidor final**, el cual, en ciertos casos, puede exigir la emisión de *un mensaje con características emocionales*. Algunas acciones de comunicación pueden tener como objetivo a una **audiencia masiva e impersonal**, y otras actividades promocionales pueden ser más **personalizadas**. Estas cuestiones van estar íntimamente ligadas a la estrategia de **segmentación del mercado** que se implementen y a la estrategia de **posicionamiento de la empresa y su producto**.

Algunos mensajes pueden tener un **fin comercial** directo o indirecto (con un objetivo prioritario de impulsar procesos de comercialización externa) y otros pueden tener un **fin no comercial** (por ejemplo divulgar ciertas ideas o creencias). La estructura de promoción puede ser dirigida hacia los **intermediarios**, cuando la empresa fabricante les otorga *descuentos y bonificaciones*, generándose como consecuencia, mayores procesos de compra por parte de los mismos. A su vez, estos intermediarios que son beneficiarios de dichas ventajas, se convierten en motores impulsores de nuevos procesos de compra por parte de los distintos niveles subsiguientes del canal, hasta llegar al consumidor final. Esta estrategia se llama **push** o *empujar a través del canal*.

Por otra parte, las acciones de comunicación internacional también pueden estar dirigidas directa e intencionalmente hacia el **consumidor final**, a través de una estrategia de **pull**, que significa *tirar a través del canal*. En este enfoque la organización otorga *promociones, premios, descuentos y obsequios* dirigidos al consumidor final que lo estimulan en su compra. Es la demanda final, el impulsor para que los distintos intermediarios del canal soliciten el producto, y se abastezcan para satisfacer esa demanda incitada por las acciones de la empresa.

4.2.2.3. Amplitud del mensaje

La principal meta de la comunicación es promover distintos atributos de un producto como: calidad, marca, precio, packaging, nivel tecnológico, diseño, etc. La actividad de promoción se puede realizar en **forma amplia**, cuando se busca resaltar la mayor parte de las características diferenciales del producto, principales y secundarias, o en **forma restringida**, cuando solamente se hace conocer uno o dos atributos principales, y las demás cualidades surgirán por conexión con los atributos comunicados. Una estrategia tenaz de comunicación internacional permite generar un reconocimiento por parte de los consumidores de los principales **atractivos** de un producto, y lograr condiciones en su **lealtad** y **apego** hacia la marca de la empresa, despertando deseos de compra y recompra del bien promocionado.

La comunicación también puede posicionar ciertas cuestiones referidas a la empresa, que es lo que se denomina "**comunicación corporativa**". En estos casos, la empresa busca un mensaje cuya atención se centra en su propia **imagen organizacional**. A través de la estrategia promocional busca resaltar características diferenciales de la empresa como: solidez, trayectoria, responsabilidad empresaria, solvencia, etc. Se tiene como objetivo fijar una buena impresión en los distintos receptores sobre la historia y actividades actuales de la firma.

4.2.2.4. La comunicación y el ciclo de vida del producto

Con respecto al **ciclo de vida del producto**, ciertas etapas como la introducción exigen una mayor presencia de algunas formas de comunicación, como la publicidad educativa o informativa; en una etapa de crecimiento suele tener mayor fuerza la promoción de ventas, y en la etapa de madurez, la publicidad con fines de diferenciación y recordación. Éstas no son reglas generales, sino que varían según el producto, las características del mercado y el ambiente competitivo.

4.2.2.5. La comunicación y su relación con los recursos y medios utilizados

Con respecto a las fortalezas y debilidades de la empresa, ésta tiene que evaluar cuál es la mejor vía para la comunicación que quiere efectuar, cuál es el nivel de recursos que puede asignar a la acción promocional, etc.

Es importante que el empresario desarrolle la promoción internacional en total **sintonía** con los objetivos de la estrategia de comercialización internacional. La comunicación utiliza **instrumentos promocionales propios**, que pertenecen a la teoría de la comunicación, en pos de los fines estratégicos para el desarrollo de mercados externos.

4.2.2.6. El enfoque internacional y el enfoque comunicacional

La estrategia comunicacional puede ser **etnocéntrica**, cuando se utilizan para los mercados externos los mismos componentes de la **mezcla promocional** utilizados en el mercado interno, es decir, la promoción en el mercado nacional se extiende hacia los países penetrados. Esta actitud estratégica puede ser **policéntrica**, cuando la empresa efectúa adaptaciones en distintos aspectos de la promoción, teniendo en cuenta cuestiones políticas, legales, económicas, comerciales, culturales de cada mercado-país.

El enfoque **geocéntrico** se aplica, dentro de una estrategia global, tomando a los distintos países como *único mercado promocional*, conjugándose prácticas de extensión, de adaptación e innovación de las actividades de comunicación. Dentro de esta estrategia global, se puede aplicar el enfoque de **estandarización** de las variables comunicacionales, que implica utilizar ciertos **elementos universales de difusión comunicacional** en todos los mercados, en forma total o parcial.

4.2.2.7. El abordaje panregional de la comunicación

Dentro de los mercados regionales, la empresa puede establecer una plataforma de **acciones promocionales panregionales**, considerando los distintos mercados-países componentes del bloque comercial, como si fuesen un único mercado, logrando **economías de marketing** (por ejemplo, a través de una única campaña publicitaria) o **economías de escala** en el diseño único de elementos promocionales (muestras y obsequios promocionales, elementos de merchandising globales). Dichas economías generan costos promocionales unitarios más bajos, que van a ser imputados al precio del producto comercializado.

Para el establecimiento de una estrategia panregional de comunicación, el empresario va a tener que evaluar el grado de *homogeneidad* que tienen los distintos países miembro de la integración. En caso de que el bloque regional esté compuesto por mercados-países muy heterogéneos, se debe buscar los **puntos comunes o de similitud** para que sean utilizados en la aplicación de la estrategia de comunicación. Tanto la estrategia global como la panregional permiten a la empresa aprovechar **ideas creativas** aplicables a fines comunicacionales, y compartirlas entre los distintos mercados a los que se accede.

Se ha observado que para la empresa siempre existe más de una **posibilidad estratégica** a seleccionar para el adecuado cumplimiento de los objetivos promocionales.

4.2.2.8. Vinculación entre comunicación internacional e infraestructura y actividades desarrolladas en un mercado-país

En lo referente a la **infraestructura** existente en el mercado de destino, el empresario debe munirse de información sobre los distintos sistemas de promoción existentes en dicho mercado, y seleccionar los más adecuados para su estrategia. Es importante la existencia de agencias de marketing, compañías publicitarias, canales de televisión, eventos promocionales, publicaciones masivas y específicas, entre otras **facilidades operativas** del país de destino que sirvan para **vehiculizar** los distintos mensajes de la empresa. Con respecto a la cantidad de medios utilizados, se puede tratar de una estrategia **exhaustiva**, que utilice la mayor cantidad de medios posibles, o una **concentrada** en pocos medios. También se deberá analizar el grado de **avance tecnológico** de dicha infraestructura y el grado de avance de la misma, en comparación con la utilizada en países de gran desarrollo económico.

4.2.2.9. La saturación y polución comunicacional

La empresa debe conocer que, en ciertos mercados, existe una **fuerte actividad promocional** que los satura de mensajes, creándose un ámbito de **sobrecomunicación**. Por ejemplo, aquellos mercados en donde existe un exceso de campañas promocionales que son renovadas constantemente, o en aquellos en los cuales existe una **polución visual** (y en un aspecto más amplio, polución comunicacional), que implica un constante impacto de imágenes promocionales que inciden negativamente en el comportamiento de una sociedad determinada. Los efectos de la realidad citada precedentemente son que el consumidor suele tener apatía ante las distintas acciones de promoción de las empresas, y que, además, se hace muy dificultosa y confusa la diferenciación de los productos. Dichos efectos exigen la presentación de mensajes concisos y claros, conjugados en una estrategia de ingenio y **creatividad comunicacional**. Implica la diferenciación clara de la marca y de la principal cualidad de nuestro producto a los fines de lograr la preferencia del consumidor.

4.2.2.10. La asociatividad en la comunicación internacional

Con respecto a los recursos económicos con los que cuenta la empresa para las acciones promocionales, se pueden plantear distintas estrategias a seguir en el caso de que ésta posea poco **presupuesto promocional** disponible. Si la empresa participa de algún emprendimiento conjunto para acceder a los mercados externos, como un consorcio o cooperativa de exportación, puede buscar una **comunicación asociativa**, por ejemplo a través de un *único catálogo* que promocione toda la línea de productos que ofrece el consorcio, o mediante la participación del representante de la estructura asociativa en eventos, como ferias o misiones comerciales. De esta forma, cada socio del proyecto enfrenta menores gastos unitarios en el rubro de comunicación internacional, ya que los comparte con todos los miembros de la asociación.

Otras acciones estratégicas válidas son las **acciones promocionales conjuntas** entre la empresa exportadora y la que comercializa el producto en destino. En este caso, ambas empresas participan en la actividad promocional, compartiéndose los gastos de comunicación internacional, según las condiciones establecidas entre las partes. En otros casos, el exportador concede a la empresa en destino **incentivos por las actividades promocionales**, que esta última desarrollará en su mercado, como por ejemplo: descuentos en el precio, provisión de material promocional, etc.

4.2.2.11. Otras cuestiones a considerar

Un aspecto significativo es la consideración de las distintas **cuestiones estéticas** que repercuten en el enfoque comunicacional adoptado, con la utilización de *técnicas creativas* de generación del mensaje y *concepción de la promoción como una forma de expresión artística*. Otra faceta importante de la comunicación comprende las **dimensiones éticas**, que procuran que las actividades de promoción se implanten en forma responsable para que no afecten los derechos de los demás, tratando de evitar la emisión de mensajes confusos, engañosos, exagerados o con fines defraudatorios.

4.3. Distintos componentes de la mezcla comunicacional

4.3.1. Publicidad

4.3.1.1. Definición, medios, vehículos de la publicidad

La publicidad consta de **acciones pagas** de comunicación, hechas por la empresa en medios masivos y hacia una audiencia impersonal. Se debe determinar los medios, categorías y vehículos más adecuados para desarrollar las actividades publicitarias. Los **medios** son numerosos: televisión, radio, vía pública, internet (llamada "publicidad virtual"), carteles publicitarios, etc. Las **categorías** están dadas por las características que definen a distintos grupos dentro de un medio (por ejemplo, dentro del medio radio una categoría sería programas deportivos) y los **vehículos** son los instrumentos concretos que se utilizan para realizar la publicidad (por ejemplo, programa radial XX). Para la elección de un determinado vehículo publicitario se deben evaluar los siguientes factores: grado de cobertura, importancia de dicho vehículo y si es especializado o general. Otras cuestiones a evaluar son las características del **patrocinador** (o empresa que explota el negocio publicitario), su experiencia en el mercado de destino, servicios que ofrece y características diferenciales con respecto a sus competidores. Además de lo expuesto, es conveniente conocer que la publicidad internacional tiene una significativa **onerosidad**, y que en muchas ocasiones puede resultar inalcanzable para las pequeñas y medianas empresas.

4.3.1.2. Estilo, imagen, temática y audiencia de los avisos publicitarios

La publicidad internacional busca proyectar ciertos aspectos de la línea de pensamiento de la empresa, más allá de las fronteras nacionales, dirigiendo mensajes hacia una audiencia múltiple y anónima. La estrategia publicitaria debe reflejar el **estilo** de la empresa y de sus productos, focalizando correctamente los mensajes y evitando la **dispersión comunicacional**.

En la publicidad existe un mensaje que persigue proyectar una correcta **imagen** del producto y se busca la **presentación pública** en forma expresa e impersonal de sus principales características. Uno de sus objetivos es brindar información sobre el producto, que incida sobre las **creencias** de los consumidores o usuarios y los alienten y estimulen a consumirlo. La publicidad puede ser realizada **en forma comparativa**, esto es cuando se compara el producto con el de la competencia, pero en ciertos países-mercados este enfoque se halla prohibido por normativas específicas.

Más allá del alcance del medio publicitario que se utilice, las acciones de publicidad se hallan dirigidas a una **audiencia múltiple y no personalizada**, y no tienen como objeto la compra inmediata del producto, como sí persiguen otras formas de comunicación. Con respecto al **tema publicitario**, éste puede tener elementos de carácter emocional o racional según el producto y segmento de mercado al cual va dirigido el mensaje. Además, el contenido del mensaje debe tener en cuenta las **diferencias sociales** de una cultura con otra. Con respecto a las **cuestiones legales**, ciertos países establecen restricciones a las acciones publicitarias, como **censura** de algunos mensajes o establecimientos de determinados horarios para la emisión de tales mensajes.

La publicidad siempre busca la **atención** del consumidor o usuario sobre un determinado producto, para que le sea dado un **tratamiento preferencial de compra**. La emisión continua de **avisos publicitarios** que realiza una empresa va generando, en quienes los reciben, un **proceso inconsciente de recordación**, que se internaliza y repercute en sus posteriores actitudes de compra.

4.3.1.3. Enfoque adaptativo de las actividades publicitarias

En la estrategia publicitaria se deben fijar claramente qué **objetivos** se persiguen y qué conceptos o **ideas** se quieren comunicar. Ciertos mensajes pueden contener elementos de comunicación **verbales** y **no verbales**, también pueden resaltar dimensiones visuales, auditivas, o ser **multidimensionales**. El empresario debe contemplar **adaptaciones** según **diferencias** lingüísticas, de entornos económicos, de ambientes competitivos y características socioculturales existentes entre los mercados de origen y destino. Estas adaptaciones son necesarias para evitar los errores de interpretación y compresión del mensaje.

En ciertos casos se puede establecer un **enfoque global** en la campaña publicitaria, que contemple **elementos universales** que perviven en los distintos mercados. El mensaje puede centrar su foco en la difusión de *atributos físicos* del producto o de *cuestiones intangibles*, como son los servicios que se atribuye al mismo o el valor psicológico que se le da. No obstante, es conveniente que la empresa prevea la utilización de los servicios de **agencias de publicidad** o patrocinadores **localizados en el mercado de destino** (es decir, una política de publicidad con cierto grado de descentralización), para una mejor adaptación a las cualidades peculiares de ese país.

4.3.1.4. Cooperación en las actividades de publicidad

Para implementar acciones de publicidad internacional, la pequeña y mediana empresa debe contar con un importante presupuesto, el cual es elevado debido a lo oneroso de esta forma de comunicación. En empresas de pequeño porte y con escasa capacidad financiera se deben lograr **acciones cooperativas** (que son aquellas realizadas con otras compañías dentro de un proyecto asociativo exportador) o **acuerdos verticales**, realizados con el comprador del exterior para disminuir los gastos publicitarios.

Es importante realizar **publicidad compartida** entre dos o más productos de distintas empresas que sean compatibles. Más allá del enfoque adoptado, toda actividad publicitaria debe instrumentarse teniendo una importante **sensibilidad** hacia el consumidor, y hacia las acciones de los competidores en el país de destino.

4.3.1.5. La promesa publicitaria

La publicidad puede tener varias funciones: informar sobre determinadas características o usos de un producto, persuadir para su compra, recordar su existencia, relanzar el producto en el mercado, diferenciarlo de la competencia, y dichas metas varían según la etapa del ciclo de vida en que se encuentre dicho bien. Más allá de los objetivos fijados, las acciones publicitarias *siempre* contienen una **promesa** por parte de la empresa sobre determinados aspectos del producto, que se halla *en forma implícita* en el mensaje y que busca crear un **magnetismo** en el consumidor.

4.3.1.6. Otros aspectos de la publicidad

El empresario puede considerar la utilización de una variante de la actividad publicitaria tradicional, como es la **difusión periodística**. En la misma, la empresa realiza su comunicación *en forma encubierta*, a través de una *noticia* que rescata *aspectos positivos* de sus actividades y que genera una mayor aceptación en la audiencia. Esta información es presentada, como si el emisor responsable de dicho mensaje fuese el propio medio masivo.

Por último, la organización debe contemplar adecuadamente las distintas innovaciones publicitarias como la publicidad a través de **sitios web**, la utilización de **medios audiovisuales**, etc.

4.3.2. Promoción de ventas

4.3.2.1. Complejidad y diversidad de la promoción de ventas internacional

ACERENZA define a la promoción de ventas como "*todas las actividades comerciales que no incluyen a las ventas personales ni a la publicidad, sea ésta pagada o gratuita, que tienen como finalidad estimular las compras del consumidor y la efectividad de los intermediarios*".

La promoción de ventas complementa las demás actividades de comunicación internacional, como son las relaciones públicas, la publicidad y la fuerza de ventas. Los **incentivos** de la promoción de ventas se direccionan *hacia los consumidores y usuarios*, y *hacia los intermediarios* del canal del comercialización. Existen distintas formas de promoción de ventas:

— concursos, premios y bonificaciones;

— exhibiciones comerciales y exposiciones (entre las que se hallan las ferias y otros certámenes internacionales);

— obsequios promocionales y muestras comerciales;

— misiones comerciales y viajes de familiarización;

— correo directo (vía postal, e-mail y fax).

4.3.2.2. La importancia de las ferias y exposiciones internacionales

4.3.2.2.1. Dinámica y estructura de las ferias y exposiciones

Las ferias y exposiciones son **ámbitos espaciales** donde se concentra la **oferta** y la **demanda** durante un **tiempo limitado**. Sus antecedentes se remontan a la Antigüedad en los pueblos persas y fenicios, y alcanzó un gran auge con la Revolución Industrial. En la actualidad, los eventos feriales incrementan y diversifican la oferta hasta tal punto, que podríamos afirmar que casi todo producto o servicio cuenta con alguna feria: alimentación, construcción, informática, transporte, metalmecánica, etc.

Siguiendo a LE MONNIER FRAMIS, los salones profesionales se presentan como un **medio óptimo**, que permite combinar en forma sinérgica los siguientes elementos: fuerza de ventas, publicidad, promoción, relaciones públicas e investigación de mercados. Se constituyen en uno de los componentes más relevantes de la comunicación, dentro del mix de marketing, porque permiten a los expositores **atraer a los asistentes** al evento, sacándolos de su ámbito habitual de trabajo para **exponerle en forma comparativa y multidimensional** los atributos de sus productos. Estos encuentros comerciales permiten generar una fuerte **interacción** expositor-visitante. El asistente a los certámenes feriales va a tener acceso en forma inmediata a un **gran abanico de ofertas** que pueden cubrir sus necesidades, generando un proceso mucho más rico de **evaluación y selección** de los productos, dentro de una visión más integral del mercado. Los eventos feriales son planteados con ciertas características que los diferencian de otras formas de promoción de ventas: utilizan múltiples dimensiones de comunicación, son usados como instrumentos de **marketing global**, y se consolidan como **verdaderos nudos comunicacionales**.

4.3.2.3. Objetivos de las ferias

— Acceder a un **análisis comparativo** de la oferta de la competencia.

— Obtener **información** sobre agentes, distribuidores, y demás **intermediarios** y generar **contactos** y acuerdos comerciales para penetrar mercados externos. También permite la recolección de datos sobre el mercado en forma global, en lo referido a preferencias de los clientes y sus requerimientos en servicios (de preventa, venta y posventa) relacionados con el producto.

— Contribuir a acelerar el proceso de venta, optimizándose la relación costo de venta/cliente en un **entorno privilegiado** para la venta personalizada.

— Lograr una **sólida imagen** de la organización e incrementar su política de relaciones públicas.

— Ser una **fuerte herramienta** de promoción orientada hacia un mercado determinado, en tiempo y espacio delimitados.

— Realizar **pruebas** y **demostraciones** de productos e innovaciones.

— Mejorar la **imagen** y la moral de la empresa, lograr una cierta posición de *status* y prestigio por la participación en los eventos internacionales.

4.3.2.4. Clases de ferias

a) **Según su finalidad:**

— *Ferias comerciales*: en estos eventos, se busca la exhibición de los productos de la empresa, con el objetivo de promover negocios y diversificar mercados y productos en el ámbito mundial.

— *Ferias de imagen o presencia, exposiciones*: los expositores concurren, con la única intención de estar presentes como empresa, sin buscar fines mercantiles inmediatos.

b) **Según el carácter del organizador:**

Pueden ser públicas, privadas o mixtas.

c) **Según los productos ofrecidos:**

— *Ferias horizontales o generales*: se exhibe la producción de distintos sectores.

— *Ferias verticales o especializadas*: en estos certámenes se exponen los productos de un sector específico y están dirigidas a determinados empresarios interesados en los mismos. En este tipo de ferias, se dirigen los esfuerzos de comunicación hacia una *audiencia objetivo* claramente identificada. Son las de mayor utilidad para las pequeñas y medianas empresas que quieren internacionalizarse.

d) **Según el número de países participantes o amplitud de cobertura geográfica:**

Pueden ser regionales, nacionales o internacionales. Las de mayor importancia son las **internacionales**, en las que intervienen varios países con sus muestras industriales, agrícolas, etc., y están destinadas al mercado de exportación, pudiendo éstas ser horizontales o verticales.

También existen las denominadas *ferias solo* en la que existe un único expositor que exhibe sus productos en un sitio cerrado.

e) **Según el tipo de audiencia:**

Pueden ser **abiertas** a todo público o con **acceso restringido** a determinados grupos o sectores.

4.3.2.5. Criterios para la elección de una evento ferial

En el ámbito internacional existen numerosos encuentros feriales, con una tendencia sostenida a la **proliferación de eventos especializados**. Para la participación en un salón profesional, el empresario, ya sea en carácter de asistente o de expositor, debe evaluar entre otros factores:

— el **tipo de producto** que quiere exponer o encontrar;
— la importancia y **trayectoria** del evento ferial;
— volumen proyectado de **audiencia** y ámbito de **cobertura** geográfica que posee el evento;
— **sectores** y **categorías** de productos que exponen en la muestra;
— importancia del **mercado-país** organizador de la feria para los objetivos de la empresa;
— **costo de participación** en el certamen ferial y su relación con el presupuesto promocional de la empresa (se debe realizar una evaluación de la relación entre costos y beneficios potenciales de la participación en la feria);
— otros elementos a considerar como: posibilidad de conseguir alguna **ayuda** de organismos gubernamentales o intermedios para la participación en el evento, informes y comentarios sobre eventos similares anteriormente realizados en dicho mercado, etc.

4.3.2.6. Costos de la exposición en un certamen ferial

Es importante considerar los distintos **costos**, que implica la participación *como expositor* en un evento internacional, a saber:

— Costo del **alquiler** del espacio (generalmente es una suma fija por metro cuadrado).
— La estructura del **stand** y sus aspectos arquitectónicos (diseño, materiales y espacios de exhibición, tránsito y descanso). La empresa puede prever la fabricación del stand o el alquiler del mismo. Un ítem sustancial es su *decoración*, que incluye rotulación, displays, grafismos, fotografías, gigantografías, medios audiovisuales, etc., y también es importante su *traslado* internacional.
— Remuneraciones, **viajes y viáticos** de los distintos representantes de la empresa que participen en el evento ferial (directivos, vendedores, técnicos, traductores, azafatas, etc.).
— **Material promocional** (muestras, obsequios, folletos, catálogos, tarjetas, etc.) y su transporte internacional.

— **Gastos de comunicación** relativos a la participación de la empresa como expositor: mailing, circulares, publicidad en medios especializados, invitaciones especiales, etc. El empresario debe conocer que existen distintas fuentes para la obtención de información sobre potenciales invitados: asociaciones empresarias, directorios industriales, páginas amarillas, relativos al país expositor.

— Otros ítem: electricidad, fax, limpieza y vigilancia, impuestos y tasas.

Las pequeñas y medianas empresas deben considerar como una alternativa la participación como expositor integrando un **pabellón oficial**, que será coordinado por algún organismo estatal del país de origen, ya que así se reducirá sensiblemente su **presupuesto de participación ferial**. Generalmente, existe un **cronograma a nivel nacional**, donde las distintas reparticiones gubernamentales fijan cuáles serán los salones feriales en los que participará el Estado y **subvencionan** total o parcialmente la participación de empresas de pequeño porte que expongan en el stand nacional.

4.3.2.7. Management de la participación ferial

Un expositor debe coordinar la participación en la feria con **mucha antelación**, a través de una actuación comprometida de todas las áreas de la empresa vinculadas a dicho evento. Se debe determinar **un plan de participación ferial** y formar una carpeta con un *check list* de las distintas actividades a desarrollar en cada etapa, así como los principales trámites y documentos relativos al acceso al certamen. Se asignará una persona como responsable de **planificar** y **coordinar** todas las acciones feriales para que la empresa tenga éxito en el cumplimiento de los objetivos fijados. Esta persona es el **encargado del management ferial**, que está íntimamente ligado al sector comercial de la empresa, y que llevará adelante el diseño de la **estrategia de participación ferial**, así como también la contratación y coordinación de las distintas acciones comerciales y logísticas empresariales para dicho evento. Las funciones de este encargado consisten en: sincronización de las actividades de **transporte**, montaje y desmontaje del stand y otros elementos promocionales, obtención de los **documentos** de despacho de los mismos, elección y encargo de las piezas de **material promocional**, selección de la **ubicación** y negociación del contrato de **alquiler del espacio** ferial, proyección de las **acciones de comunicación** no sólo durante la feria, sino también antes y después de ella, definición **del sistema de evaluación** y confección de un **informe** de los resultados de la participación en el evento.

Debido a las **limitaciones en el tiempo** de comunicación ferial y la gran **cantidad de asistentes** a estos encuentros (puede tratarse de una audiencia muy heterogénea), se hace necesario buscar una correcta política de contacto, que privilegie la **calidad de los asistentes** por sobre la cantidad. Los encargados del stand deben adoptar una política de comunicación **entusiasta, alerta y cordial**, en coherencia con la estrategia ferial empresaria. Deben **auscultar** las necesidades de los asistentes al stand, generando una **relación comunicacional fluida**, para "amarrar" potenciales contactos de venta, que puedan ser objeto de posteriores acciones de seguimiento. La empresa puede entregar a los empleados que están a cargo del stand **manuales** sobre cómo deben actuar; no obstante, el cultivo de relaciones comerciales exige de éstos un importante componente de **creatividad** y espontaneidad.

4.3.2.8. Actitud del personal encargado del stand

Es de total trascendencia la correcta selección de un **personal idóneo** y capacitado **comercialmente** para atender el stand. Estos empleados deben poseer un gran conocimiento del producto y sus beneficios diferenciales, así como también deben estar instruidos sobre los principales aspectos de la política comercial de la empresa: lista de precios, condiciones de pago, descuentos, entrega del producto y financiación. Estas personas van a ser el **rostro** de la empresa durante el transcurso del evento, y deben tener un perfecto manejo de técnicas promocionales.

El personal asignado al stand debe utilizar **distintos medios** (degustaciones, demostraciones, etc.) para mostrar las distintas utilidades, funciones y características técnicas de los productos exhibidos, y entregar en forma selecta el material promocional. Es posible que la empresa detecte e interactúe con distintos contactos calificados durante la exposición, que deben ser registrados en **fichas** con sus principales datos, para desplegar, en una etapa posterior al cierre del evento, una **actividad de seguimiento y promoción comercial**. Durante el transcurso del evento, se deben convocar **reuniones diarias** con todo el personal de la empresa que participa de la exposición para intercambiar opiniones, debatir objeciones y dudas que se presenten, contrastar los resultados que se van obteniendo con los objetivos fijados y valorar los hechos más sustanciales que van aconteciendo, para la implementación de **medidas tácticas** que fueran necesarias.

4.3.2.9. Evaluación de los resultados de la participación en el evento

Es importante la confección de un **informe final**, que vuelque los principales resultados **cuatitativos** y **cualitativos** que obtuvo la empresa como expositora: responsabilidad del personal afectado al evento, distintas actividades de la estrategia comunicacional desplegadas durante el mismo, cantidad de contactos realizados y detalle de los que presentaron interés por un potencial acuerdo comercial, número de operaciones de venta realizadas y otro tipo de información relevante. Este informe le sirve a la empresa para evaluar la **rentabilidad de la participación ferial** y analizar los ajustes a implementar en futuros eventos.

4.3.3. Otros elementos importantes de promoción de ventas

4.3.3.1. El envío al exterior de muestras promocionales

Enviar muestras al exterior es trascendental para la promoción de actividades internacionales. No obstante que una completa oferta o cotización al exterior puede describir claramente las principales condiciones de una operación, en lo que refiere a las *características físicas, químicas,* y demás aspectos relacionados con el *diseño* y la *calidad* de un producto, se hace necesario enviar muestras al país de destino, como un complemento del ofrecimiento realizado al potencial comprador. Las muestras (en inglés, se denominan *samples*) son, entonces, **objetos o modelos significativos** que representan los principales atributos del producto y que no tienen valor comercial. Su único objetivo es que el comprador del exterior constate en forma tangible las principales cualidades del producto, y que las someta a **las pruebas y procedimientos de análisis** que considere necesario para corroborar sus características más relevantes. Existen regímenes específicos que regulan el envío de muestras, que establecen cuáles son las propiedades, los trámites y los valores máximos que deben reunir estos elementos promocionales.

4.3.3.2. La utilización de folletos y catálogos internacionales

Otra actividad promocional de relevancia es la desarrollada a través de **folletos** y **catálogos internacionales**. La diferencia entre ambos es que el folleto se refiere a una línea de productos de la empresa, y el catálogo se refiere a todo el espectro de productos ofrecidos por la misma; este último, además, describe algunos aspectos de la historia y la evolución de la empresa. Los folletos y los catálogos, generalmente, no poseen precios de los productos, ya que van a ser negociados dentro de cada operación particular. Este material de comunicación puede ser enviado **vía postal** o por **correo electrónico**, con un archivo escaneado del mismo. Es muy importante la **calidad** de su diseño y edición, y la inclusión de ilustraciones, fotografías que resalten su parte visual. La parte textual debe comunicarse como mínimo en dos idiomas, el del mercado de origen y el de destino; también se pueden diseñar catálogos y folletos **multilingües**. En los mercados de integración, es posible la utilización de **folletos panregionales** como elemento comunicacional.

4.3.3.3. Otras formas de promoción de ventas

La comunicación y promoción de ventas internacionales se puede realizar a través de rondas de negocios y misiones comerciales. Otros aspectos sustanciales de la comunicación son: la utilización de **vídeos promocionales**, **CD interactivos** y la utilización y diseño de **sitios web**. Otras formas de promoción de ventas son las ofertas, las **demostraciones** y **degustaciones**, los **concursos**, los **premios por volúmenes de venta**, etc.

4.3.4. Merchandising

Son distintos elementos que colaboran en fijar la **atención** del consumidor **sobre dichos instrumentos de promoción**, en el desarrollo de actividad comercial de la empresa. Estos elementos se hallan localizados físicamente en su **entorno de compra** en forma intencional y planificada. Se trata de elementos **reales** o **mensajes figurativos** en el punto de venta. Algunos ejemplos de elementos de merchandising son: carteles, elementos de promoción, exhibidores del producto, expendedoras y aparatos de prueba dosificada del producto. Otras cuestiones que complementan el merchandising son: la **localización y exhibición preferencial de los productos** en los puntos de venta, así como los demás aspectos de distribución interior en los puntos comerciales.

En un aspecto más amplio, se considera también merchandising a algunos elementos situados en forma no intencional **fuera del punto de venta**, que atraen la atención del consumidor. Un ejemplo de ello puede ser un almanaque, que originariamente ha sido obsequiado a una persona, y que luego sirve para provocar la atención de las personas que lo ven.

4.3.5. Relaciones públicas

4.3.5.1. Las actividades de relaciones públicas y la formación de vínculos

Las relaciones públicas (RR.PP.) son todas aquellas **actividades estratégicas**, que buscan generar cierta **imagen** sobre las características y aspectos más considerables de una empresa. Esta forma de comunicación está dirigida a ciertos **grupos meta**, que se constituyen en el centro de interés de las acciones relacionales. Las RR.PP. están compuestas por una serie de **acciones personales** tendientes a lograr que las personas perciban un mayor **prestigio** en la empresa, y su efectividad crece cuando se implementa en forma permanente y continua. Las relaciones públicas buscan legitimar el correcto **desempeño** de la organización que desarrolla estas acciones, para ratificar su **credibilidad** dentro del ámbito de una sociedad. En un sentido restringido, las actividades relacionales pueden estar *dirigidas a clientes, proveedores, instituciones, organismos gubernamentales y entidades intermedias.*

4.3.5.2. Distintas actividades que componen las RR.PP.

Las relaciones públicas pueden utilizar una variada batería de acciones que generen **actitudes positivas** hacia la organización. Entre las más trascendentes se hallan:

— Presencia de la empresa en distintos **eventos sociales**, benéficos, deportivos, artísticos, científicos y sponsorización o patrocinio de determinadas actividades.

— Realización de **concursos**, certámenes, etc.

— **Invitación a conocer las instalaciones** de la empresa a representantes de organismos u otras empresas.

— Emisión de **publicaciones y boletines** informativos sobre las actividades empresarias desempeñadas.

— Realización de eventos para la **apertura** de plantas, instalaciones y obtención de cierta tecnología, y lanzamiento de nuevos productos. Se incluyen la organización de **refrigerios**, lunches y agasajos.

Todas estas actividades **no persiguen la venta** en forma directa, sino que buscan posicionar los *aspectos más calificados de la cultura organizacional de una empresa.*

181

En un sentido más amplio del término, las relaciones públicas también pueden direccionarse hacia *el personal interno de una empresa* (a través de obsequios al personal, reuniones de todos los sectores de la empresa, buzones de sugerencia, obsequios hacia los empleados, etc.).

4.3.6. Fuerza de ventas

La fuerza de ventas o venta personal busca comunicar, *en un proceso cara a cara o a través de marketing telefónico o virtual*, información sobre los productos ofrecidos por la empresa. Su objetivo es generar relaciones **duraderas** en el tiempo entre la empresa y el cliente. Un concepto restringido de la fuerza de ventas lo limita a representantes internos de la empresa, es decir, los empleados vendedores.

La fuerza de ventas debe ser flexible, tener un calificada formación sobre el **producto** del que brinda información y sobre las principales **técnicas** de comercialización. Las personas que la componen deben despertar **creencias** positivas sobre los productos que ofrecen, dentro de un **ámbito de sociabilidad** de las relaciones comerciales. La fuerza de ventas debe estar **motivada** para promover operaciones para la empresa, pudiendo los vendedores estar autorizados para cerrar los negocios concretados. Los empleados asignados a esta función deben tener **tenacidad, tacto, convicción, competencia, y habilidades comunicativas,** que les permitan adaptar su mensaje en **forma flexible** en cada enlace comercial realizado. En ciertos casos, la formación técnica y comercial puede ser realizada por la misma empresa, pudiendo utilizarse una política estandarizada de capacitación. No obstante, el representante de la empresa debe **adecuar** su trato y orientación comercial, cuando desenvuelve sus acciones promocionales en mercados de gran **distancia psicográfica** con el mercado de origen. La fuerza de ventas, además, puede tener alguna clase de participación en el mantenimiento de **servicios** de preventa y posventa de los productos de la organización.

Una concepción más amplia del término considera que también existe fuerza de ventas en distintos **intermediarios**, como son los agentes, los distribuidores, etc. Estos últimos no son empleados de la empresa, sino que son independientes, pero se encuadran dentro de la política comercial de la empresa exportadora.

4.3.7. Comunicación del envase

El envase, aparte de proteger y contener al producto, tiene una **función de exhibición** o de estima. Estas acciones de comunicación del envase se despliegan silenciosamente a través de **colores, tipografía, rótulos, contrastes, espacios, formas,** y tienen como objetivo despertar el **interés** del consumidor. Es imprescindible en la concepción del envase la actuación de **un diseñador en comunicación visual,** que, en colaboración con el empresario, contemple los distintos aspectos de promoción del producto. Se debe evaluar no sólo la **forma** del envase, sino también la utilización y combinación armónica de **colores** en el mismo, que lo identifiquen y diferencien de los ofrecidos por la competencia. Otras cualidades a tener en cuenta son: la **exhibición legible de la marca** y sus **textos,** así como el **idioma** adecuado con que éstos estén escritos, para atraer y retener la atención de los consumidores, y posicionar en la mente de éstos una **relación envase-producto.**

A través de un diseño **atractivo y destacado** del envase se busca **individualizar** al producto de la empresa entre todos los ofrecidos en el mercado. También el envase contribuye a la satisfacción de **necesidades** y **fantasías** del consumidor, destacando claramente al producto en el proceso de la compra.

La empresa exportadora busca a través del envase una **vía,** lo más directa posible, de **información** y comunicación con el consumidor. El diseño de un envase adecuado para la comercialización internacional debe contemplar, no sólo aspectos técnicos, jurídicos, de manipuleo y transporte, sino también **visuales y creativos desde el punto de vista artístico.** Es necesario un buen **diseño industrial** y gráfico, para que el envase se convierta en un **instrumento de venta** que cree enlaces entre el producto y el consumidor.

El empresario de una PyME debe concebir al envase para conformar una "posición" del producto en la mente del consumidor, a través del **estilo de presentación y símbolos** que éste incluye. Para lograr esa imagen positiva y diferenciada en las mentes de los consumidores, será primordial que la empresa analice las principales **características psicológicas y sociológicas** del consumidor final en destino.

4.3.8. Comunicación y posicionamiento

4.3.8.1. Relación entre promoción y posicionamiento

El proceso de posicionamiento del producto consiste en una serie de actividades acumulativas, en pos de lograr un **lugar privilegiado en la mente** del receptor. El posicionamiento se desarrolla a través de las distintas **habilidades comunicativas** de la empresa dirigidas hacia un mercado determinado, y busca que el producto domine el principal espacio, dentro de su categoría, en los procesos mentales de los consumidores y usuarios. Algunos elementos de mucho **poder de posicionamiento** son las **marcas** y los **envases**, además de otros atributos importantes del producto. La idea del posicionamiento es la lograr la **prioridad** del producto en el proceso de decisión de compra, con respecto a los demás bienes existentes en el mercado.

4.3.8.2. La simplicidad en el mensaje comunicado

Se deben emitir mensajes realistas y **simplificados**, que logren una apropiada **correlación** entre el producto y las percepciones del comprador. Siguiendo a AL RIES y TROUT, es importante saber que el consumidor tiene **escaleras mentales**, en las cuales el producto de la empresa se debe ubicar en los peldaños más elevados.

Al existir una multiplicidad de ofrecimientos de productos similares que saturan el mercado, y que afectan la receptividad del comprador, el mensaje para lograr una **posición de poder** debe ser **simple** y sin sobrecarga de datos, pero **contundente**, haciendo referencia al **principal atributo** que caracteriza al bien de la empresa y que lo diferencia de la competencia. Dicha diferenciación de nuestro producto se debe enfocar en la **mente** del consumidor, a través de la búsqueda de **huecos mentales** para posicionar el producto. Algunas técnicas de posicionamiento internacional efectivas son:

— Ampliar la **base de compradores de un mercado** que consumen el producto ofrecido. Es decir, dentro de un mismo mercado, emitir mensajes que extiendan el consumo *hacia otros segmentos*.

— Aplicar el posicionamiento para **ampliar la cobertura geográfica internacional** (un producto que ha sido aceptado en un determinado mercado-país, extenderlo *hacia otro mercado*).

Ambas estrategias buscan posicionar eficazmente un producto, y son siempre implementadas dentro de un marco de **verosimilitud y flexibilidad**.

4.3.8.3. Relación marca - comunicación - posicionamiento

Con respecto a las **marcas internacionales**, es de fundamental importancia la utilización de **marcas individuales** para el posicionamiento, que permitan una **identificación marca-producto** sin ambigüedades. No obstante, generalmente es recomendable usar **marcas de la organización**, es decir, marcas que no son individuales, para aquellos productos *de poco tamaño y valor*, para aquellos en los cuales **el** *mercado está saturado*, en el caso de *insumos* y *materias primas*, o cuando el producto no tenga asignado un presupuesto publicitario que apoye a la marca, entre otros.

4.3.9. Imagen país

4.3.9.1. La imagen país y la internacionalización

La imagen país encierra **múltiples factores** que se superponen y se entremezclan. Esta imagen se halla formada por las distintas **representaciones simbólicas** que, conformando una **proyección global**, refleja las cuestiones más primordiales que diferencian a un país del resto, en el ambiente mundial. La imagen país se presenta como **una percepción del país como un todo**, sin embargo, está compuesta por distintos elementos:

— **Cultura e historia** de un país y acontecimientos actuales.
— Dinámica del **sistema político**.
— Cuestiones de desarrollo económico y **políticas comerciales**.
— Características distintivas de los **habitantes nativos**.
— **Factores físicos**: relieve, paisajes naturales, recursos, clima, etc.
— **Relación Estado-sociedad**.
— Principios de **libertad** e igualdad de oportunidades.
— **Situación financiera** y cumplimiento de compromisos asumidos.
— Niveles de **desarrollo tecnológico**.
— **Aspectos negativos** del país: participaciones bélicas, secuestros, narcotráfico, deforestación, corrupción, etc.
— Enfoque adoptado en las **relaciones internacionales**.

— Principales **industrias y servicios**.

— Importancia del país en las **actividades comerciales mundiales y** principales productos vendidos.

La imagen de un país se configura como una **compleja asociación de ideas** que se cristalizan en la mente de los consumidores y compradores del resto del mundo. Dichas percepciones pueden coincidir o no con distintos aspectos de las realidades de un país, y tratan **en forma conjunta y sintética** los significados del mismo considerado globalmente.

En general la imagen país puede tener **cualidades negativas o positivas**. Puede ser que la gran cantidad de factores negativos formen un universo **totalizante**, que oculten u opaquen los rasgos positivos. La adecuada consideración de la imagen país por parte del empresario es de fundamental trascendencia, ya que ésta **repercute** directa o indirectamente sobre sus operaciones comerciales internacionales. El empresario realiza sus exportaciones como miembro componente de un país, produciéndose **una relación** entre la *imagen empresa-producto* y la *imagen país* que tiene muchas dimensiones.

4.3.9.2 Actitudes empresariales con respecto a la imagen país

La organización debe tomar a la imagen país como un **factor incontrolable** y ser tenida en cuenta para formular su estrategia de comunicación. Se debe poner *énfasis en los aspectos positivos de la imagen país* que puedan tener relación con su producto. El empresario debe lograr una **conjunción sinérgica** entre los aspectos más valiosos de la imagen país y las cualidades del producto, para agregar un mayor valor al producto y darle caracteres adicionales. En el análisis de esta imagen, la empresa debe realizarse la siguiente pregunta: *¿Cuáles son las principales cuestiones de mi entorno país que pueden relacionarse en forma favorable con el producto que quiero promocionar internacionalmente?* Luego de descubierta la principal cualidad de la imagen país conexa con la empresa, se debe diseñar una **estrategia comunicacional** que produzca la *ligazón entre ese atributo* y los que hacen *al producto comercializado*.

5. Distribución internacional

5.1. Aspectos generales de la distribución

5.1.1. Relevancia de la distribución internacional

Esta variable forma parte del mix de comercialización internacional y es conocida también con el nombre de **plaza** internacional. Algunos autores, como LEVY, definen como logística de comercialización, o función de distribución, a aquellas actividades que incluyen el *"planeamiento, implementación y control de las redes que conectan a la empresa con el consumidor final por la que fluyen físicamente los productos comercializados y la información requerida de forma tal que, haciendo máximo el nivel de servicio y mínimo el nivel de costo se optimiza el objetivo de la estrategia integrada de comercialización"*.

Los **canales de distribución** están compuestos por una serie de niveles que vinculan a la empresa con el consumidor o usuario final. Desde un **enfoque logístico total**, no sólo existen *canales externos*, sino también *canales internos* que facilitan el **tráfico de materiales** a través de la estructura empresaria. En este enfoque, también se incluyen aquellas actividades de abastecimiento de materiales, insumos y mercaderías de reventa, que fluyen desde los proveedores hacia la empresa. Es decir que **la estrategia integrada de logística considera todo el flujo de materiales hacia, a través de, y desde la empresa.**

5.1.2. Tendencias de la distribución internacional

Actualmente, en el ámbito comercial internacional, existe una tendencia a la **concentración** de las distintas fuerzas de distribución en **grandes cadenas globales**. Se produce un fenómeno de **oligopolización** de los canales de distribución, y existe una progresiva participación a nivel internacional de **megacompradores**, como son las grandes cadenas distribuidoras globales, que acaparan el mayor porcentaje de cobertura a nivel mundial. En la comercialización minorista se observa una proliferación de **grandes superficies especializadas**, **supermercados** e **hipermercados**, que se expanden *intercontinentalmente*. También existe una proliferación de alianzas y **acuerdos estratégicos** entre los distintos niveles de los canales de distribución.

5.1.3. Problemática empresarial con respecto a la distribución internacional

La problemática sobre la selección del canal más adecuado de distribución, dentro de la variedad existente en un determinado mercado, puede estar influida por:

— la concentración geográfica de los clientes;

— los hábitos de consumo y las preferencias de los segmentos a los cuales la empresa dirige sus esfuerzos;

— la distancia existente entre el mercado de origen y el de destino, y las cuestiones que puedan dificultar el acceso a dicho mercado;

— otras características del mercado penetrado (existencia de poblaciones rurales, particularidades climáticas y topográficas del mercado de destino);

— la infraestructura de distribución existente (disponibilidad de medios e instalaciones que permitan la introducción de un determinado producto en un mercado-país para alcanzar al consumidor o usuario);

— la clase de producto que se quiere distribuir (de consumo final, industrial, selectivo, exclusivo, etc.);

— el nivel de servicio que se quiere prestar en la distribución (orientación al consumidor, posventa, reparación, garantía, etc.);

— los distintos costos involucrados en la actividad de distribución y su relación con el presupuesto de la empresa;

— la relación del sistema elegido con la estrategia de comercialización de la empresa;

— el grado de compatibilidad del canal con el producto distribuido;

— las características de los distintos intermediarios (nivel de conocimiento de mercado, capacidad negociadora, desempeño, vinculación e influencia con distintos entes públicos y privados);

— el porcentaje de cobertura del mercado de los distintos sistemas de distribución;

— la existencia de normas gubernamentales que repercuten sobre la distribución en destino.

5.1.4. La distribución como elemento de diferenciación

La pequeña y mediana empresa debe lograr una **diferenciación** en los sistemas de distribución utilizados, pero es poco el nivel de control que puede ejercer sobre las estructuras de distribución existentes en un determinado mercado. Las estructuras de distribución internacional existentes en un determinado mercado no sufren modificaciones en el corto plazo, y deben ser consideradas como **variables incontrolables** para la pequeña y mediana empresa. No obstante, la empresa puede realizar una **planificación estratégica flexible** de la variable distribución internacional, ya que existen distintas **alternativas** para distribuir un producto en un determinado mercado.

El empresario debe agudizar el análisis para evaluar el sistema que ofrezca mayor **conveniencia** a los objetivos internacionales de su empresa, es decir, *determinar cuáles intermediarios* tienen mayor **presencia** activa, control y **dinamismo** en la gestión de la distribución. La empresa debe buscar la eficiencia del sistema de distribución, buscando un **enfoque de canal total**, realizando *acuerdos* que vinculen en forma coordinada a los distintos intermediarios dentro de una *visión global*.

5.1.5. La distribución como obstáculo de acceso a los mercados externos

La distribución internacional se puede constituir como una **barrera paraarancelaria** cuando la *complejidad de las estructuras de distribución* existentes en determinados mercados-países, bloquea u obstaculiza el acceso de determinados productos. La variable de distribución es **difícilmente estandarizable** en los distintos mercados externos, por la fuerte influencia de los entornos legales, económicos, tecnológicos, culturales sobre ese sistema.

5.2. Las funciones de distribución

5.2.1. Principales aspectos de las actividades de distribución

Las actividades de distribución pueden ser realizadas con **medios y personal propios** de la empresa o ser **externalizadas**, derivándolas total o parcialmente hacia **intermediarios especializados**. El mayor grado de externalización de dichas funciones va a estar dado por determinados **factores**, como la gran *distancia psicográfica* entre el mercado de origen y el de destino, y la dificultad de *accesibilidad* al país elegido. Otros factores que influyen en la delegación de funciones de distribución en terceros son el nivel de presencia y *control del canal* que tenga un determinado intermediario, *tecnología diferenciada* que utilice para la prestación de sus servicios, *servicios extra* que presta un determinado intermediario, el *conocimiento* que posea sobre un determinado país-mercado y su *agresividad en el posicionamiento* dentro de su nivel. Algunas cuestiones a considerar en la elección de una estructura de distribución internacional son: *estacionalidad* o *regularidad de los pedidos, distancia geográfica, volúmenes de los embarques* y *diseminación de los clientes* en el país de destino.

5.2.2. La zonificación y la distribución

Es importante en la distribución, el análisis del concepto de **zonificación**. Zonificar consiste en detectar la concentración de un número significativo de potenciales consumidores para el producto de una empresa, sobre la base de índices de riqueza, sociales y culturales, en determinadas **unidades geográficas**. En general, los clientes externos no se hallan distribuidos uniformemente en toda el área del mercado de destino. Cada mercado-país posee **grandes zonas de concentración** hacia las cuales la empresa debe dirigir sus esfuerzos vitales de distribución. Estas grandes áreas suelen coincidir con las **grandes ciudades** o megalópolis, que son **centros de atracción** de otras ciudades y pueblos aledaños, constituyéndose en verdaderas regiones integradas desde el punto de vista económico y comercial. Una pequeña y mediana empresa que dispone de poco presupuesto para la implementación de operaciones internacionales, en primer término tendría que direccionar sus conexiones con estas grandes zonas, para luego expandir su penetración al resto del mercado-país.

5.2.3. La división de tareas en la distribución

La distribución debe ser considerada como un *servicio estratégico* para una penetración efectiva en el mercado de destino. Las funciones de distribución se caracterizan por una gran *heterogeneidad* y *complejidad* de procesos, que comprenden una fuerte **especialización** en cada actividad desarrollada. Un canal de distribución está compuesto por distintos intermediarios que se pueden dividir en **comerciales** (mayorista, minorista, etc.) y **facilitantes** (transportistas, depositarios, aseguradoras, etc.). Un sistema de distribución efectivo precisa de la intervención coordinada de intermediarios que manejen un adecuado **know how de distribución**, y que permitan la transferencia del bien desde la fábrica hasta el consumidor final. Implica una *división del trabajo* entre los distintos intermediarios que, por su alto nivel de especialidad, alcanzan economías de escalas en el desempeño de las distintas actividades dentro del canal.

Los intermediarios comerciales pueden ser **intermediarios agentes**, que son aquellos que promueven ventas sin tomar posesión física de la mercadería, o **intemediarios comerciantes**, que compran la mercadería para su reventa.

5.2.4. Flujos que componen el canal de distribución

La dimensión y estructura del canal elegido debe ser concebido dentro de un *marco cooperativo* entre los distintos intermediarios. Estos últimos no deben ser considerados en forma aislada, sino como **socios** dentro de un **equipo** que genera distintos intercambios de flujos **físicos, transaccionales** e **informativos**.

Los **flujos de intercambio físico** dentro del canal de distribución involucran funciones como:

— manejo de **materiales** dentro de la fábrica;

— políticas de **stock**;

— **almacenamiento** y **despacho** de la mercaderías;

— políticas de **almacenes** centrales, regionales o locales;

— gestión de la cadena de **transporte** internacional (selección y coordinación de medios) y **seguro** de la mercadería entre los distintos puntos de stock.

El objetivo de intercambio físico es lograr una *actividad logística sinérgica* y sin fractura en sus distintas etapas.

Los **flujos de intercambio transaccional** comprenden funciones como:

— **negociación** entre los distintos intermediarios de los márgenes de beneficios, costo de los servicios, funciones y responsabilidades de cada uno;

— tácticas de **ventas** y promoción;

— **financiación** de las operaciones;

— otorgamiento de **descuentos**, bonificaciones, etc.;

— aplicación de las **cláusulas contractuales** que enlazan a los distintos miembros del canal: volumen de compras mínimo, mantenimiento de stock de reserva, cumplimiento de objetivos comerciales, rescisión de la vinculación entre los distintos miembros del canal, etc.

La meta procurada en el intercambio de transacciones es lograr un adecuado nivel de *compensaciones económicas, financieras y jurídicas* para los distintos participantes del sistema. Estos objetivos se deben encuadrar dentro de una **maximización de servicios** prestados hacia los distintos intermediarios, usuarios y consumidores, con **una minimización de los costos** por los servicios involucrados.

Los **flujos comunicacionales** o informativos agrupan una serie de funciones:

— realización de **pedidos** y tiempo promedio de **procesamiento** de los datos sobre los mismos;

— capacidad de **respuesta**, o tiempo de reacción, ante requerimientos de los distintos niveles;

— comunicación de las **preferencias** de los consumidores entre los distintos niveles del canal;

— información sobre fluctuaciones en la **demanda**;

— **reclamos** por calidad, especificaciones, roturas, etc.;

— difusión de **precios de referencia** a implantar en cada nivel.

El objetivo de este intercambio de comunicaciones es lograr *un sistema de información eficiente*, que permita lograr *niveles mínimos de seguridad* en el mantenimiento del servicio de distribución.

5.2.5. El tiempo, el lugar y la presentación y su relación con la distribución internacional

La función de distribución internacional permite la compatibilización de tres variables importantes que son:

— tiempo;

— lugar;

— cantidad (y otras cuestiones sobre la forma de presentación del producto).

Un canal efectivo permite que las **cantidades** ofrecidas por el fabricante sean adecuadas a los requerimientos de la demanda, a través de distintas actividades de fraccionamiento, agrupamiento y armado de surtidos, que *adaptan* el producto despachado desde la empresa en origen, para presentarlo de acuerdo con las preferencias de los consumidores o usuarios en el mercado externo.

Una gestión eficiente del sistema permite que la mercadería que es elaborada por la empresa en su país de origen sea puesta a disposición en el mercado externo donde se halla el consumidor. Esta función de salvar grandes *distancias geográficas* internacionales, que separan el **lugar** de producción del de consumo, se articula a través de distintos procesos como transporte, almacenaje, etc.

También es de gran importancia en la distribución la armonización entre los **tiempos** de producción y los de consumo. Estas metas se alcanzan a través de actividades de aprovisionamiento, solicitud frecuente de pedidos, constitución de stocks de reserva de apropiada magnitud, etc.

Se observa que la **distribución total internacional**, que es un sistema que incluye el canal de penetración de mercados internacionales, más el canal de distribución en destino, busca la *correcta ubicación del producto* para la satisfacción de las *necesidades psicológicas y fisiológicas* del consumidor, teniendo en cuenta *cuestiones de tiempo, cantidad y lugar*, enlazando dos mercados geográficamente separados. Su eficacia se basará en la **capacidad que posee de equilibrar las brechas geográficas, cronológicas y de preferencias, que existen entre las unidades consumidoras y las productoras**.

5.2.6. Distintos enfoques de distribución

La estructura del canal variará según la clase de producto; generalmente son utilizados canales **cortos** o **directos**, en los cuales existen *pocos intermediarios* comerciales o *ninguno*, respectivamente. Este tipo de canal es muy utilizado, cuando se distribuyen bienes de alto valor, perecederos, especializados con altos componentes técnicos, o que precisan de determinados servicios de posventa. Por otra parte, el canal de distribución puede tener mayor **longitud** para productos de poco valor, escaso tamaño o consumo masivo. Los productos de consumo industrial generalmente tienen canales más cortos que los de consumo final.

La **densidad** del sistema de distribución va a estar dada por la *cantidad de intermediarios* que existen en un determinado nivel del canal. La distribución puede ser *intensiva*, también llamada "**indiferenciada**" (cuando utiliza la *mayor cantidad de intermediarios* posibles por nivel). La distribución puede ser **diferenciada** a través de un enfoque *selectivo* —cuando sólo se eligen *algunos intermediarios*—, o **exclusivo** —cuando se utiliza *un único intermediario*—. En la distribución intensiva, el fabricante presta al canal un importante servicio de apoyo promocional para la venta del producto, en cambio, en el canal exclusivo estas funciones comunicacionales son mayormente asumidas por el intermediario, que concentra todos los beneficios de comercialización del producto.

La **cobertura física** de la distribución es el cociente de relación entre la *cantidad de intermediarios que utiliza la empresa en un determinado nivel*, sobre el *total de intermediarios de ese nivel que existen en el mercado penetrado*. La **cobertura de ventas** de la distribución comprende la relación de cociente entre el *monto de ventas logradas por la organización en un determinado nivel*, y el *total de ventas potenciales para el mercado en ese nivel*. Estas coberturas miden el nivel de penetración en un determinado mercado-país.

5.2.7. Sistemas de distribución no autorizados

Es cada vez más común en la distribución internacional la existencia de **mercados grises**, o *comercialización de productos por canales alternativos que no se hallan autorizados por la empresa*. Estos mercados atentan gravemente contra la competitividad y el equilibrio de la estructura formal de distribución. La existencia de intermediarios que comercializan un producto proveniente de desviaciones no autorizadas y políticas desleales de comercio pueden provocar distintas *actitudes negativas* en los miembros del canal, que pueden afectar gravemente sus interacciones (falta de colaboración, disminución de los servicios, pérdida de interés en la línea de producto, etc.).

5.2.8. Vinculación de los sistemas de distribución y los canales de penetración internacionales

Siguiendo a GARCÍA CRUZ, la distribución internacional tiene *estrecha vinculación con los canales de comercialización internacionales* que la empresa elija para un determinado mercado, según el riesgo y el nivel de compromisos asumidos, y la flexibilidad y el control sobre las operaciones externas. Puede tratarse de una distribución a través de un acceso **directo** (agentes de ventas, distribuidor, vendedor o filial de venta), un acceso **indirecto** (a través de agentes de compra, trading companies) o un acceso **concertado** (a través de estructuras como consorcios y cooperativas de exportación, coinversiones, licencias y franchising).

5.3. La distribución y la demanda final del producto

5.3.1. Orientación de las actividades hacia el consumidor o usuario

La estrategia de distribución tiene relación directa con *las características de la demanda final* del producto de una empresa. Todas las actividades de un canal integrado y coordinado de distribución tienen un destinatario final y último sobre el que recaen los esfuerzos, que es el *consumidor final*. Es necesario diseñar un *sistema de inteligencia* que permita obtener información sobre el mercado de destino. Este sistema de información debe detectar, con respecto a los consumidores:

— sus **preferencias** (diseño del producto, cantidades requeridas, y demás características y percepciones del blanco de mercado);

— fluctuaciones en el **comportamiento** de compra y patrón de consumo (si la demanda es esporádica, fija o impredecible);

— estrategias de atracción y **comunicación** más adecuadas para motivar los procesos de comercialización;

— requerimientos de **servicios** (seguridad, velocidad, surtido adecuado, posventa, etc.);

— **concentración** de los clientes en un determinado mercado.

5.3.2. Obtención de información sobre los mercados objetivo

Este flujo de información no sólo va a estar determinado por **exploraciones** realizadas por la empresa, sino por **comunicaciones** que se efectúen **transdireccionalmente** en el canal de distribución. O sea que la información sobre el consumidor o usuario no queda a cargo, solamente, de la empresa fabricante en origen, sino de todos los intermediarios autónomos que componen la estructura. Lo que se busca es optimizar el empleo total del sistema de distribución, mejorando su confiabilidad para **reducir** al mínimo los **errores de pronóstico** y los **costos por ventas no atendidas**. No obstante se debe conocer que las características de la demanda se estiman en proyecciones, utilizándose información parcial dentro de un entorno de gran incertidumbre. La distribución de la tendencia de la demanda para ciertos productos internacionales no tiene parámetros uniformes, es variable y asimétrica.

La estructura de distribución busca suavizar y morigerar las **diferencias interculturales** que existen entre los mercados de origen y destino. El empleo de intermediarios expertos con conocimiento del mercado de destino y su familiarización con las costumbres y prácticas comerciales distintivas de cada país permiten lograr una estructura sistémica, integrada, compensada y con adecuada *capacidad de respuesta* ante los requerimientos de la demanda.

5.3.3. Ajustes en el sistema de distribución según requerimientos de la demanda y del canal

Los distintos requerimientos de la demanda final y de los intermediarios del canal pueden provocar determinados **ajustes logísticos** dentro del sistema, para el mejoramiento de las ventas globales:

— Mejoras en las transmisiones de los **pedidos** y reducción de los tiempos de reacción para su cumplimiento.

— Ajustes en los costos de **aprovisionamiento** de los distintos niveles del canal.

— Constitución de **stocks óptimos de reserva** centralizados o descentralizados geográficamente, manejo de los costos de stock y utilización de bodegas propias o ajenas. La función sustancial de los inventarios es amortiguar económica y financieramente el sistema de distribución, para una atención adecuada de los pedidos requeridos.

— Elección de determinados **medios de transporte**, ponderando factores como: celeridad, seguridad, conveniencia, compatibilidad medio-producto, costo del flete y gastos de envío, costo de espera, fragilidad del producto, accesibilidad, utilización de contenedores, volumen unitario de la mercadería, envergadura de los embarques y relación valor peso del producto.

— **Aseguramiento** de la mercadería en todo el trayecto internacional teniendo en cuenta: clase de producto, medio de transporte, tipo de embalaje, riesgos a los que se halla expuesto el producto, etc.

— Mejoramiento de la relación entre: puntos de inventario, sistemas de transporte y tiempo promedio de respuesta a los pedidos del comprador.

— Eficiencia de **cobertura del mercado** ante dispersión espacial de la demanda.

— Optimización del **transporte** y la **manipulación internos** de los productos a embarcar. Uso de medios manuales, mecánicos o automáticos, grúas y tractores, cintas y bastidores, separación de áreas de reserva y áreas de trabajo, recepción, clasificación y selección de los bienes, registro de los movimientos internos y utilización de equipos procesadores de información.

— **Reprogramación** de la **producción** de acuerdo con los pedidos. Conlleva mayor frecuencia operativo-productiva y mayores inversiones financieras para el cumplimiento de los requerimientos del comprador.

— Establecimiento de **sistemas de financiamiento** (a lo largo del canal hasta el consumidor final).

— Planeamiento de la **expedición** y el **tráfico** de los productos que perfeccionen el contacto de la empresa con el mercado externo, con actividades como: revisión de los plazos de entrega, revisión de las cantidades embarcadas y las condiciones del embalaje, etc.

— **Relocalización** de estructuras de **almacenamiento** o redes de stocks, que mejoren la disponibilidad del producto.

— Contemplación de **pérdida de productos** por cuestiones como: fragilidad, roturas, deterioro, obsolescencia, modas, estacionalidad, etc.

— Generación de **alianzas** que contacten más estrechamente a cada uno de los intermediarios, para optimizar la eficiencia de la distribución integral e incrementar su poder competitivo (mayor competitividad logística).

— Utilización de **áreas francas** para etiquetados, transformación, agrupamiento, consolidación, transbordo y otras operaciones de manipulación de los bienes exportados.

— Implantación de **innovaciones tecnológicas** (internet, intranet, EDI —sistema electrónico de transmisión de datos—) y **comerciales** aplicadas a lo largo del canal.

— Revisión de la relación **costo-servicio** en cada uno de los eslabones de la cadena de distribución, y consideración de **alternativas adicionales** a implementar en cada nivel del canal.

La empresa debe procurar una constante mejora de las relaciones intracanal, minimizando los *conflictos* y *obstrucciones* que se puedan producir en sus distintas actividades buscando la configuración de una **equilibrada red de distribución**.

5.3.4. Estrategias de distribución pull y push

La empresa puede tener dos clases de estrategias de distribución para influir sobre la demanda. En la estrategia **push**, la empresa otorga ciertas motivaciones hacia los intermediarios del canal, como *descuentos por compra, financiamiento, bonificaciones*, para que éstos promuevan la compra hacia los intermediarios inmediatos siguientes, hasta llegar al consumidor final. Se denomina también *estrategia mixta de comunicación y distribución de empujar a través del canal*, y el productor busca la estimulación de la demanda final en forma indirecta, a través de las distintas actividades que son implementadas por los intermediarios motivados a tal efecto.

En la estrategia **pull**, el productor dirige su esfuerzo de motivación directamente hacia la demanda final con *premios, promociones de venta, obsequios*, para que los consumidores soliciten el producto a los distintos intermediarios y generen actitudes de aprovisionamiento en estos últimos para satisfacer la demanda. Ésta es conocida como *estrategia mixta de comunicación y distribución de tirar a través del canal*.

5.4. Relación de la distribución con otras variables del mix

5.4.1. Congruencia entre las distintas variables

La política de distribución internacional de una empresa se debe encuadrar dentro de los **objetivos** de su **estrategia de comercialización internacional**. Se debe lograr un sistema de distribución optimizado, que contemple los distintos **cambios** que se producen en las **demás variables** de la mezcla comercial internacional: producto, precio, y promoción.

5.4.2. Interrelación de los componentes del mix

La vía de distribución seleccionada va a estar en estrecha relación con el producto y sus características tangibles e intangibles, así como también con el segmento objetivo al que se dirige. Las modificaciones que se realicen en el **envase o embalaje** del producto pueden afectar sensiblemente a los costos de transporte, de almacenamiento, de manipulación de los bienes, entre otros. Cuando se cambian **cuestiones intangibles** del producto, como los atributos psicológicos que componen el bien comercializado, estas nuevas cualidades pueden posicionar el bien modificado en un nuevo segmento que requiera sistemas diferenciales de distribución. A su vez, la inclusión de mayores *servicios* (como tiempo de respuesta al pedido más corto, mayor seguridad en la entrega, mayor surtido o variedad en cada punto de venta) crea mayores costos en los distintos niveles de la cadena de distribución (por ejemplo, aumentos de stock, mayores gastos de despacho, recepción, registro), que van a incidir en el **precio final** del producto. Existe una relación bidireccional entre las variables **promoción** y distribución, como se ha visto en la implementación de estrategias push y pull, así como en los distintos aspectos comunicacionales que componen un sistema de distribución.

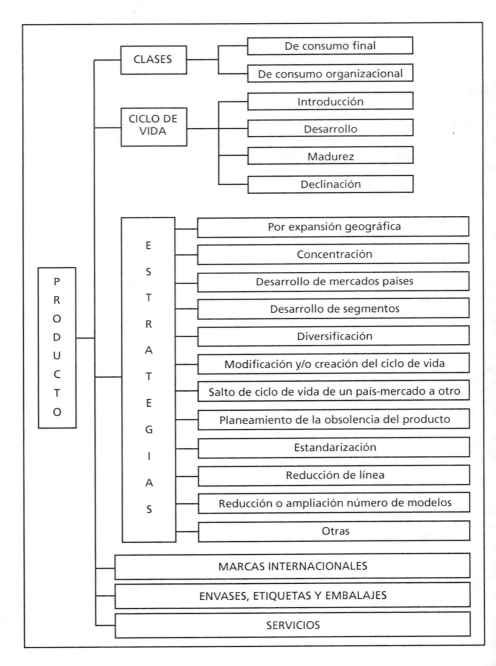

Gráfico 5.1. Variable producto internacional.

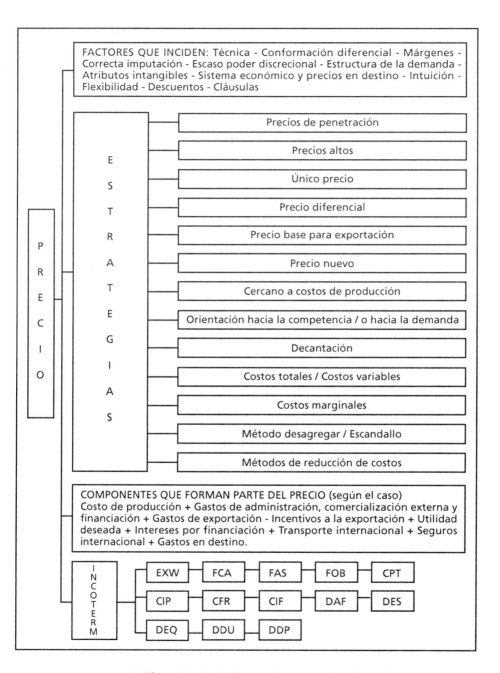

Gráfico 5.2. Variable precio internacional.

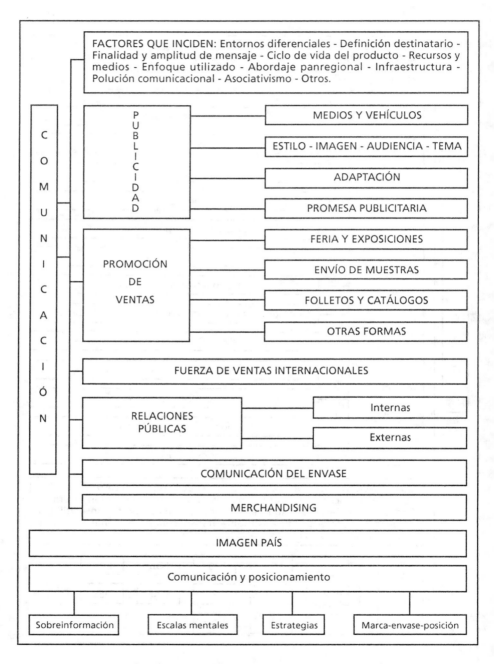

Gráfico 5.3. Variable comunicación internacional.

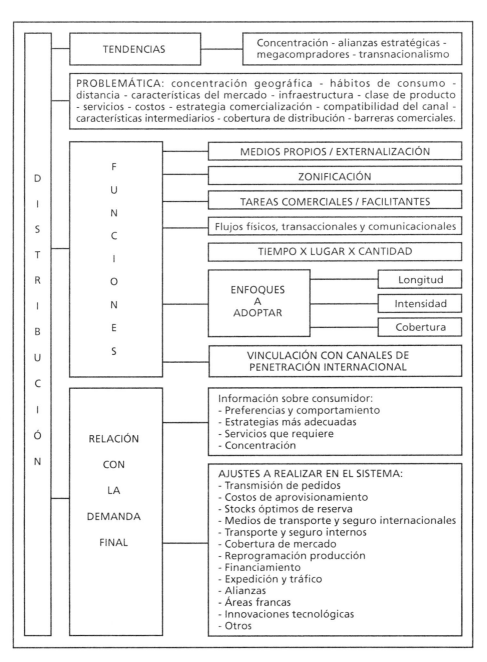

*Gráfico 5.4. **Variable distribución internacional.***

Canales básicos de comercialización internacional para una PyME

VI

1. Canales de comercialización internacional

1.1. Definición

Se pueden definir como *canales de comercialización internacional*, también llamados políticas de penetración de mercados mundiales, a aquellas *diferentes estructuras empresarias que facilitan o ejecutan total o parcialmente las tareas que implican la internacionalización de una empresa.*

Internacionalización de una empresa significa una gradual y constante asunción de *compromisos* de distinta índole (financieros, humanos, productivos, entre otros), que permite una progresiva *conexión* con los mercados externos, y que promueve la generación de *acuerdos* comerciales a mediano y largo plazo. El concepto de internacionalización se puede utilizar tanto desde el punto de vista de operaciones de exportación como de importación. Salvo cualquier aclaración específica que indique lo contrario, el significado que se le da a dicho término en esta obra *es desde el punto de vista de exportación* (y en un sentido más amplio, también incluirá a otras formas de comercialización externa del producto, como franquicias, licencias, inversión directa, contratos de manufactura, etc.).

1.2. Diferencias entre canales de comercialización y sistemas de distribución

Los canales de comercialización internacional se diferencian de las **estrategias de distribución** en que estas últimas se limitan a la conformación o utilización de canales dentro del país de destino (que pueden ser vías directas o con una gran cantidad de intermediarios como son los mayoristas, minoristas y agentes). En cambio, la **política de penetración de mer-**

cados internacionales consiste en la constitución de canales que llegan solamente hasta el ingreso concreto del producto en el mercado de destino. En la práctica se pueden considerar ambos conceptos en forma conjunta (canales de comercialización internacional + estrategias de distribución en el mercado de destino), como **canales integrales** o totales de comercialización internacional.

2. Factores a evaluar para la penetración de mercados externos

El empresario de una pequeña y mediana organización que quiera acceder a los mercados internacionales con su producto debe conocer que no existe una única forma estandarizada para hacerlo. Existen distintos **factores** que debe evaluar a los fines de ingresar con su producto en los mercados globales, que incidirán directamente en el canal de acceso elegido. Entre los más importantes se hallan:

— Clase de **producto** que comercializa en el mercado interno (producto diferenciado o indiferenciado, industrial o para consumo final, etc.).

— Grado de **conocimiento del mercado** que tiene la empresa que quiere acceder a los mercado mundiales (en algunos casos, ni siquiera es conocido cuál es el mercado más conveniente para el producto).

— Nivel de conocimiento sobre distintos **aspectos de comercio internacional**: operatoria de exportación, gestión documental del comercio exterior, manejo de medios de pago internacionales, contratación de seguros y transporte, detección de oportunidades de mercado puntuales, etc.

— Características del **ambiente competitivo** del mercado de destino. Es decir, cuán concentrada está la competencia, si existen muchos o pocos competidores, y cómo tienen distribuidos éstos sus participaciones en ese mercado.

— La existencia de fuertes **barreras arancelarias** (impuestos a las importaciones) o **paraarancelarias** (cupos o cuotas de importación, normas burocráticas, aduaneras, de envasado, documentales y de calidad), que obstaculizan el acceso al mercado vía exportación.

— El **tamaño del mercado** y sus características. Se debe analizar si se trata de un mercado relativamente pequeño o grande, si existen diferencias culturales, políticas y económicas que lo hagan diferente del mercado de origen.

— El **grado de riesgo** (que tiene estrecha relación con los niveles de rentabilidad a obtener por cada operación) que la empresa desea asumir en su internacionalización. Existen canales como la inversión directa o fabricación del producto en el mercado de destino, que implican un mayor riesgo para el operador que se inserta en los mercados internacionales. Sin embargo, otros canales como las compañías comercializadoras o tradings que compran el producto al fabricante para luego exportarlo por su cuenta, insumen un menor riesgo para el empresario.

— Cantidad de **recursos** (financieros, humanos, productivos, etc.) que la empresa destina a la actividad internacional.

— Grado de **control** que la organización desea tener sobre el proceso de comercialización internacional.

— **Etapa de internacionalización** en la cual se halle la empresa.

3. Externalización total o parcial del proceso de acceso internacional

3.1. Formas de acceder a los mercados externos

En general, la empresa se puede internacionalizar de diversas formas:

— Vía **exportación**.

— Mediante la **producción** total o parcial **en destino**.

— A través de **otras formas**, llamadas mixtas o no tradicionales (licencias, franquicias, contrato de manufactura, etc.).

El empresario que penetra con su producto en mercados mundiales siempre externaliza (*outsourcing*) la ejecución de algunas de las siguientes actividades: investigativas, financieras, operativas, documentales, de distribución, de promoción o de venta. Es importante destacar que, desde el punto de vista operativo y comercial, existen diferencias en **la amplitud de los servicios** prestados por los intermediarios a los que la empresa les deriva actividades, ya sea que se hallen localizados en el mercado de origen o en el de destino.

Desde el punto de vista comercial, cuando se efectúa una **exportación**, el proceso productivo de la empresa se concentra en el mercado-país de origen, y la comercialización de los bienes elaborados se desarrolla en el mercado externo. La exportación incluye una serie de *trámites* operativos, documentales, declaraciones y gestiones ante las aduanas de origen y destino, operaciones de carga y descarga, aseguramiento y almacenamiento, entre los más relevantes. Esa exportación se puede realizar en forma directa o indirecta.

Desde un enfoque operativo-comercial, la *exportación directa* es aquella en la cual no existe participación de *ningún intermediario localizado físicamente en el mercado de origen*, que facilite o realice actividades que contribuyan a la comercialización de los productos de la empresa en destino. En la exportación directa puede haber intermediarios que contribuyan con la empresa exportadora, pero los mismos van a estar asentados en el mercado de destino, es decir, en el mercado del país importador.

Por otro lado, en *la exportación indirecta* existe, como un requisito indispensable, la actuación de algún *intermediario* que ayuda a la empresa con la tarea de internacionalización de sus productos *situado en el mercado de origen*. En algunos casos, la intervención del mismo consiste en comprarle el producto a la empresa fabricante para exportar por su cuenta y orden; en otras situaciones, realiza vinculaciones de promoción de ventas entre el comprador del exterior y el fabricante nacional.

3.2. Ventajas y desventajas de la exportación directa e indirecta

Si se realiza una comparación entre exportación directa e indirecta, se observa que lo que resulta una ventaja para la primera constituye una desventaja para la segunda, y viceversa.

En la **exportación directa**, la empresa obtiene una *mayor rentabilidad*, debido a que no existe retribución a abonar a ningún intermediario localizado en el mercado de origen que facilite la comercialización. A través de este enfoque, se obtiene un mayor control del canal de comercialización, ya que es la empresa, con el despliegue de sus propios recursos, la que accede a los mercados externos. Este aspecto le brinda una mayor *capacidad de aprendizaje* y retroalimentación sobre el funcionamiento operativo y comercial de los mercados externos. Pero a su vez, la exportación directa contiene un *mayor riesgo* para la organización, sobre todo cuando no se posee la suficiente experiencia en lo relativo a la operatoria y comercialización en los mercados mundiales.

La **exportación indirecta** le permite acceder a la comercialización internacional, delegando total o parcialmente hacia un tercero algunas de las siguientes tareas: detección de oportunidades comerciales, oferta y negociación internacional, trámites operativos y documentales, manejo de instrumentos financieros. Este intermediario tiene el *know how* sobre dichos aspectos y la calificada experiencia en los mercados globales, cualidades que en general no poseen las empresas que solicitan sus servicios. En la exportación indirecta, la empresa *terciariza* total o parcialmente dicho proceso, dejando en manos de la intermediación las actividades mencionadas, y reduciendo como consecuencia el *riesgo* y la *incertidumbre* que le implica la internacionalización.

Cuando se utiliza con frecuencia estructuras de exportación indirectas, la organización puede obtener nulo o *escaso aprendizaje sobre la operatoria* de los mercados internacionales, ya que dicha información queda concentrada en poder de las estructuras empresarias que asisten a la empresa. Existen algunas excepciones a lo expuesto, como es el caso de los consorcios de exportación en los cuales, a pesar de existir un canal de exportación indirecta, los miembros del consorcio participan en las decisiones de la estrategia de exportación de dicha asociación. En general, la exportación indirecta suele ser utilizada con frecuencia por empresarios que se hallan en una etapa de *exportación ocasional o experimental*, y que no estén consolidados en el mercado externo.

4. Distintos canales básicos de comercialización internacional a ser utilizados por el pequeño y mediano empresario

4.1. Departamento de exportación

4.1.1. Conveniencia de su estructuración

Según la estructura de la empresa, puede ser necesario destinar personal a cargo de las tareas administrativas, financieras, comerciales y operativas relacionadas con el acceso a los mercados internacionales. La creación de un **departamento en la estructura interna** de la organización, que trabaje y supervise el desarrollo de operaciones internacionales, resalta la *diferencia* existente entre las ventas domésticas y las *actividades de exportación*, y destaca la necesidad del diseño de una división o *área adminis-*

trativa especializada. El tamaño y la estructura de este departamento van a estar dados por los siguientes ítem:

— Cantidad y **diversidad de operaciones** internacionales que realiza la empresa. Puede ser un departamento que sólo realice funciones básicas administrativas, como la confección de documentos de exportación; actividades más amplias, como investigaciones formales o informales de mercado; y acciones promocionales, como asistencia a ferias y demás eventos comerciales internacionales. Debe quedar claro que las operaciones que no realice este departamento serán derivadas a alguna estructura especializada externa que las lleve a cabo.

— **Cantidad de mercados** externos actuales y potenciales en los cuales se opera.

— **Monto de exportaciones** de dichos mercados y su relación porcentual con respecto a las ventas totales de la empresa.

— Diferencias de culturas, políticas comerciales, políticas económicas y legislaciones existentes entre el mercado nacional y los mercados externos penetrados. Cuando existe una diferencia muy grande, en relación con los aspectos citados, entre los mercados de origen y destino, se conoce como **distancia psicográfica**.

4.1.2. Algunos aspectos relevantes del departamento de exportación

Una vez considerada la conveniencia de tener un departamento de exportación, la empresa tiene que evaluar los distintos **recursos** propios (financieros, administrativos, humanos, tecnológicos, etc.), que va a destinar para las distintas funciones de esa área. Este departamento podrá estar situado en relación directa con la división o **área de comercialización**. También es posible que en una primera etapa la empresa tenga una subdivisión del área comercial para el mercado interno y otra destinada a los negocios internacionales.

No obstante, este departamento también va a tener vinculaciones con las demás áreas de la empresa. Por ejemplo, juntamente con la sección **legal** va a analizar los aspectos jurídicos, *condiciones y cláusulas* contractuales (duración, exclusividad, precios, descuentos, etc.), de las operaciones internacionales. En cambio, con el departamento de **finanzas** se va a analizar la posibilidad de *cobro* diferido de una exportación, el establecimiento de plazos máximos de financiación, la tasa de interés a pactar, los instrumentos financieros utilizar (letra de cambio, carta de crédito, etc.), así como el otorgamiento de bonificaciones, entre otros. Del departamento **contable** se va a proveer de información sobre los costos y ventas, así como *información* detallada sobre los estados patrimoniales, los resultados de la empresa, las tendencias y proyecciones de distintos rubros, que puedan servir de base para la toma de decisiones operativas internacionales. Con los responsables del área de **producción** se combinarán las *adaptaciones* que requiera el producto en su packaging, etiquetas, componentes, embalaje, diseño, y calidad para adecuarlo a cuestiones legales y de preferencias de los consumidores del mercado de destino.

Con respecto a los **requerimientos tecnológicos** mínimos que debe reunir el departamento de comercio exterior, se hallan: computadoras personales, teléfonos y fax, y conexiones a internet con rápida velocidad de acceso. En algunos casos, puede existir una red interna que vincule a las distintas áreas de la empresa (intranet), comunicaciones por radio control y un sistema de transmisión electrónica de datos (EDI).

La existencia de este departamento dentro de la organización no es incompatible con el desarrollo de **canales alternativos** (tradings, brokers, consorcios de exportación, etc.) para ciertos mercados de difícil acceso o con características muy puntuales. Además, una de las funciones de esta estructura administrativa es desarrollar actividades de vinculación y supervisión de los distintos **intermediarios** situados en el mercado de **destino** (agentes, distribuidores, concesionarios, etc.).

4.1.3. Estructura del departamento de comercio exterior

La conformación organizativa del departamento debe ser adecuada a la magnitud e **importancia de las operaciones** mundiales que realiza la empresa. Al comienzo, puede consistir en una **estructura reducida** a cargo de un *director del departamento* —que es el que llevará a cabo toda la estrategia de comercialización internacional—, un *auxiliar* —que realizará las actividades de apoyo como la contratación del flete, las gestiones ante las instituciones financieras y el aseguramiento de la mercadería— y una *secretaría administrativa* —que manejará la confección de documentos, atención de llamadas y envío de mensajes—. Si la empresa cuenta con pocos recursos, esta área puede ser aun más reducida, concentrándose todas las funciones aludidas en una sola persona, que será el *encargado de las operaciones de comercio exterior*. A medida que la empresa se vaya consolidando en los mercados externos se podrán abrir **subáreas**, con personal responsable a cargo de las mismas (en la temática de fletes y seguros, en cuestiones financieras, y en otras actividades). En este caso, es posible expandir la estructura organizativa del departamento, fijando subdivisiones, en función de la atención de **los mercados externos más relevantes** o **por tipo de producto** comercializado internacionalmente.

Más allá de la estructura diseñada, todos los miembros del departamento deben estar imbuidos de una profunda **conciencia y motivación exportadora**, y deben tener el nivel de **calificación** mínima adecuada para las funciones que ejercen (conocimiento de idiomas, formación en comercialización, etc.). Sería importante no desarrollar estructuras que generen la concentración de actividades en una única persona, sino buscar un **trabajo de equipo**, con una descentralización de funciones, y *complementación* de habilidades de los distintos responsables, para generar un mayor **valor** a los productos ofrecidos.

4.1.4. Actividades que desarrolla el departamento de exportación

Las actividades del departamento de exportaciones pueden variar según la estructura adoptada, no obstante, se pueden nombrar entre las más importantes:

— Realización de **contactos** con los potenciales compradores del exterior y negociación de las condiciones de una operación en curso.

— **Aseguramiento** de la mercadería y contratación del **transporte** internacional.

— Contacto con los distintos **operadores en el exterior**, como vendedores, agentes, distribuidores, para la fijación de condiciones comunes en cuanto a precios, exclusividad, envío de catálogos o muestras y estipulación de niveles de actividad mínimos.

— Conformación de **contratos** de compraventa internacional, de agencia internacional, de distribución internacional, entre otros.

— Comunicación de **cotizaciones** y de contraofertas internacionales.

— Confección y obtención de **ciertos documentos** de comercio exterior, de índole financiera y comercial.

— Gestión de **habilitaciones y revisiones obligatorias** de los embarques, ante los distintos organismos de control.

— Implementación de distintas actividades de **promoción** internacional: asistencia a ferias y misiones comerciales, envío de muestras y catálogos, etc.

— Coordinación integral del **envío** (adecuación del embalaje, seguimiento logístico de la exportación, confirmación del embarque, etc.).

— Presentaciones ante las **instituciones bancarias** a efectos del cobro de operaciones realizadas.

4.2. Vendedores

4.2.1. Función y retribución del vendedor

El vendedor internacional es un **empleado** de la empresa que está destinado a la promoción de negocios en los mercados externos. Se desplaza hacia aquellos mercados, percibiendo por su tarea una retribución, que puede consistir en una suma fija y/o comisión.

En la práctica, el vendedor siempre tiene un cierto monto mínimo de **remuneración** fija, que se incrementa por la comisión obtenida y calculada sobre las operaciones cerradas a través de su participación. Cuando se utiliza este canal, la empresa debe considerar como erogación sustancial el monto de **viáticos** del personal de ventas que incluye: viajes, alojamiento y desplazamiento y demás gastos en el mercado de destino. Tanto la remuneración fija como los viáticos determinan un nivel mínimo **de gastos fijos de mantenimiento** de esta estructura comercial, que la empresa deberá desembolsar más allá de que se concreten o no negocios en el exterior.

4.2.2. Ventajas y otras cuestiones en la utilización de vendedores

Es una estructura útil para las empresas que tienen centralizado en **pocos compradores** el total de sus operaciones en ese mercado. Es un canal eficiente cuando el comprador del exterior necesita **asesoramiento personalizado**, ya sea para realizar la compra o para obtener alguna clase de información técnica de los productos, en cuyo caso el personal de la empresa es la vía más adecuada para el suministro de dicha información. Por otra parte, el vendedor se presenta como una importante **fuente de datos** sobre lo que acontece en los **mercados externos**.

El encargado de las ventas internacionales siempre desarrollará sus actividades en total congruencia con los **objetivos** de la empresa, por lo que debe poseer **conocimientos** de **comercialización**, tener una personalidad tenaz y sociable, y una gran capacidad de comunicación para asesorar en forma precisa sobre los atributos del producto y las condiciones de cada operación. Para ello, deberá poseer además, un importante conocimiento del **producto** que comercializa y un gran *tacto* para el abordaje de los potenciales compradores.

La vinculación que existe entre el vendedor y la empresa exportadora es una relación de *subordinación y dependencia*, estando ambas partes ligadas por un **contrato de trabajo** de acuerdo con las leyes laborales respectivas. Es la función primordial del vendedor la *promoción comercial* de los productos de la empresa, a los fines de cerrar acuerdos comerciales. El vendedor también podrá, en el caso que tenga un poder dado por la organización que lo habilite, *cerrar los negocios por cuenta y orden de la empresa exportadora*. En caso que la empresa considere necesario extender las funciones del vendedor, se deberá evaluar la conveniencia económico-financiera de dicha ampliación de actividades, y su coherencia con los objetivos comerciales de la compañía.

La utilización de este canal se encuadra en una **exportación directa**, ya que el vendedor se halla situado en el mercado de destino, y es la empresa la que realiza por sus propios medios todas las actividades operativas, documentales y financieras de exportación, en el mercado de origen.

Con respecto a las **instrucciones** que la empresa comunica al vendedor, las más significativas son: identificación de cuáles productos de la línea promoverá el vendedor, volúmenes mínimos de venta a cumplir en un período, existencia de exclusividad geográfica, porcentaje de comisión por operación, etc.

4.3. Agentes

4.3.1. Importancia de los agentes internacionales

Los agentes internacionales son, a diferencia de los vendedores, **independientes** con respecto a la empresa en origen y su fin *es promover negocios por cuenta y orden de la empresa exportadora*. Cuando la empresa se vale de los servicios de agentes para acceder a los mercados externos, se encuadra dentro de la **exportación directa**. En algunos casos pueden ser agentes representantes, los cuales están habilitados jurídicamente por la empresa para cerrar acuerdos comerciales. Su retribución es generalmente una **comisión** que se calcula por los negocios concertados.

Estos canales **no toman posesión física** de la mercadería, es decir, no compran la mercadería ni la revenden, ni tampoco adquieren la propiedad de la mercadería a los fines de su comercialización. Estos intermediarios pueden tener una **zona** asignada en el país-mercado en el que desenvuelven sus actividades (lo que se denomina "exclusividad geográfica"). Esta zona exclusiva puede consistir en una parte de una ciudad, una ciudad, un estado o provincia, región o la totalidad del país mercado; dependiendo la extensión de la misma, del tipo de producto comercializado, de la cantidad de agentes asignados en ese mercado, de la cantidad de compradores, etc.

Los agentes también pueden tener **exclusividad comercial** o económica, lo que significa que no pueden promover ventas de ningún producto competitivo. También puede existir una **exclusividad total** desde el punto de vista comercial, que implica que el agente no puede vender otros productos que no sean de la empresa (ya sean competitivos o no).

La estipulación de **condiciones** de exclusividad, las otras cláusulas contractuales que vinculan al agente con la empresa exportadora, los plazos, la rendición de cuentas, y los demás derechos y obligaciones comerciales, serán fijados en forma consensuada en el *contrato de agencia internacional*. Otras cuestiones que se pueden convenir en el contrato son: cuotas de ventas mínimas a cumplir por el agente durante un período de tiempo y el tratamiento de las ventas efectuadas directamente por la empresa en el territorio asignado al agente en forma exclusiva.

4.3.2. Características óptimas del agente

La pequeña y mediana empresa tiene diferentes fuentes para obtener información sobre potenciales agentes que pueden promocionar su producto: consulta a agregados comerciales sobre listados de agentes para un bien determinado, participación en eventos comerciales como ferias y exposiciones, entre otras. Los factores que el empresario debería evaluar del potencial agente antes de cerrar el contrato de agencia internacional son: **trayectoria comercial** en el **mercado** que queremos penetrar, **experiencia en productos afines** o similares al nuestro, **conocimientos de comercialización** internacional, **contactos** comerciales e influencia en organismos gubernamentales que posee en el mercado de destino, referencias comerciales sobre su actuación, etc. Otros factores a considerar en la selección del agente más apropiado son: el **tiempo de residencia** de dicho operador en el mercado que la empresa ha elegido y el conocimiento del **idioma**, las normas legales, las **prácticas** comerciales y económicas del mercado de destino, que lo hagan eficiente para las actividades de comercialización.

Una ventaja de este canal, en comparación con los vendedores, es que el agente está **localizado permanentemente** en el mercado de destino, lo que evita gastos de viáticos o de desplazamiento. Además, como generalmente la única retribución del agente es la comisión por las ventas concertadas, en el caso de que éste no realice venta alguna, no existirán gastos de comercialización para la empresa que utiliza este canal. Al estar permanentemente situado en el mercado externo, el agente posee un mayor poder de conocimiento sobre la **dinámica** de su funcionamiento y los cambios que se operan en el mismo

4.4. Contrato de manufactura

4.4.1. Relevancia de este canal

El contrato de manufactura, también llamado "terciarización del proceso productivo", consiste en aquel en el cual una empresa **subcontrata** a otra para la producción de determinada mercadería. La empresa que realiza el pedido o encargo estipula a la segunda compañía, entre otras condiciones:

— **Estándares** de calidad de producto a elaborar.

— **Medidas**, peso, componentes a utilizar.

— Diseño y estilo del **packaging**.

— **Cantidad** de unidades a elaborar.

La empresa que fabrica el producto por encargo lo hace de acuerdo con las indicaciones que le da la empresa que la subcontrata. En algunos casos, este contrato puede prever la elaboración **total** del producto o su fabricación **parcial** (componentes, piezas y accesorios).

4.4.2. Diferentes alternativas de manufactura

En el caso de la elaboración total del producto, la empresa que efectúa el encargo, luego le compra a la empresa manufacturera el lote producido, y le agrega **su propia marca** para comercializarlo en el mercado de destino. En los casos que la empresa subcontratada elabore la totalidad del producto, incluido el envase, esta organización también puede realizar la impresión de la marca, leyendas y símbolos de la empresa que la contrata, en el packaging. Existe otra posibilidad, en la que una empresa puede derivar a otra la elaboración del producto *a granel*, para que luego sea envasado por la primera empresa con su marca, y así introducirlo en el mercado.

Dos alternativas interesantes a considerar son: la primera es que la empresa manufacturera esté localizada **en el mercado de origen**, es decir, en el mismo país donde está situada la empresa que le realiza el pedido. La segunda opción consiste en que la empresa industrial se halle **radicada en el mercado externo** que se quiere penetrar. En el primer caso, la empresa tiene que comprar el producto y luego exportarlo hacia el mercado elegido. En la segunda situación, el bien elaborado ya se encuentra localizado en el mercado externo, por lo que no hay exportación y la empresa en origen puede, con este canal, **eludir las barreras de acceso** existentes en el país de destino (trabas arancelarias y paraarancelarias). Además, esta segunda forma puede ser utilizada para **testear** un mercado externo sobre el cual no se posee suficiente información comercial, o no se tiene un elevado grado de seguridad sobre la aceptación del producto en el mismo. La empresa que realiza el encargo de producción puede hacer esa prueba con la utilización del contrato de manufactura, sin realizar grandes inversiones ni comprometer excesivos recursos (productivos, financieros, humanos).

4.4.3. Su conveniencia

Además, a través del contrato de manufactura, el empresario puede **dosificar los encargos** de producción, comenzando con pedidos de manufactura pequeños, para luego ir aumentando los pedidos, a medida que se va logrando la aceptación del producto en el mercado-país. Es muy útil este canal sobre todo en mercados-países muy pequeños que, en una primera etapa, **no** son **muy rentables** para realizar una exportación desde origen o una producción en destino. También puede ser conveniente su aplicación en aquellos países que tienen una gran **distancia psicográfica** con el mercado de origen, o que se desconoce el funcionamiento y la evolución del mercado consumidor en aspectos como: hábito, de consumo, costumbres y prácticas comerciales, formas de utilización del producto, y otras cuestiones culturales, etc.

4.5. Consultor en comercio exterior

La consultoría en actividades externas consiste en un **asesoramiento personalizado** que presta un profesional **externo** a la empresa, que se halla **calificado** en distintas temáticas del comercio internacional. Esta persona ofrece *amplios servicios* vinculados a la operatoria en los mercados externos que van desde investigación de mercados internacional hasta la confección precisa de la documentación de exportación. Entre otras de sus funciones se hallan: la realización de **ofrecimientos** al exterior, negociación de plazos y demás condiciones de cada operación internacional y seguimiento de cada negocio concretado. También se puede ocupar de: envío de muestras, realización de **gestiones** ante organismos gubernamentales vinculados a las actividades internacionales, y contratación de los diferentes **servicios conexos** con la exportación (despachante, transportista, aseguradora, etc.).

Entre otros de sus servicios se encuentran la asesoría sobre **barreras** existentes en el mercado de destino, el suministro de información sobre constitución de garantías a favor del organismo aduanero y aconsejar sobre aspectos de registración de marcas internacionales. También puede realizar **contactos** con potenciales distribuidores y agentes del exterior, concurrir a **eventos** de promoción internacional en compañía del empresario y guiarlo en las distintas tramitaciones bancarias para el cobro de las exportaciones realizadas.

Este profesional puede llevar a cabo sus tareas, en forma interdisciplinaria con otros profesionales de áreas vinculadas (jurídica, financiera, logística), y su retribución puede consistir en **anticipos** y/o **pagos periódicos**. No obstante, es posible que se acuerde como remuneración de sus servicios un **monto fijo y/o porcentual** calculado por cada operación concretada.

4.6. Broker

El broker es un canal de comercialización que tiene una **gran flexibilidad** en la actuación en los mercados internacionales. Su función es *contactar a la oferta de un producto con la demanda internacional del mismo*. A diferencia del agente, el broker no está ligado ni a la parte compradora ni a la parte vendedora, por lo que, generalmente, no representa a ninguna de las dos partes. Tampoco tiene exclusividad, ya que en un determinado momento puede concretar una operación para una empresa, y en otro momento concertar un negocio para otra; o sea que va buscando cerrar un acuerdo comecial, más allá de las empresas que intervengan en el mismo; es un **oportunista** en el buen sentido de dicho concepto.

La retribución a percibir es una **comisión** sobre el negocio concertado que puede ser cobrada, según como haya sido estipulado, al vendedor, al comprador o a ambas partes. **No toma posesión física** de la mercadería, es decir, *no compra el producto para luego revenderlo*, y puede limitar su ámbito de actuación a un sector determinado (maquinarias, productos alimenticios, commodities, etc.).

4.7. Distribuidores

4.7.1. Aspectos generales

Los distribuidores son estructuras empresarias localizadas geográficamente en el país de destino, que adquieren —es decir, **importan**— las mercaderías para su posterior reventa. Por lo tanto, la retribución del distribuidor va a estar dada por *la diferencia entre el costo de las mercaderías y el precio de venta.* Al igual que el agente, el distribuidor es **independiente** del exportador. Los distribuidores también pueden tener exclusividad económica o geográfica.

Su única vinculación se establece a través de un **contrato** de distribución internacional, en el cual se definen los derechos y obligaciones del **distribuidor**, también llamado "distribuidor importador", y del **distribuido**, que es el exportador y generalmente el fabricante de la mercadería, que está situado en el mercado de origen.

4.7.2. Mayor complejidad de esta estructura

El distribuidor compra la mercadería, es decir que se produce una transferencia de la **propiedad** de la misma del distribuido al distribuidor. Por ello, este canal precisa de una estructura comercial más compleja que el agente internacional, ya que éste, a diferencia del primero, no toma posesión de la mercadería. La estructura organizativa del distribuidor debe contemplar todos aquellos aspectos que le permita desarrollar apropiadamente las actividades vinculadas a la compraventa internacional de los productos: *almacenes, puntos de venta* para exposición de las mercaderías, medios de *transporte,* manipulación de las mercaderías, *personal* encargado de las funciones de venta, almacenamiento, tareas administrativas y contables, entre otros.

En general, el distribuidor suele ser **mayorista,** por lo que no comercializa el producto importado al consumidor final o usuario, sino que lo revende a otros intermediarios que forman parte del canal de distribución interno. Algunos puntos a incluir en el contrato de distribución internacional son: *niveles mínimos de stock* que el distribuidor debe tener disponibles en su plataforma, políticas de *precios de reventa* a fijar hacia los posteriores niveles del canal, políticas de *descuentos* entre otros. Todas estas pautas pueden estar negociadas entre ambas partes, pero en ciertos casos, el distribuidor solamente adhiere a los lineamientos determinados por el distribuido, poseyendo escasa capacidad negociadora.

Los distribuidores configuran canales de comercialización muy eficientes para la penetración de productos masivos como alimenticios, de limpieza, y aquellos que son de bajo valor unitario o que requieren poca o nula asistencia técnica en el período de posventa.

4.8. Concesionarios

4.8.1. Significado de la concesión internacional

Los concesionarios tienen el **monopolio de reventa** del producto en el mercado de destino, bajo ciertas condiciones que son estipuladas con el concedente, es decir, la empresa radicada en origen, en un contrato denominado de concesión internacional, que vincula a ambas partes. Debe quedar claro que el **concedente** es aquel que está localizado en el mercado-país exportador y el **concesionario** es aquel empresario que importa el producto y lo revende en el mercado de destino.

El contrato de concesión se diferencia del de distribución en que el concesionario siempre tiene **exclusividad** económica y geográfica, y además tiene que prestar al consumidor o usuario de los productos que comercializa una serie de **servicios de posventa**: reparación, instalación, reemplazo de piezas y partes, cobertura de la garantía, etc. Por este último motivo, aparte de la infraestructura (instalaciones, depósitos, locales de venta, transporte) que debe poseer el concesionario, contará con *personal* calificado para la prestación de los citados servicios que constituyen el "producto ampliado". Este canal comercial debe contemplar el mantenimiento de stocks no solamente de mercaderías, sino también de piezas y partes a los fines de dichos servicios.

El consumidor o usuario que adquiere un producto a un concesionario se ve amparado por esta estructura comercial, por una extensión de tiempo más amplia luego de la compra propiamente dicha, en comparación con otros canales. Como consecuencia, se produce una mayor **contención** y satisfacción de las necesidades del adquirente, que permite que el comprador en caso de cualquier inconveniente pueda recurrir indistintamente a cualquiera de los otros concesionarios que forman una **red** en el mercado de destino, para obtener la asistencia de posventa; por lo que es posible que esos servicios sean prestados por un concesionario distinto del que vendió originariamente ese producto.

4.8.2. Características distintivas de este canal

Existen para los distintos concesionarios de la red diversas pautas comerciales de compensación entre ellos, así como niveles mínimos de atención que son homogéneos, es decir que están estandarizadas a través de contratos de concesión uniformes. Por lo que se observa que el concesionario, en la práctica, **adhiere** a los lineamientos de la empresa concedente, en todas las cuestiones relativas a la comercialización como políticas de precios, descuentos, stocks, las cuales son idénticas o similares para todos los concesionarios de un mismo mercado.

Por lo expuesto, el concesionario no tiene capacidad negociadora en la fijación de las condiciones a estipular en el contrato de concesión, ya que ambas partes se hallan ligadas por condiciones, que son establecidas por el concedente y aceptadas por el concesionario. Esta forma de comercialización puede ser muy útil para productos de marca o de alto nivel tecnológico como instrumental, maquinarias agrícolas, automóviles y máquinas para construcción, en los cuales cobra real importancia el servicio posterior a la venta.

En comparación con el distribuidor, generalmente el concesionario constituye un *canal corto de comercialización* ya que las ventas se realizan directamente al usuario o consumidor final, y no a otro intermediario.

4.9. Trading companies

4.9.1. Cualidades de este canal

También llamadas "compañías comercializadoras", estos canales de comercialización internacional componen el grupo de políticas de penetración internacional vinculadas con la **exportación indirecta**. Estas estructuras disponen de vastos recursos, como sus desarrollados y completos *sistemas de información de mercados internacionales*, a los fines de la realización de operaciones de comercio exterior. Además tienen una *red de contactos* a nivel internacional compuesta por:

— **Agentes** especializados en diferentes países para distintos productos.

— Diversos **distribuidores** que tienen estrecha vinculación con la trading.

— **Filiales de venta** propias en distintos mercados-países.

— Contactos con **otras trading companies** a través de la celebración de alianzas estratégicas.

En general, la trading company tiene grandes **bases de datos** actualizadas que poseen una importante cantidad de *oportunidades* comerciales detectadas, así como estudios y *perfiles de mercado* realizados en distintos países. La información que dispone este canal es muy amplia, y esta red de contactos que forma parte de su estructura se halla muy extendida a nivel mundial, por lo que le permite ubicar *cualquier producto* en los mercados globales con celeridad y simplicidad.

4.9.2. Estructura y organización de la compañía comercializadora

La trading company tiene una **importante estructura interna**, que se divide en *departamentos funcionales* que están a cargo de distintos especialistas en cada una de las áreas. Algunas de las principales áreas son:

— *Área administrativa:* comprende todo lo que sea confección *documental* comercial, financiera e interna de la trading, así como cuestiones de *registración* contable, impositiva y laboral. Su principal función es la elaboración de los documentos comerciales y financieros a cargo del exportador que son solicitados por los compradores del exterior.

— *Área de gestión de trámites aduaneros:* maneja todas las *presentaciones* de documentación ante las distintas *aduanas* en origen, clasificación y valoración de la mercadería y otros trámites conexos con la operatoria de importación o exportación. También coordina las estrategias de introducción y egreso de mercaderías de las *áreas francas* y realiza las tramitaciones de *importación y exportación temporaria*.

— *Área de gestión de transporte y seguros:* trata todo lo referido a los procesos de *carga, descarga, acomodamiento* y *consolidación* de la mercadería. Coordina el *manejo contenerizado* y *paletizado* de la mercadería. Solicita *cotizaciones de fletes y tarifas, realiza reserva de bodegas en buques*, negocia las condiciones de los *contratos* de transporte internacional. Realiza el aseguramiento de la mercadería cuando corresponda y evalúa distintas *coberturas* alternativas según el producto, medio de transporte y mercado de destino.

— *Área de cierre de acuerdos comerciales:* es el área encargada de realizar la *negociación internacional* con el cliente del país de destino. Está compuesta por especialistas con profundos conocimientos de *derecho internacional* para negociar cláusulas y condiciones de los contratos de compraventa internacional, así como también por personal con sólidos conocimientos de *marketing global*. Es el sector que realiza la cotización inicial de la mercadería ofrecida y las distintas contraofertas en el desarrollo de la negociación internacional.

— *Área de generación de oferta exportable:* es la división interna encargada de *contactar a los productores* que proveen los productos requeridos en el exterior. En algunos casos para un mismo pedido de un mercado externo, esta área debe *agrupar* la producción exportable de dos o más productores para satisfacer la demanda internacional. En otras situaciones el producto exportable lo obtiene *vía importación*; para ello realiza una operación de *triangulación* de mercados, que implica importar para luego exportar a otro mercado en el mismo estado o con mayor valor nacional.

— *Área de estudios de mercado y promoción internacional*: es una área que desempeña tareas de *exploración internacional*, a través de la confección de estudios formales e informales de mercado, para ello efectúa una minuciosa recopilación y análisis de información primaria y secundaria sobre los mercados externos. El objetivo de dichas actividades es elaborar *perfiles* de los mercados más atractivos a nivel internacional. Otras de sus funciones son participar en *eventos*, como *ferias y exposiciones internacionales*, para cerrar acuerdos comerciales y lograr contactos y alianzas con otros canales comerciales. La prioridad de esta área es nutrir a la trading de **información actualizada** para la realización de operaciones comerciales. Sobre la base de la información sobre oportunidades de negocios puntuales detectada por parte de los responsables de esta división, el área de generación de oferta exportable procurará los potenciales proveedores de los productos solicitados del exterior. También es posible que, en ciertas situaciones, la trading busque información a pedido de un productor que la contrata para exportar sus productos a través de esta estructura.

— *Área de gestión de cobros y pagos internacionales*: se ocupa de todas las *operaciones financieras internacionales*, tanto de importación como de exportación. Para las operaciones de *exportación*, sus actividades son: cumplimiento de términos y requisitos documentales de la carta de crédito, confección de la minuta de instrucciones de cobranza y entrega de los documentos a la institución financiera (estas funciones son realizadas en coordinación con el área administrativa) y negociación de documentos financieros (v.g., letras de cambio o cheques en divisas). Desde el punto de vista de *importación*, realiza apertura de la carta de crédito, o envía los giros y transferencias al exterior. Con respecto al pago de los servicios anexos relativos a la operatoria internacional, como seguro, flete, despachos, consolidaciones y carga, dichas actividades quedan a cargo del área de gestión de transporte y seguros.

Para el productor, la utilización de los servicios de la compañía comercializadora significan una exportación en forma indirecta, ya que es la trading la que realiza todas las operaciones de exportación. Es muy frecuente que la trading le compre el producto a la empresa y luego lo revenda al exterior, siendo el margen de la trading la **diferencia entre el costo y el precio de reventa**. Sin embargo, en otros casos, la trading puede realizar una operación de exportación por cuenta y orden de la empresa fabricante y cobrarle una comisión por los servicios prestados.

4.9.3. Efecto aislante de la trading

En general, cuando la organización utiliza un canal como la compañía comercializadora para acceder a los mercados externos, **no aprende** absolutamente nada sobre aspectos operativos, documentales, financieros y comerciales de los mercados globales. Dichos *conocimientos* quedan *concentrados* en poder de la trading y no llegan a manos del empresario. Esa información es el principal "know how" de la compañía comercializadora que constituye su negocio, y es por ese motivo que no la comparte con la empresa que solicita sus servicios.

Por lo tanto se produce un *efecto aislante* con respecto a las operaciones de exportación que efectúa la trading; el productor no tiene conocimiento sobre el mercado al que va dirigido su producto, desconoce al comprador del exterior, no sabe a qué precio fue comercializado el producto, ni que medio de transporte ha sido utilizado. El productor también ignora si el embarque realizado comprende solamente su producto o va consolidado con otros de la misma o distinta especie, y si fue comercializado con el mismo envase y marcas, o si éstos fueron cambiados por la compañía comercializadora. Todos los datos mencionados quedan en poder de la trading que ejerce el total control sobre el canal de comercialización.

Por lo expuesto, se produce una concreta **división de funciones**; el *empresario* sólo se dedica a elaborar un producto de calidad y precio competitivo, pudiendo a veces desarrollar el proceso industrial según los estándares solicitados por la trading, y externaliza la totalidad de las cuestiones relativas al comercio exterior, dejándolas en poder de la *compañía comercializadora*.

4.9.4. Otras cuestiones relevantes

La trading company debe ser constituida de acuerdo con la legislación del país donde está radicada, cumpliendo todos los requisitos legales y reglamentarios de registración, capital mínimo y funcionamiento que establezcan las normas respectivas.

Es un canal muy utilizado en las **primeras etapas** de la empresa en su inserción en los mercados externos (exportación ocasional o experimental) en los cuales la empresa desconoce como detectar negocios en los distintos países-mercados y cuestiones operativas y documentales del comercio internacional. Esta estructura tendría que ser dejada de utilizar progresivamente, a medida que el empresario se afiance en fases más avanzadas de internacionalización, que impliquen formas de exportación directa y otros canales de comercialización. No obstante, en dichas etapas la empresa puede tener la *utilización selectiva* de los servicios de una comercializadora para *mercados puntuales*, que le resulten de gran complejidad para su acceso directo.

4.10. Piggybacking

4.10.1. Funcionamiento de esta vía

La empresa puede utilizar una **estructura de distribución existente** en el mercado de destino, para la comercialización de su producto. La empresa *"monta"* sus productos sobre el sistema de distribución que existe en el mercado-país externo. Es muy probable que la estructura de distribución a la cual se acopla el bien no comercialice productos similares o afines, pero que sea **adecuada y compatible** para la venta del producto de la empresa.

En general, las empresas que componen la cadena de distribución en destino van a aceptar el ingreso de nuevos productos para que sean distribuidos con el fin de hacer más *amplia y atractiva su oferta* en su mercado, y además para obtener *utilidades adicionales* por dicha función. Estas empresas van a aceptar el manejo de productos no competitivos y que sean *complementarios* de los bienes que distribuyen.

4.10.2. Ventajas para las partes

El principal beneficio *para estos distribuidores* es que pueden completar su línea con **productos que se ensamblen congruentemente** en la misma y que les permita generar mayores márgenes de beneficios, así como también repartir en forma más eficiente los gastos físicos que pueda tener en su estructura de distribución. La vía de piggybacking, también llamada *comercialización a canguro*, le permite a la empresa en origen acceder a los mercados externos, haciendo **uso de estructuras desarrolladas** y especializadas de distribución que cuentan con experiencia y contactos en el mercado-país elegido. De esta forma se evita la dificultad que conlleva para la empresa el desarrollo de una estructura de distribución en destino.

5. Canales avanzados de comercialización internacional

5.1. Complejidad de ciertos canales de comercialización externa

Existen ciertos canales que exigen **actividades más complejas** de implementación por parte de la pequeña y mediana empresa. Dicha complejidad puede estar dada por los siguientes factores, que varían según el canal:

— exigencia de *coordinación* entre dos o más empresas en la toma de decisiones de internacionalización (por ejemplo, consorcios, cooperativas, coinversiones), existencia *de un control compartido* y distribución de las utilidades de las actividades externas entre dos o más empresas;

— necesidad de afectación por parte de la empresa de *mayores recursos* financieros, comerciales, humanos y administrativos en el desarrollo de estructuras empresarias para el comercio internacional (esto sucede en las filiales de comercialización y de producción en destino);

— desarrollo de ciertos *activos de valor* (marcas, patente, formato de un negocio exitoso, management eficiente, etc.), que puedan ser cedidos a otras empresas (en el caso de franquicias, licencias, transferencia de tecnología, contratos de administración).

5.2. Consorcios de exportación

5.2.1. Definición y caracteres

Tomando a numerosos autores como referencia obligada sobre el tema (ACERENZA, ULLMANN, MAESO RUIZ y DAEMON), es posible definir al consorcio de exportación como una **estructura empresarial** permanente que busca, a través de la conformación de un *paquete de oferta exportable*, la inserción internacional de los productos de los miembros que la componen. Estos consorcios de exportación son *sociedades* constituidas por un grupo de empresas que tienen ciertas dificultades para internacionalizarse.

Existe total independencia jurídica entre la nueva sociedad constituida (o sea, el consorcio de exportación) y las empresas que le dan origen. Estas empresas son socios de esta nueva sociedad. Generalmente, el consorcio funciona como si fuera un *departamento de exportaciones externo*, con respecto a sus asociados.

5.2.2. Actividades y ventajas de esta estructura

La función específica y primordial del consorcio es *comprar la producción de sus socios que destinan a la exportación (es decir, su oferta exportable) y destinar esa sumatoria de ofertas exportables (llamada "paquete de oferta exportable") a los mercados externos*. Este emprendimiento comprende una **amplia gama de actividades** vinculadas al comercio internacional como: confección de documentación, gestión de cobros y financiación externa, contratación del transporte, aseguramiento de la mercadería, gestión de los despachos aduaneros, cumplimiento de las normativas legales de intervenciones oficiales previas de cada embarque y seguimiento de los embarques hasta su arribo a destino.

Las organizaciones que componen el consorcio obtienen los beneficios de participar de las decisiones de una *estructura especializada* y dedicada a la comercialización internacional. La participación de las empresas como miembros del consorcio genera una **mayor capacidad negociadora**, como consecuencia de mayores volúmenes ofrecidos al mercado internacional. Esta mayor habilidad de negociación se desenvuelve con respecto a:

— los **clientes de gran porte** del mercado externo, con los que se pueden consensuar mejores acuerdos comerciales y en un pie de igualdad.

— los **intermediarios** intervinientes en la operatoria de comercio exterior, como despachantes de aduanas, transportistas, aseguradoras, a través de la obtención de costos más bajos en los servicios que éstos ofrecen.

— los **organismos gubernamentales**, para la obtención de beneficios fiscales o incentivos crediticios, hacia los que se puede ejercer un mayor poder y presión (*lobby*).

5.2.3. La problemática de la empresa y la actuación del consorcio

Las pequeñas y medianas empresas que constituyen el consorcio, generalmente, tienen ciertas **dificultades** para acceder a los mercados internacionales, por distintos motivos:

— Desconocimiento de **fuentes de información** sobre oportunidades comerciales internacionales.

— Ignorancia sobre **cuestiones operativas**, documentales y financieras del comercio exterior.

— **Precios no competitivos** en el ámbito mundial.

— **Escaso volumen exportable** que no satisface el mínimo pedido requerido por la demanda internacional.

— **Falta de fondos** para realizar actividades de investigación de mercados internacional o desarrollar actividades de promoción internacional.

El consorcio permite *centralizar* en su estructura *las operaciones de comercio exterior de cada uno de sus miembros.* La oferta que realiza el consorcio puede tratarse de productos que satisfagan una misma necesidad, es decir, el mismo producto o productos complementarios, o productos de distintas líneas que satisfacen necesidades diversas.

Cuando un consorcio se dedica a la comercialización de productos homogéneos que satisfacen la misma necesidad, se denominan "**monooferentes**" o "especializados". Cuando el paquete de oferta exportable está compuesto por una amplia gama de productos, se trata de consorcios "**generalistas**" o "**polioferentes**".

El consorcio además puede tener actividades de **comercialización**, o sólo destinarse a actividades de **promoción internacional**, dejando en este último caso la comercialización en manos de sus miembros. Existe algunos consorcios que se denominan "de aval", que prestan **garantías** para conseguir líneas de financiamiento para sus asociados.

5.2.4. Objetivos del consorcio

El consorcio generalmente está compuesto por **productores**, no obstante existen casos a nivel internacional en los cuales entre sus miembros se hallan **prestadores de servicios** (transportistas o compañías financieras) o **intermediarios comerciales** (por ejemplo, mayorista distribuidor).

El consorcio tiene un **fin instrumental**, lo que significa que es *el medio más adecuado* de acceso para las pequeñas y medianas empresas que no tienen conocimiento sobre los mercados externos.

Esta estructura exportadora se basa más en **expectativas y objetivos comunes**, que en productos afines. Para los miembros de la asociación, esta estructura es una vía de **exportación indirecta** ya que destinan su producción exportable hacia el consorcio, para que luego sea éste el que comercialice, a través de su estructura, los productos internacionalmente.

A pesar de ser una forma indirecta de exportación, los empresarios asociados van adquiriendo conocimientos sobre gestión de operaciones de comercio exterior, porque a través de su participación en las reuniones del consorcio, se van generando las distintas decisiones de internacionalización del consorcio.

Una de las ventajas que brinda el consorcio es que al centralizar la producción exportable de una serie importante de productores, los compradores del exterior ven simplificados la adquisición de grandes embarques con la negociación con una única empresa, es decir, el consorcio, que representa una serie de organizaciones productivas.

5.2.5. Evolución y desarrollo de las actividades del consorcio

El consorcio tiene que comenzar con su inserción en los mercados externos con una serie limitada de actividades, como cuestiones operativas, documentales y comerciales de la exportación. Progresivamente puede ir incorporando funciones no tradicionales, como son el establecimiento y supervisión de **parámetros uniformes de calidad**, para la producción que sus miembros destinan al paquete de oferta exportable.

Otra actividad no tradicional puede ser el establecimiento de **una marca común** para todos los productos que comercializa el consorcio. El establecimiento de esta marca permite un posicionamiento más sólido de los productos ofrecidos internacionalmente. La existencia de **una marca de consorcio** simplifica las actividades de promoción en los mercados externos, con la utilización de una *marca paraguas* que engloba a todos los productos ofrecidos por la estructura asociativa. Esta marca puede estar acompañada por distintas *submarcas individuales anexas* según el producto, utilizándose a tal efecto las marcas de los socios en el mercado nacional.

Una función del consorcio consiste en lograr una más **eficiente utilización de estructuras de transporte**, con la consolidación de los embarques y un mejor aprovechamiento del espacio en los contenedores, para reducir los costos de flete. Otros aspectos de trascendental importancia son la realización de **investigaciones de mercados** que puedan ser usufructuadas por todos sus miembros, así como también la participación en **eventos** de promoción internacionales a través de personal especializado del consorcio que pueda exponer los productos de sus asociados.

Esta estructura comercial es muy eficaz en la realización de todas las actividades citadas precedentemente, debido a que las *erogaciones* que resulten de las mismas van a ser *solventadas en forma compartida* por todos sus miembros, lo que también le permitirá acceder a mercados más rentables y de mayor poder adquisitivo. Estos gastos, como estudios de mercado, exposiciones internacionales, control de calidad, debido a su elevado monto, difícilmente puedan ser costeados por una pequeña y mediana empresa en forma individual.

5.2.6. La conformación del consorcio

Deben evitarse las improvisaciones en la conformación del consorcio por lo que, en una etapa previa a su constitución, hay que realizar una serie de reuniones con los potenciales miembros para tratar los siguientes ítem: potencialidad de la oferta exportable de los futuros miembros, relación de esa oferta con la demanda detectada en determinados mercados internacionales a través de investigaciones preliminares, flujo monetario proyectado sobre el desarrollo operativo del consorcio, estructura societaria más beneficiosa a adoptar, posible organización directiva y administrativa del consorcio, estrategia de marketing y canales comerciales a desarrollar, sistema para toma de decisiones por parte de sus miembros, proyecto de contrato social, sistemas de control de las actividades ejecutadas por el consorcio, entre otras cuestiones.

Es importante que los potenciales candidatos a miembros del proyecto de asociatividad cumplan como mínimo con cierta trayectoria e historia comercial en el mercado interno, como paso previo para acceder a los mercados externos en forma conjunta. Los derechos y obligaciones de las partes que intervienen en esta vía asociativa deben quedar suficientemente claros en las reuniones previas a la asunción de compromisos formales en la constitución legal del consorcio.

5.2.7. Sostenimiento económico del consorcio

Con respecto al costo económico para el empresario, relativo al surgimiento y sostenimiento de las actividades del consocio, debe considerarse la realización de **aportes iniciales** —es decir, los que se efectúan cuando se conforma el consorcio— y **periódicos** —que son aquellos que contribuyen para el funcionamiento administrativo, servicios, honorarios de los asesores especializados, a lo largo de la vida empresarial de la asociación—. No obstante, pueden existir contribuciones de sus miembros de **carácter excepcional** para gastos muy puntuales, como, por ejemplo, la participación en una misión comercial. Lo ideal es que el consorcio en etapas posteriores se autofinancie, como consecuencia de la *diferencia entre los costos de compra* de los productos que el consorcio adquiere a sus miembros y los *precios de reventa* de los mismos en los mercados de exportación. Otra vía de retribución puede ser a través de las *comisiones* que la estructura conjunta cobre por las ventas internacionales que realiza por cuenta y orden de sus miembros.

5.2.8. Inconvenientes de este canal

El principal inconveniente que se observa en el funcionamiento de consorcios de exportación es la **asimetría de poder** entre sus miembros, que incide negativamente en la toma de decisiones que quedan acaparadas en pocos miembros con mayoría de votos. Este problema se soluciona asignando, en forma contractual, *un voto por cada miembro* más allá de su poder económico.

Otro inconveniente que se da, más específicamente en los consorcios monooferentes, es la asignación entre sus miembros de *un pedido internacional que es inferior a la oferta exportable* destinada por los mismos. Una salida posible para esta problemática es dejar aclarada en el instrumento constitutivo la forma de distribución entre sus socios de las compras externas, considerando a tal fin ciertos *parámetros* como: volumen de ventas totales o de producción de cada empresa, porcentaje de capital de cada asociado, o cualquier otro parámetro válido. Otra pauta a seguir en este caso, es asignar un *sistema de turnos* en el cual, en un primer embarque tiene prioridad para destinar la totalidad de su oferta exportable el miembro A, en el segundo embarque tiene prioridad el miembro B, y así sucesivamente.

Es posible que se produzcan también **tensiones** entre las **acciones individuales** de los socios y las actividades desarrolladas dentro del **proyecto conjunto** de exportación. Si estos conflictos no se abordan oportunamente, se puede llegar a una cuestión extrema de *individualismo versus asociativismo*, en la que los roces entre los miembros son muy pronunciados y pueden conducir a la disolución del consorcio.

5.2.9. Enfoque empresarial erróneo de la sinergia de fuerzas

En ciertas ocasiones, las empresas ni siquiera llegan a la etapa de constitución formal del consorcio, y todo queda a nivel de reuniones informativas para los interesados en el proyecto. Es muy usual observar una clara tendencia a *trasladar por parte de los empresarios el espíritu competitivo del mercado interno hacia las operaciones internacionales*, es decir, considerar a la otra empresa, que puede ser su socio, como un rival. Dichas organizaciones se juzgan erróneamente entre sí, ya que, aunque es posible que hayan sido históricos enemigos en el mercado interno, creen que van seguir siendo competidores dentro de la asociación exportadora. Los empresarios no perciben que todos los miembros del consorcio se convierten en **socios dentro de la estructura conjunta**, y que es su **unión** lo que les otorga **fuerza** en el mercado internacional.

5.3. Cooperativas de exportación

5.3.1. Atributos de este canal

Dentro de la sociedad, las cooperativas de exportación, generalmente, están posicionadas para la comercialización internacional **de productos del sector primario**. En cambio, los consorcios se relacionan con bienes de origen industrial con un importante valor agregado. No obstante, en la práctica, los consorcios de exportación pueden desarrollar agronegocios internacionales y las cooperativas de exportación pueden comercializar bienes industriales.

Las cooperativas de exportación tienen similares características a los consorcios de exportación desde el punto de vista de sus ventajas, funciones y actuación en los entornos externos, sin embargo, desde la perspectiva de la operatoria se diferencian claramente del consorcio. *El consorcio centraliza y concentra la oferta exportable de los miembros para formar el paquete de oferta para el mercado mundial; en el mercado nacional sus miem-*

bros conservan su autonomía en la fijación de la política comercial, es decir, aplican su propia estrategia de precios, descuentos, su marca, etc. En cambio, la cooperativa exportadora logra una exclusividad económica y comercial de lo producido por sus miembros, cuya *comercialización, tanto para el mercado interno como para el externo, se realiza solamente a través de esta estructura*. Esta vía comercial debe estar constituida de acuerdo con las normas legales de las cooperativas y tienen un **fin social**, a diferencia de los consorcios que se rigen por la legislación comercial y societaria.

5.3.2. Otras funciones de las cooperativas del sector primario

Las cooperativas de exportación agropecuarias pueden realizar para los socios **compras conjuntas** de materias primas e insumos para la producción y explotación de la actividad primaria (fertilizantes, alimentos balanceados, herbicidas, semillas), y además pueden **poseer instalaciones productivas** donde se realicen actividades que forman parte de la cadena de valor del sector primario de sus socios (por ejemplo, centro de procesamiento y envasado del producto, silos para acopio y plataformas fraccionadoras). Esta vía comercial puede gestionar la adquisición en forma asociativa de **bienes de capital** a costos más bajos para sus miembros (enfardadoras, pulverizadoras, cosechadoras, máquinas filtradoras, ordeñadoras).

5.4. Licencias y transferencia de tecnología

5.4.1. Significación de las licencias

Las licencias permiten que una empresa que genera un **intangible** como una *marca*, una *patente de invención*, o un *diseño* (elementos que se consideran **derechos de propiedad intelectual o DPI**) transfiera por un tiempo determinado y de acuerdo con determinadas condiciones, el **uso y goce** de dicho elemento. Esta vía de internacionalización se puede encuadrar en las denominadas *formas mixtas* u otras formas, que no son consideradas ni exportación ni producción en destino.

La empresa titular del elemento del DPI penetra determinados mercados a través del otorgamiento de la licencia para que sea usufructuada por una empresa en el mercado de destino. No existe exportación, porque el bien es producido en destino por el empresario que va disponer, a los fines de su producción y/o comercialización, de dicho intangible. La organización que genera ese activo de valor queda vinculada con la empresa en el exterior por un **contrato de licencia internacional** en el cual se establecen los derechos y obligaciones de cada parte, su duración y la retribución del titular del activo cedido (que se trata de un pago periódico o regalía que le abona la empresa situada en destino).

5.4.2. Ventajas e inconvenientes para las partes

La *licencia de marca* permite a la empresa que obtiene su uso y goce vender su producción con una marca ya desarrollada y promocionada, lo cual facilita sus actividades comerciales. En el caso de la *licencia de patente*, la empresa que la obtiene accede, en poco tiempo, a información sobre métodos productivos, adelantos e innovaciones científicas relativos a un determinado producto, que le permite mejorar su producción o elaborar nuevos bienes. Estos métodos son consecuencia de *grandes inversiones monetarias* y *de extensos períodos de prueba*. La empresa que dispone temporariamente del uso y goce de estos intangibles carece de recursos para el desarrollo de nuevos métodos, siendo éste el motivo por el que elige este canal.

El inconveniente que puede acarrear esta forma de comercialización aparece sobre todo en el caso de la *licencia de marca*. Es muy posible que los productos elaborados por la empresa que obtiene el goce de la marca no reúnan los requisitos mínimos y estándares de calidad que requiere la empresa propietaria del intangible, desfavoreciendo a la posición de la marca en un mercado determinado. Como consecuencia de ello, se puede producir un *desposicionamiento* del bien por no guardar una calidad homogénea en los distintos mercados-países en los que se identifica por la misma marca. Para evitar estos inconvenientes, deben ser estipulados en el contrato de licencia, requisitos, parámetros mínimos de calidad y penalidades en caso de incumplimiento.

5.4.3. Otras cuestiones relativas a las licencias

La internacionalización a través del otorgamiento de licencias permite al titular de dichos activos el desarrollo de negocios internacionales sin realizar inversión alguna, porque será el empresario que obtiene la licencia el que comprometa sus recursos en destino. Los únicos costos que ha asumido el titular del intangible son los relativos al **desarrollo** de dicho elemento transferible; por otra parte, obtiene ciertos beneficios como consecuencia de la licencia a través de la percepción de **regalías**. Además, este canal de comercialización internacional le permite **eludir las barreras arancelarias** o paraarancelarias en el país de destino, ya que no se realiza la operación de exportación.

5.4.4. Carácter trascendente de la transferencia tecnológica

Los contratos de transferencia de tecnología son aquellos que se celebran entre dos o más partes, a través de los cuales una parte transfiere en una única vez o periódicamente, distintos elementos que son resultado de profundas actividades de **Investigación y Desarrollo** (I + D). Estos conocimientos pueden tratarse de mejoras descubiertas *en procesos productivos*, desarrollo de *nuevos materiales, sustitución de funciones y componentes* en un determinado producto, *nuevas fuentes de generación de energía*, entre otros.

En esta clase de canal existe una empresa en un determinado país que desarrolla esa información, que surge a través de una investigación en condiciones de rigurosidad científico-productiva. Por otra parte, existe otra organización situada en el país-mercado de destino, a la cual se le transfieren esos conocimientos que le facilitan la producción y comercialización de sus bienes.

5.4.5. Funcionamiento de la transferencia de know how tecnológico

La empresa que desarrolla ese **conocimiento experto y de avanzada** obtiene una retribución por parte de la compañía receptora del mismo. La organización que adopta posteriormente esa tecnología informativa puede desarrollar cierta **relación de dependencia** con la empresa generadora del activo tecnológico. La firma que recibe el intangible puede confiarse ciegamente de la provisión informativa que le realizan, y es muy posible que no haga ningún esfuerzo para generar su propio desarrollo de innovaciones.

Por otra parte, a la empresa generadora de la tecnología no le implica ningún costo la internacionalización a través de esta vía, salvo aquellos de concepción del know how novedoso. Un riesgo para esta organización es que la empresa receptora de la licencia, con el transcurso del tiempo, se convierta en su competidor, con el mejoramiento de los conocimientos transferidos.

5.5. Coinversión

5.5.1. Motivos de la constitución de una coinversión

También conocido como *joint venture* o aventura conjunta. Este canal está compuesto por dos o más empresas de distintos países que desarrollan un emprendimiento conjunto a los fines de la internacionalización. Este proyecto conjunto puede consistir en la constitución de una nueva *sociedad* (joint venture societario) o en un **contrato** que liga a las empresas internacionalmente (joint venture contractual).

Esta vía de acceso a los mercados externos es utilizada cuando existe una **complentariedad** entre las empresas que desarrollan la coinversión. En esa complementación, una compañía aporta a la otra lo que precisa, y viceversa; *las empresas coinvertidas se encastran en un sistema que les genera sinergias en su actuación*. A través de esta vía comercial se obtiene mayor eficiencia en la actuación externa, que con las acciones desarrolladas en forma individual por cada empresa.

Los motivos de la constitución del joint venture, siguiendo a COLAIÁCOVO, pueden ser muy variados: necesidad, conveniencia, cuestiones de exigencias gubernamentales, y estrategia empresaria. Existe *necesidad* cuando una empresa *depende de la existencia o de los recursos de otra*, por lo que no existe otra alternativa válida para acceder a determinado mercado que no sea a través un proyecto conjunto. En este caso, es *vital* la complementación entre las empresas. El origen de la aventura conjunta también puede ser la *conveniencia* de este emprendimiento, cuando existen distintas opciones para acceder a los mercados externos, pero la más apropiada es una coinversión. Tienen importancia los **aspectos legales** que obligan a la utilización de este canal, cuando se halla vigente alguna normativa del país de destino que establezca que una empresa sólo va a poder acceder a ese mercado a través de filiales (de comercialización o de producción) localizadas en ese país, si en las mismas participa una empresa local del mismo. Esta última situación describe claramente un *requisito del ambiente político y legal del país de destino*, que puede ser considerado como una barrera o *traba paraarancelaria*.

5.5.2. Problemática y conveniencia de la coinversión

En el caso de un joint venture societario entre dos empresas, pertenecientes a dos países, la sociedad podrá estar constituida en el país de cualquiera de las dos o en un tercero. Algunos inconvenientes críticos que se presentan en el desarrollo del joint venture son: problemas de **control** del proyecto conjunto entre las empresas que lo componen y diferencias de idiosincrasia y **estilo empresarial** de los directivos que coinvierten, que tienen su basamento en los distintos ambientes culturales existentes a nivel internacional.

Tomando como ejemplo una coinversión societaria entre dos empresarios, uno del país A y otro del país B, que forman una sociedad en la que participan de manera conjunta y que está localizada en el país B, se va a llamar a la empresa del país A **extranjera**, y la del B, **local**. La *empresa extranjera* puede aportar al proyecto conjunto algunos recursos, como capital (necesario para el financiamiento del proyecto), recursos humanos calificados para cargos directivos y gerenciales en la nueva sociedad, y tecnología (know how industrial, patentes, diseños, etc.). Por su parte, la *empresa local* va a aportar, sobre todo, contactos comerciales en el mercado de destino y vinculaciones con organismos oficiales para obtener incentivos fiscales y crediticios. Con respecto a la cuestión operativa, el producto puede ser íntegramente elaborado por la empresa del país A y luego exportado hacia el país de destino para ser comercializado por la coinversión, lo que llamamos **"coinversión de comercialización"** o *"filial de venta en coinversión"*. Otra alternativa puede ser que el producto sea exportado sin terminar y que el proceso productivo sea completado en destino (por ejemplo, a través del agregado de valor con actividades como armado, pintado, fraccionamiento, ensamblado). Otra opción es que el bien sea totalmente elaborado en destino. En estos dos últimos casos el proyecto se denomina **"coinversión productiva"**.

5.5.3. Otros aspectos a considerar

Otra ventaja a obtener por el socio extranjero podría ser el acceso en el país de destino, a través de este canal, a *fuentes de materias primas y materiales o mano de obra más económicos*. El objetivo es utilizar esos factores de costo más bajo, que puedan existir en dicho mercado, en el proceso productivo para lograr un precio final del producto más competitivo.

Esta vía de comercialización reduce el **riesgo** de acceso a los mercados externos, ya que éste es compartido por las empresas que forman la coinversión. También existe un **control** conjunto en el manejo del proyecto, por lo que es importante que ningún socio concentre la mayoría del poder para la toma de decisiones. Otro factor a ser considerado es que en el joint venture existen **beneficios** que no quedan concentrados en una sola empresa, sino que se reparten entre los socios del proyecto.

5.6. Contrato de administración

A través del contrato de administración, una empresa que posee una gran **estrategia de management** destina recursos humanos altamente calificados para *asistir en la dirección o gestión gerencial* a otra empresa. A través de este contrato, existe una organización que brinda **recursos humanos con alto nivel de formación directiva** que reemplazan en forma temporaria en ciertos cargos vitales al personal de la empresa asistida. En algunos casos, puede haber una codirección formada por el personal calificado que asiste y los directivos de la empresa asistida. La empresa que incorpora al personal con *tecnología de conocimiento* está, en cierta forma, capacitándose con la intervención de estos recursos humanos de gran nivel de calificación. Esta organización aprende de la *forma, estilo y flexibilidad* de la gestión desarrollada por los recursos incorporados a los fines de apoyo.

Se produce en estos contratos una transferencia de una empresa a otra, de un *know how de conducción organizacional*, es decir, de un conocimiento sobre cómo llevar adelante un negocio. En esta política de penetración no se efectúa una exportación de bienes, sino de *ideas, conocimientos y servicios*. Este canal es muy utilizado sobre todo en grandes explotaciones de minería e industria petrolífera, turismo y hotelería, entre otros sectores.

5.7. Franquicias de exportación

5.7.1. La franquicia de formato

Con referencia a este canal de comercialización, algunos especialistas lo consideran dentro de lo que es el género de las licencias, como una especie muy particular y compleja de ellas. No obstante, existen opiniones que la definen como un **canal diferenciado** del universo de los canales comerciales, inclusive de las licencias.

En las franquicias de exportación, es muy utilizada la llamada "franquicia de formato de negocio", o *format business franchise*, en la cual una empresa —"franquiciante" o "franquiciador"— transfiere una *forma de gestión de un negocio* a otra empresa —"franquiciado"—. El franquiciante cede el uso y goce al franquiciado de algunos elementos que ha desarrollado y probado en forma exitosa, como: marcas, patentes (registrados por el franquiciante como DPI), know how productivo y de gestión comercial (no registrables como DPI). Dicha cesión se efectúa bajo ciertas condiciones contractuales acordadas entre ambas partes.

5.7.2. Expansión ilimitada a nivel internacional

Existen algunas cuestiones importantes a considerar en el sistema internacional de franquicias. El franquiciante quiere duplicar o multiplicar un negocio exitoso en distintos países y así lograr la progresiva internacionalización de su negocio; y para conseguirlo, en el comienzo de su negocio ha invertido importantes sumas **para posicionar la marca**, para promocionar a la empresa, a su producto y a su servicio al cliente. Este desarrollo inicial lo ha realizado a través de **ciertas pruebas piloto** que ha desarrollado con su propio capital en el mercado de origen. Puede haber establecido, en el mercado nacional, **locales de su propiedad**, desenvolviendo la actividad operativa y comercial de los mismos en forma homogénea, y **testeando** la transferencia de conocimientos y operaciones de un local a otro, resultando ineludible este paso previo para luego acceder a franquiciar el negocio.

5.7.3. Los manuales de procedimiento y la capacitación como pilares del sistema

La información que compone el corazón del negocio —es decir, **el know how de gestión**— y la **imagen** que el franquiciante posiciona ante los consumidores tienen que ser *fácilmente transferibles* hacia las empresas franquiciadas. Esa información debe ser *sistematizable y compilable* en los llamados "**manuales de procedimiento**" o "de operaciones", los cuales son extensos informes que contienen un amplio y preciso grado de detalle sobre la ejecución de los distintos aspectos que distinguen al negocio objeto de la franquicia de los desarrollados por la competencia, y que van a servir para *guiar al franquiciado* en sus acciones. Entre los datos que pueden tener dichos manuales se hallan las características técnicas y estéticas del *punto de ventas*, los *uniformes* de los empleados, la forma de *atención* al cliente, la *organización operativa* y comercial del local a cargo del franquiciado, etc.

Los manuales de procedimiento, junto con las actividades de capacitación y actualización directa que realiza el departamento de formación del franquiciante hacia el plantel del franquiciado, constituyen las bases fundamentales de la transferencia de la información que busca la duplicación del formato del negocio.

5.7.4. Beneficios para las partes

La ventaja para el franquiciante de este canal de comercialización es que *no realiza ningún tipo de desembolso para la internacionalización* de su negocio. Las únicas sumas erogadas son las relacionadas con el desarrollo, posicionamiento y prueba del negocio franquiciable. Las inversiones que implica el establecimiento de nuevas plataformas de venta en destino (alquiler de local, contratación de personal, gastos operativos, etc.) quedan a cargo del franquiciado, que es quien asume los riesgos económico y financiero.

Al franquiciante, además, le **permite eludir barreras arancelarias** y paraarancelarias en destino, ya que no se produce la internacionalización vía exportación, sino a través de otras formas. Este sistema le permite al franquiciado acceder a un **negocio** que ya ha sido **desarrollado** y testeado, y que es conocido y **exitoso**. Por lo expuesto, el franquiciado no tiene que destinar esfuerzos, ni recursos para posicionar ni desenvolver un negocio, ya que dicho camino ha sido recorrido previamente por el franquiciante.

5.7.5. Relaciones entre el franquiciante y el franquiciado

El franquiciante y el franquiciado tienen **independencia jurídica**, sólo van a estar ligados por un contrato que establece los derechos y obligaciones de las partes. El franquiciante tiene un *deber de asistencia* no sólo en el *inicio* y desarrollo del centro comercial por parte del franquiciado, sino *también mientras dure el contrato* (apoyo pre y postinauguración del local del franquiciado).

El franquiciante percibe, por la transferencia del formato de un negocio con éxito, un *fee*, o **derecho de ingreso inicial**, que es una suma fija que abona el franquiciado para poder ingresar al negocio de las franquicias. También va a cobrar al franquiciado **regalías** (royalties), que son pagos periódicos calculados generalmente como *un porcentaje de las ventas brutas*.

Además, el franquiciante puede tener ingresos adicionales abonados por el franquiciado por la **venta de mercadería** o materias primas que por obligaciones contractuales y a los fines operativos le deba comprar el franquiciado al franquiciante. También puede percibir sumas de dinero que debe aportar el franquiciado por participación en las **actividades de promoción y publicidad** (que realiza el franquiciante para toda la cadena de franquicias).

El franquiciado tiene la obligación, aparte de afrontar el pago de las citadas sumas, de respetar todas las consignas y condiciones para la gestión comercial, siguiendo los lineamientos contractuales y los manuales de procedimiento. De esta forma, su actuación no producirá distorsiones en el *posicionamiento comercial* e *imagen global* buscados por el franquiciante.

En los casos en que el franquiciado no respetara algunas cuestiones que afecten al desarrollo y la posición del negocio en el mercado, podrá ser *penalizado* —y en casos de gravedad, se le podrá rescindir el contrato—, siendo el franquiciado *corresponsable* del cuidado y mantenimiento de la imagen ganada por la cadena de franquicias en la sociedad.

5.7.6. Otras facetas de la franquicia internacional

La penetración internacional a través del sistema de franquicias exige al franquiciante un **estudio amplio** y minucioso de los aspectos legales, societarios, contractuales, inmobiliarios, comerciales y culturales en cada país-mercado en el cual quiera implementar un sistema de franquicias. El otorgamiento de franquicias de exportación generalmente no se realiza a través de una relación directa entre el franquiciante y franquiciado, sino que se desarrolla a través de un sistema denominado *"masterfranquicia"*, en el cual existe un intermediario autorizado por cada país-mercado, o por determinadas regiones de un país-mercado externo. Este intermediario está asignado en forma exclusiva a un cierto mercado para centralizar el *otorgamiento de franquicias* en el mismo, y cuenta con la autorización del franquiciante para *evaluar a los potenciales franquiciados* y asignarles su participación en el sistema de franquicias.

En este canal de comercialización internacional existe un *riesgo para el franquiciante*: que el franquiciado aprenda de la forma de gestión del negocio y que luego, adoptando una política de *benchmarking* (copia creativa), genere su propio negocio, con su propia marca, convirtiéndose en un competidor del negocio del franquiciante.

Otro aspecto a resaltar es que a pesar de que todos los negocios a cargo de los distintos franquiciados tienen una *forma de gestión e imágenes de posicionamiento y servicios homogéneos*, dichas unidades de franquicia se alejan de la estandarización total, ya que se producen *adaptaciones regionales o locales* en la mayoría de los mercados, contemplando diferencias económicas, culturales, o legales.

5.8. Subsidiaria de comercialización

5.8.1. Localización de una filial o sucursal

La subsidiaria de ventas, mejor llamada "subsidiaria de comercialización", puede ser de dos clases: sucursal o filial.

La **sucursal de ventas** es solamente una extensión de la empresa (una división de la misma) en el extranjero. Es la extensión geográfica de una parte del departamento comercial de la compañía, la cual se localiza en el mercado-país de destino. No existe en este caso la constitución de una sociedad jurídicamente independiente de la empresa exportadora, sino que la sucursal forma parte de la misma empresa y *es una división que forma parte del organigrama* de la misma.

En general, la legislación de la mayoría de los países a nivel internacional exige que, para que una empresa pueda realizar operaciones comerciales habituales en su territorio, debe constituir una nueva **sociedad** en el país de destino; en este caso se trataría de una **filial de ventas**. En el caso citado, esas normas pueden impedir que las operaciones comerciales que se realicen en dicho país sean efectuadas por una simple extensión del departamento comercial de la empresa en origen.

5.8.2. Relevancia comercial de la filial

La **filial de ventas** es una nueva sociedad que generalmente se tiene que constituir de acuerdo con la legislación comercial del país de destino. Esta sociedad (filial) es totalmente independiente desde el punto de vista jurídico de la sociedad en origen, que se denomina "casa matriz". No obstante, existe una clara **vinculación económica** que liga a ambas sociedades; de hecho, la sociedad matriz suele tener **participación en el capital** de la filial.

De esta manera la matriz incide directamente en la toma de decisiones de la filial, que con mayor o menor grado de autonomía va a actuar dentro de los lineamientos dictados desde origen. A través de este canal de ventas, la empresa en origen *extiende su estructura de comercialización hacia el mercado de destino* y logra, de esta forma, **mayor contacto** con él.

5.8.3. Funciones de este canal

Esta vía comercial tiene que contar con cierta **infraestructura** que facilite el proceso logístico y la comercialización en el exterior, y sus funciones concretas van a ser:

— **Importación** del producto para su reventa en el mercado local de destino o en otros mercados.

— **Gestión logística** de la mercadería en destino (almacenamiento, fraccionamiento, despacho interno, transporte interno, etc.).

— **Exhibición** y explicación de las distintas cualidades del producto, y demás actividades de comercialización en destino.

— **Contactos** y relación contractual comercial con distintos **canales** a nivel interno en el mercado externo (agentes, distribuidores, etc.).

— Prestación de distintos **servicios** conexos a la venta del producto (garantía, reemplazo de piezas, mantenimiento, reparación, etc.).

5.8.4. Factibilidad de este canal para una empresa de pequeño porte

El establecimiento de una filial de ventas implica un **mayor desembolso financiero y monetario** por parte de la empresa que utiliza esta vía. Esta plataforma comercial implica una serie de **gastos iniciales** (constitución de la sociedad en el extranjero) y de **gastos de mantenimiento** (personal, gastos administrativos, alquiler de instalaciones, etc.).

Además, esta vía exige contar con una **infraestructura** mínima, como inmuebles, depósitos, local de ventas y exhibición del producto, y medio de transporte. Por todo lo expuesto, por su **complejidad operativa** y por su costo económico, *no resulta un canal accesible para las pequeñas y medianas empresas*, por lo menos en las primeras etapas de su internacionalización. Es posible que esta forma de acceso pueda ser utilizada por estos empresarios luego de un prolongado período de adaptación y consolidación en mercados externos.

La filial de ventas puede tener un **mayor control sobre el canal** total de distribución internacional, pudiendo direccionar ciertas políticas comerciales en destino en forma mucho más amplia que otros canales de acceso externo, como son: fijación de precio minorista en destino, y promoción en ese nivel de ventas. Es importante considerar que esta filial de ventas puede ser establecida por la empresa *en forma individual o en forma coinvertida*, es decir, un joint venture en el cual participe una empresa del país de destino o de otro país.

5.9. Inversión directa

5.9.1. Desde un enfoque de comercialización hacia uno de producción

Este canal, conocido como *filial de producción* o **inversión ciento por ciento en destino**, desarrolla la producción total o parcial en el mercado externo, que queda a cargo de una filial. La elaboración en el mercado externo es **parcial** cuando, por ejemplo, una empresa exporta partes o esbozos del producto que luego se ensamblan o a las que se les realiza el proceso industrial de acabado en la filial; no obstante, otra posibilidad es que el producto se elabore **íntegramente** en el país extranjero. En los casos que el producto sea también elaborado en origen se produce una *duplicación del proceso productivo.*

Se llama inversión ciento por ciento, ya que la empresa en el país de origen tiene la **totalidad de la participación en la filial**, y por lo tanto no se configura ninguna coinversión.

5.9.2. Factibilidad de este canal para una empresa de pequeño porte. Ventajas de este canal

Esta política de penetración de mercados internacionales exige **una mayor inversión** que la realizada en los canales de comercialización citados a lo largo de este capítulo, por la necesidad de personal técnico especializado, mano de obra fabril, instalaciones productivas y maquinarias. Por ello, *está fuera del alcance de una pequeña y mediana empresa*, sobre todo en sus primeras etapas de acceso a los mercados internacionales.

Se considera a este canal como si fuera una *traslación o exportación de la totalidad (o parte) del sistema productivo hacia un mercado determinado*. Esta vía de acceso implica una **relocalización de la cadena de valor desde el punto de vista geográfico** que puede tener como motivos: utilización de **fuentes de recursos en destino** que son más económicas o la obtención de **incentivos gubernamentales** que beneficien la radicación de inversiones productivas en un determinado país-mercado (desgravación impositiva, líneas de crédito a tasas blandas, subsidios, etc.). Otro impulsor que estimula el uso de este canal es que, a través del mismo, se elude las **barreras arancelarias y paraarancelarias** en destino, porque no existe exportación.

Generalmente, desde el punto de vista gubernamental del país externo, este canal es *visto en forma muy positiva*, si es comparado con la exportación proveniente de otros países, debido a que la instalación de estructuras productivas por parte de empresas extranjeras genera un *mayor nivel de actividad económica*, empleo de mano de obra de dicho país, mayor consumo, más desarrollo y bienestar en el mercado destinatario de dichas inversiones.

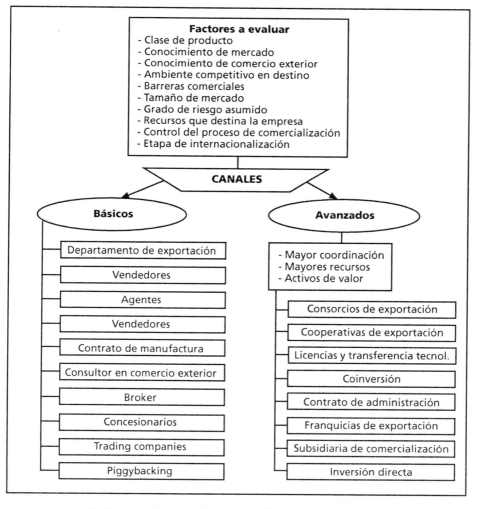

Gráfico 6.1. Canales de comercialización internacional.

VII VARIABLES CONTROLABLES AVANZADAS DE LA MEZCLA COMERCIAL

LAS CUATRO C DE LA COMERCIALIZACIÓN
INTERNACIONAL (CALIDAD, COMPETITIVIDAD,
CREATIVIDAD Y CONECTIVIDAD)

1. Calidad

1.1. Aspectos generales del tema

1.1.1. La calidad. Una primera aproximación al tema

El concepto calidad es definido con precisión por el reconocido especialista MESTANZA, que lo plantea como "...*juicio global del cliente acerca de un estilo de prestación de servicio o características de un producto*". Es de total importancia el **mercado**, como el fijador del parámetro de referencia de calidad, y debe realizarse una cuidadosa investigación sobre sus necesidades, motivaciones, servicios que requiere, tiempos de disposición para la compra, materiales más solicitados, y otros elementos del mismo. A través de esta información, la empresa puede determinar cuál es el **atributo clave** que la diferencia de la competencia y qué especificaciones y **niveles de desempeño** para el producto en cuestión requiere el consumidor, permitiendo al empresario fijar *objetivos de calidad* para la totalidad de los aspectos que hacen a su misión.

1.1.2. Una nueva visión. La calidad como forma de vida empresarial

La calidad también está planteada como una *actitud hacia la calidad* por parte de toda la empresa, y la inmersión de la totalidad de sus integrantes dentro de una **cultura de calidad**. Esta actitud es **estratégica**, porque plantea la cuestión de calidad como una **visión** empresaria sobre la cual se van a desarrollar todas sus actividades. El empresario debe conformar el *ámbito propicio* para el desarrollo de sistemas de calidad, que lo posicionen apropiadamente en el mercado internacional, y en sus actividades debe perseguir resultados que generen *una mayor respuesta a las expectativas de los clientes*. Cuando en un enfoque de calidad total se hace referencia a los clientes, no sólo se refiere a los **consumidores**, sino también, en un sentido más amplio, a los distintos **empleados** de la empresa que serían clientes internos, también busca una vinculación con los procesos de entrada a la empresa, es decir, los **proveedores**, y con un cliente indirecto como es el **sistema social** en el cual la empresa actúa. La calidad implica una **coherencia** en todas las fases en que se desenvuelve la actividad empresaria con referencia a su entorno y con respecto a su interior. La empresa es una red de múltiples interconexiones internas y externas que la vinculan en forma continua con sus clientes, en un sentido amplio, y dichas vinculaciones deben ser permeables a metas de calidad.

La calidad debe lograr responsabilidad y compromiso para la reducción de:

— **inadecuaciones en el diseño** del producto para la completa satisfacción de las necesidades del usuario;

— múltiples **defectos de producción**;

— **falta de coordinación** de tiempos de las actividades;

— **discontinuidad en el desempeño** de un mismo producto a lo largo del tiempo;

— escasas **inspecciones** de los procesos;

— **inadecuada comunicación** entre los miembros de un canal interno o externo a la empresa, que trae ineficiencias de tiempo y dinero;

— altos niveles de **desechos** del proceso productivo.

— **infrautilización de recursos** y duplicación de actividades internas;

— **falta de comprensión** de las directivas impartidas por parte de los responsables asignados a las distintas tareas;

— provisión de **materia prima inapropiada**.

1.1.3. La conciencia de calidad dentro de la empresa y su entorno

La calidad es un proceso continuo que va retroalimentándose de la información que le provee el mercado, y que se va *perfeccionando* en cada una de sus etapas. La calidad debe adoptarse como **filosofía empresarial** que interpenetra todos los eslabones de la cadena de valor (investigación y desarrollo, diseño, producción, preventa, entrega, posventa), para posicionar en el mercado una imagen de confiabilidad y seguridad y lograr repetidos procesos de compra por parte del consumidor.

Dicha **relación de calidad** permite una ajustada **vinculación comunicacional** entre la empresa y sus proveedores, en la cual la primera les solicita a los segundos **requerimientos** definidos sobre materiales, características físico-químicas y parámetros sobre insumos y grados de tolerancia en lo relativo a materias primas que precise de producción. De esta forma, la provisión que una parte realice a la otra se hará en forma **inequívoca** de acuerdo con los estándares de la empresa. El objetivo de un sistema de calidad es la *revisión y reflexión de las condiciones contractuales* que vinculan a las partes y la *correcta prueba* de los bienes suministrados.

Todos los esfuerzos de esta relación de calidad serán dirigidos principalmente hacia los consumidores y usuarios, y el empresario buscará cumplir con los requisitos de sus **motivaciones**, mejorando el nivel de desempeño del diseño y uso del producto. Es de total relevancia que el consumidor perciba una **imagen coherente** de la relación producto-empresa, que se diferencie de la competencia, y en la que la calidad sea el principal atributo que provoque la recompra. Para ello, la empresa debe elaborar lazos de **confianza** que liguen al producto con el cliente, procurando que la calidad tenga **reconocimiento público** en la sociedad. De esta forma, se logra asegurar la lealtad del cliente a través de ciertas *actividades concretas* como: mejorar la *percepción de los beneficios* del producto con respecto al precio, *adaptar* eficientemente el bien comercializado a las *necesidades del consumidor*, reducir el índice de reemplazo y devoluciones de productos, acortar los *tiempos de entrega* y deleitar constantemente al consumidor con *servicios extra*.

Un objetivo sustancial de calidad es *disminuir las discrepancias entre las expectativas de los clientes del producto y el desempeño del producto* en cuanto a la satisfacción de dichas expectativas. La existencia de **desajustes entre la calidad requerida y la calidad presentada** al mercado trae *costos que están en relación directa* con el sistema de calidad como: reemplazo del producto por cumplimiento de garantías, modificación del proceso productivo o del diseño adecuado a las motivaciones del usuario, mejora en las actividades de inspección de las distintas fases internas, etc.; además de los *cos-*

tos de relación indirecta con el sistema como: pérdida de ventas potenciales por una promoción boca en boca negativa, desposicionamiento del producto en un determinado segmento con respecto a los competidores, entre otros.

Algunos empresarios prefieren la implementación de políticas de calidad a *nivel preventivo* así como también a *nivel correctivo*; sin embargo, es importante considerar a la gestión de calidad como un **proceso continuo de acciones** que generan una valorización constante de los productos ofrecidos por la empresa.

1.1.4. La importancia de un plan de calidad viable a largo plazo

Las relaciones de calidad se prolongan hacia el interior de la empresa, estableciendo una estructura de **cooperación** entre el personal directivo, administrativo y operativo, un ámbito de flexibilidad y motivación, en el cual cada integrante de la empresa es considerado como una pieza fundamental e indispensable para el desarrollo del **plan de calidad**. Los miembros de la organización deben evitar el *ocultamiento de defectos* en los procesos internos, y generar un aliciente para la eliminación de los distintos errores que puedan existir en el corazón de la actividad empresaria, a través de una **actitud participativa** y con el seguimiento de **instrucciones** y reglas claras de eficacia y eficiencia. Se busca el desarrollo de una **concienciación** generalizada de la calidad como prioridad a nivel interno, y en todos los niveles de la empresa, a través de una continua mejora y congruencia en todas las actividades empresarias. El sistema de calidad debe lograr un mayor **compromiso** de todos los miembros de la empresa en la búsqueda de la uniformidad y homogeneización de los procesos internos, y en la reducción de desvíos en las operaciones realizadas por la organización. Para el cumplimiento de dichos fines, es de total relevancia la formación constante de los recursos humanos para desarrollar su **aptitud** y promover su **protagonismo** en todas las fases del proyecto de calidad, dentro de un marco de **excelencia**.

Es posible que los objetivos y acciones de la empresa en pos de un ideal de calidad tengan como referencias a las fuentes externas. El concepto **bechmarking** se refiere a la *observación que hace un empresario en forma estratégica y crítica de los procesos y atributos sobresalientes en otras empresas, ya sea del mismo rubro o de otro, para incorporarlos a su empresa*. El benchmarking es un proceso *imitativo* de lo *externo*, y la empresa puede realizar la incorporación de aspectos sobresalientes y exitosos de dos maneras: *en forma directa o literal*, o con las consecuentes *adaptaciones* que requieren las particularidades de la estructura organizacional. El benchmarking también puede ser *interno*, cuando la empresa evalúa los aspectos favorables y exitosos de ciertos procesos o áreas internas de la empresa, y los extiende en forma adaptada a las demás secciones de la organización. En ambas clases de benchmarking, externo o interno, se produce una cierta permeabilidad hacia aspectos sobresalientes de calidad.

1.2. La gestión de calidad en los mercados mundiales

1.2.1. La cuestión de calidad en las operaciones internacionales

Un sistema de calidad se puede desarrollar de acuerdo con **especificaciones escritas o verbales**, que generalmente provienen del estrato directivo y penetran todas las funciones y operaciones de la empresa. Pero también este plan se puede llevar a cabo dentro de un sistema de aseguramiento de calidad, en concordancia con **normas de calidad**. Estas normativas no tienen carácter obligatorio, pero poseen reconocimiento nacional o internacional, y su objetivo es determinar qué debe hacer el empresario para obtener la certificación de calidad. La empresa desarrollará el **plan de calidad**, los **procedimientos** generales y particulares y las **prácticas operativas**, teniendo como guía estas normas o estándares. La **normalización** o adecuación a estándares reconocidos de calidad *mejora los sistemas de control interno de la empresa* y son una **garantía** de que se ha cumplido con determinados parámetros y requerimientos que aseguran ciertas condiciones de excelencia en el proceso interno de una organización. En ciertos casos, la exigencia del cumplimiento de normas de calidad constituye verdaderas **barreras comerciales**, impuestas de hecho, para penetrar ciertos mercados externos desarrollados. Esta certificación puede *mejorar las condiciones de acceso* a esos mercados y, por otra parte, obtener una revalidación de dicha normalización por parte de los países miembro de un acuerdo regional. Con una adecuada gestión de calidad, la empresa genera en los países penetrados una **imagen más competitiva**. Por otra parte, la implementación de parámetros internacionales de calidad permite al pequeño y mediano empresario que accede a los mercados externos lograr una **mejora en los costos** y una optimización de sus acciones para una **mayor satisfacción del cliente**. En algunos mercados internacionales, el cumplimiento de estándares es obligatorio para el ingreso a los mismos y dicha normalización lleva el nombre de **homologación**.

1.2.2. Ciertos estándares de reconocimiento internacional

1.2.2.1. La serie de normas ISO 9000 versión 2000

A nivel internacional existen normas que tienen un vasto reconocimiento, que son las que componen la serie **ISO 9000 versión 2000**, emitidas por la Organización Internacional de Estandarización (ISO son sus siglas en inglés). *Esta normativa busca* (a diferencia de otras que se refieren a especificaciones relativas al producto) *la gestión de la calidad y la implementación de sistemas de calidad y de mejora continua en una empresa.* No obstante, la optimización de la forma sobre cómo la organización maneje sus procesos siempre afectará directamente al producto o a los servicios que comercializa. Estas nuevas normas tienen un alcance mayor que la versión 1994, están menos orientadas al sector producción y son **más genéricas**, por lo que pueden ser usadas por todas las empresas, con independencia de su tipo, tamaño y categoría de producto o servicio. Estas nuevas normas también han reducido significativamente los requisitos documentales para la gestión de calidad. Algunos especialistas opinan que se trata de una **filosofía empresarial** más que de un conjunto de normas. Las ISO 9000 (versión 2000) comprenden áreas fundamentales como son: *sistema de administración de calidad, responsabilidad de la gerencia en la gestión de calidad, administración de los recursos, elaboración de los productos o servicios,* y *pautas de medición, análisis y mejoramiento del desempeño empresarial.*

Estos estándares son compatibles con algunas normas de calidad internacional que existen para sectores específicos como aquellas que rigen para la industria automotriz, las telecomunicaciones, los artículos de software, los dispositivos médicos, entre otros, y la generalidad de dichas normas específicas se han adecuado y han sido actualizadas para reflejar los lineamientos de la serie ISO 9000 versión 2000.

Esta normativa tiene un lenguaje claro y sencillo, lo que la hace más accesible para las pequeñas y medianas organizaciones. Este enfoque basado en procesos presentado en estas nuevas normas, según el boletín del Centro de Comercio Internacional (CCI), *"tenderá a asegurar que los sistemas estén documentados e implementados de una manera que se ajusten a la forma particular en que la PyME (pequeña y mediana empresa) hace su negocio"* y además *"facilitará que las PyME gerenciadas por sus dueños demuestren un compromiso de la alta dirección hacia el sistema de gestión de calidad".*

Esta familia de las ISO 9000 está compuesta por:

— **ISO 9000:2000**, que especifica y explica los fundamentos y los términos utilizados en la serie ISO 9000 (versión 2000), así como los principios de gestión de calidad. Constituye un punto de partida para comprender las normativas de calidad de la serie.

— **ISO 9001:2000**, que estipula los requerimientos para un sistema de gestión de calidad con el que se pueda demostrar la capacidad empresaria de suministrar productos de acuerdo con lo requerido por los clientes. Se usan para certificación o para acuerdos contractuales entre proveedores y compradores. Explica *lo que debe* realizar una empresa, pero no *cómo lo debe hacer*, otorgando **gran flexibilidad** en la dirección y manejo del negocio empresario.

— **ISO 9004:2000**, que estipula *parámetros de orientación* sobre aspectos de *mejora continua* del sistema de gestión de calidad, para cumplir las necesidades y expectativas de todas las partes interesadas. Estas normas no se pueden usar para certificación, ya que no establecen requisitos, sino que su principal objetivo es orientar sobre la mejora continua del desempeño de una organización. Se basa en cuestiones de eficacia como de eficiencia (este último término se refiere a *hacer lo que es correcto de la forma correcta*).

La ISO 9004:2000 juntamente con la ISO 9001:2000 forman un **par coherente** que busca la **gestión de la calidad moderna con los procesos** y actividades empresarias, y hacen un especial énfasis en la promoción de **mejoras continuas** y en un objetivo primordial que es la **satisfacción de los requerimientos del cliente.**

Existen como parte de la serie ISO 9000 versión 2000, las **ISO/DIS 19001** (directrices sobre auditorías de sistemas de gestión de calidad y/o ambiental), estas normas, que se hallan en desarrollo, proporcionan orientaciones para la realización de auditorías de sistemas de gestión de calidad y/o ambientales, internas o externas con el propósito de medir la capacidad de dichos sistemas en el cumplimiento de los objetivos estipulados.

La serie ISO 9000 versión 2000 se basa en los siguientes principios rectores:

— enfoque **hacia el cliente** (mayor satisfacción del mismo a través de la provisión de productos conforme a sus requisitos);

— **liderazgo** (se destaca la importancia de la función de la alta dirección y su mayor compromiso frente al desarrollo y la administración de un sistema de gestión de calidad);

— **participación del personal** de la empresa;

— enfoque *basado en procesos* en busca de la eficiencia;

— el sistema está *enfocado* **para la gestión**, por medio de la identificación, comprensión y gestión de los *procesos interrelacionados*, dentro de un marco de eficiencia y efectividad;

— estipulación de la *mejora continua* como objetivo de la organización;

— enfoque basado en **hechos para la toma decisiones**, que hace hincapié en análisis de datos e información a tal fin;

— comprensión de la interdependencia empresarial con los proveedores, y **búsqueda de relaciones mutuamente beneficiosas** con los mismos.

Algunos otros requisitos que diferencian a estas nuevas normas son: estipulación de *objetivos de calidad mensurables* en los distintos niveles y funciones correspondientes, establecimiento de *procesos de comunicación* dentro de la empresa que permita la transmisión efectiva de los objetivos del sistema de gestión de calidad, seguimiento de la información relativa a la satisfacción del cliente para medir la eficacia del sistema, entre otros.

1.2.2.2. Las normas ISO 14000

Al igual que la serie 9000, las normas ISO 14000 constituyen un sistema de estándares genéricos de gestión de calidad que pueden ser aplicados a cualquier organización (comercial, industrial, de servicios, pública o privada). Estas reconocidas normas contemplan especificaciones y directrices para la **gestión ambiental**, rótulos ambientales y **ecoetiquetado**, y sistemas de evaluación del desempeño empresarial y su **impacto ambiental**, entre sus principales aspectos de índole ecológico. Estas normas permiten que cualquier empresa industrial o de servicios, de cualquier sector o actividad económica, pueda tener control sobre el impacto de sus acciones sobre el medio ambiente. Algunas de las consecuencias directas de la implementación de este sistema de gestión de calidad ambiental son: disminución del costo de manejo de desperdicios industriales, reducción del consumo de energía y de materiales, menores costos de distribución, mejoramiento de la imagen de la empresa ante los distintos agentes económicos que interactúan con la misma, continua mejora de la interacción de la empresa con el medio ambiente.

Estas normas son voluntarias, es decir que no tiene obligación legal su implementación. Dichas normas establecen un marco adecuado de gestión ambiental que exige a la empresa el **compromiso para una continua política ambiental**, el establecimiento de **metas para la mejora de su gestión con respecto al medio ambiente**, el desarrollo de una **cultura**

de actuación ambiental, y la realización de evaluaciones objetivas de los progresos o deficiencias en la gestión medioambiental.

Estos estándares se basan en los siguientes principios fundantes: desarrollo de una política ambiental empresarial, planeamiento de las actividades para el logro de dichos fines, desarrollo de las actividades planificadas y examen de la gestión. Las ISO 14000 comprenden instrumentos sencillos para el **resguardo de las condiciones medioambientales** a nivel mundial, promoviendo una gestión adecuada y racional de las actividades empresarias a tales fines. El aseguramiento de las empresas a través de estos criterios de gestión ambiental puede convertirse en un importante **factor de competitividad** para la penetración de mercados internacionales, mostrando a las acciones empresarias con un fuerte compromiso con las cuestiones ecológicas. Por otra parte, se mejora la imagen de la empresa, posicionándola en la sociedad como *coprotagonista activa*, en la reducción de **riesgos ecológicos globales.**

1.2.2.3. Otras certificaciones de importancia

No se va a desarrollar una exposición exhaustiva y completa de todas las demás certificaciones internacionales de importancia. El objetivo de este punto es brindar orientaciones sobre los **principales aspectos** sobre los cuales los pequeños y medianos empresarios pueden obtener convalidación internacional, a través de la intervención de organismos autorizados a tal efecto. El factor común de la obtención de las distintas certificaciones es que contribuyen, directa o indirectamente, a generar **mayores flujos comerciales** con respecto a los mercados mundiales.

1.2.2.3.1. Certificación de productos orgánicos

Estos productos son aquellos de carácter alimenticio cuya certificación por parte de una organización o entidad autorizada determina que cumple con una serie de normas aceptadas acerca de lo que se reconoce como "orgánico" para diversos productos. Las principales características que reúne un producto orgánico son: la **no utilización de pesticidas** ni herbicidas sintéticos, la no **existencia de bacterias peligrosas** en los productos, la **no utilización de ingredientes artificiales** o preservantes y el **no uso de fertilizantes sintéticos.** Con respecto al equipo de producción utilizado para la elaboración de productos que sean reconocidos como orgánicos, la empresa debe emplear **equipamientos industriales de acuerdo con**

normas del cuidado medioambiental, y que usen **técnicas sustentables** para el medio ambiente y que protejan los recursos acuíferos.

La Comisión del *Codex Alimentarius* (entidad conjunta de la Organización Mundial de la Salud —OMS— y la Organización de las Naciones Unidas para la Agricultura y la Alimentación —FAO—), ha desarrollado directrices para la producción, elaboración, etiquetado y comercialización de los productos orgánicos. A nivel internacional también existen normas de producción orgánica, como las elaboradas por la Federación Internacional de Movimientos de Agricultura Ecológica (IFOAM), que concentra a unas 700 organizaciones a nivel mundial, muchas de ellas de productores, de más de 100 países.

Los productos certificados como orgánicos en general tienen un **precio de venta mayor que los restantes de su categoría** debido a las complejidades y cuidados que exige su proceso industrial, y tienen un etiquetado y/o envasado que los distinguen como tales.

1.2.2.3.2. Certificación de productos no transgénicos

Ciertos productos pueden estar producidos a partir de **organismos genéticamente modificados** (OGM). Un OGM, que también es conocido con el nombre de transgénico, es una planta o animal al que se le han introducido los genes de otra especie para darles algunas características de esta última y con ciertos objetivos (vida comercial más larga del producto, resistencia a condiciones ambientales y a enfermedades, mejora en sus cualidades nutritivas, etc.). Dichas **experiencias biotecnológicas** se producen en laboratorios y son aplicadas discrecionalmente a los productos para su transformación, es decir que dicha modificación no se produce de una manera natural por multiplicación o recombinación natural.

No existen estudios que certifiquen que estos productos con alteraciones no produzcan daños a la salud del consumidor y al medio ambiente, pero sí existen investigaciones sobre los **efectos indeseables** (alergias, resistencia a antibióticos, efectos tóxicos) que pueden producir los productos con OGM en el organismo del consumidor. La condición de no transgénicos de un producto puede ser determinada a través de análisis que determinen la no existencia de organismos genéticamente modificados.

Existen acuerdos internacionales que exigen que los productos transgénicos **sean identificados** para resguardar el derecho de información de los consumidores. Existe un consenso en el organismo regulatorio internacional que es la Comisión del *Codex Alimentarius* (FAO) sobre necesidad de etiquetamiento de los alimentos transgénicos para proteger el derecho a la seguridad de los consumidores, a pesar de ello muchas empresas se resisten a la colocación de etiquetas en los productos con OGM. Con respecto al comercio internacional de los productos transgénicos, se ha establecido en acuerdos internacionales sobre la temática, que las empresas que quieran comercializar productos alterados genéticamente deberán notificarlos de manera fehaciente a los gobiernos del país importador, el que podrá establecer **restricciones al ingreso del producto** si considera que puede afectar al medio ambiente o a la salud de la población.

1.2.2.3.3. Certificación HACCP

La certificación **HACCP** es aquella relativa al **Sistema de Análisis de Peligros y Puntos de Control Críticos**. Basado en las directrices del *Codex Alimentarius*, este sistema consta de principios científicos y técnicos aplicados, según STEVENSON, *"a todas las fases de la producción de alimentos, incluyéndose a la agricultura básica, la preparación y manejo de alimentos, los servicios alimentarios, los sistemas de distribución y manejo, y el uso por parte del consumidor"*. Este sistema reconocido internacionalmente garantiza la **inocuidad de los alimentos** a través de la implementación de acciones específicas. Se basa en principios de prevención antes que la inspección, y este programa lleva el control de los factores que afectan a los ingredientes, al proceso y al producto.

La empresa que obtiene esta certificación demuestra ante la comunidad internacional su habilidad para administrar herramientas de **prevención de situaciones de peligros** (físicos, químicos y biológicos) en la manipulación de alimentos (sea que estén ocurriendo en forma natural en el ambiente, o por errores en el proceso de manufactura). La certificación de estos aspectos le permite a la empresa **incrementar las oportunidades de comercialización internacional** de sus productos hacia mercados donde está regulado y reconocido el sistema HACCP. Por otra parte, se abren las posibilidades de integrar este sistema con otros sistemas de gestión de calidad como son las ISO 9000.

1.2.2.3.4. Certificación de buenas prácticas de manufactura (BPM)

Estas normas se basan en las prácticas de higiene del *Codex Alimentarius* y tienen como objeto el desarrollo de buenas prácticas de elaboración del producto y la observación de condiciones higiénicas y sanitarias óptimas (con el fin de evitar problemas de contaminación) en los establecimientos elaboradores/industrializadores de alimentos.

Entre los principales temas desarrollados por estas normas se hallan: requisitos sobre los **establecimientos** (en cuanto a su emplazamiento, zonas de tránsito y manipulación de los productos, evacuación de efluentes, etc.); **requisitos de higiene** a cumplir (que incluyen conservación de equipos y utensilios, aseo y desinfección, almacenamiento de subproductos y de sustancias peligrosas, eliminación de desechos, etc.), **cuestiones de higiene personal** de las personas que manipulan productos (lavado de manos, estado de salud, utilización de guantes, etc.), así como **requisitos higiénicos de elaboración** (en lo referido a la utilización de la materia prima, la contaminación cruzada, y al empleo del agua, el envasado de los productos, entre otros temas). También se incluyen lineamientos relativos al **almacenamiento y transporte de materias primas y productos terminados** y cuestiones referidas al **control de alimentos**.

Las BPM son una herramienta básica para la obtención de productos aptos e inocuos para el consumo humano, y hacen hincapié en aspectos de higiene y manipulación en los procesos y productos relacionados con la alimentación.

1.2.2.3.5. Seguridad y salud ocupacional

Actualmente la preocupación de las organizaciones abarca otras áreas, como son la salud y seguridad de los trabajadores. A tal efecto existe reconocimiento a nivel internacional de las certificaciones sobre la base de las normas **OHSAS 18001** (Sistema de Administración de Salud Ocupacional y Seguridad) en las que se evalúan dentro de la empresa un **sistema de gestión de seguridad y salud ocupacional**. Es decir que estas normas establecen requisitos para un sistema de gestión de seguridad y salud ocupacional que le permita a la empresa *controlar los riesgos* en dicho sistema y *mejorar el desempeño* del mismo. La obtención de la certificación permite el reconocimiento de la existencia de un adecuado sistema de gestión de los aspectos laborales dentro de la empresa por las partes interesadas, los clientes, los aseguradores y la comunidad en general. Dichas normas hacen énfasis en las *prácticas proactivas preventivas*, mediante la identificación de potenciales peligros y control de los riesgos en el ámbito de trabajo. Algunas ventajas de esta certificación son la reducción de accidentes de trabajo, de tiempos improductivos y de gastos médicos laborales, y el mejoramiento en la estabilidad de los empleados y su satisfacción. Otros beneficios son la **obtención de nuevos negocios internacionales como consecuencia de la demostración de compromiso con la salud ocupacional**, mejor negociación ante compañías aseguradoras, mejor posición empresaria ante los organismos gubernamentales de control laboral. Este sistema de gestión es compatible con otros sistemas como los establecidos por la serie ISO 9000 y 14000.

1.2.2.3.6. Certificación de sistema de responsabilidad social

El sistema conocido como SA 8000 (o Responsabilidad Social 8000) toma como referencia las mismas técnicas de auditoría de gestión de las ISO y su objetivo es la certificación de **condiciones de trabajo decentes**. El SA 8000 utiliza un sistema de acciones correctivas y preventivas y tiene sus basamentos en los principios de derechos humanos (como la *Declaración Universal de Derechos Humanos*, la *Convención de las Naciones Unidas sobre los Derechos del Niño* y las *Convenciones de la Organización Internacional de Trabajo*). Las principales áreas que abarca este sistema son: **trabajo forzoso, trabajo infantil, salud y seguridad, asociación libre y derecho a la negociación colectiva, prácticas disciplinarias, discriminación, horarios de trabajo, compensación y sistemas de gestión.**

Permite a las empresas que obtienen la certificación posicionarse a nivel internacional como empleadores *responsables y comprometidos desde el punto de vista social y laboral.*

1.2.2.3.7. Otras certificaciones internacionales

Más allá de lo determinado para las normas ISO 14000 y las otras citadas precedentemente, algunas certificaciones internacionales pueden convalidar *aspectos temáticos muy específicos* de la actividad empresaria como:

— **Utilización de fuentes de energía limpias:** en términos generales, el consumo de energía (sobre todo la proveniente de fuentes tradicionales) en los procesos industriales tiene efectos nocivos para el sistema medioambiental. No obstante, existen ciertas fuentes de energía que son más eficientes o menos contaminantes por lo que su utilización disminuye el impacto sobre el medio ambiente. Entre las mismas fuentes se incluyen el *gas natural* y las fuentes de energía renovables, como la *solar* y la *eólica*, que forman parte de un sistema de gestión *ecoindustrial*.

— **Desarrollo de procesos industriales menos contaminantes:** estos aspectos son de vital importancia para aquellas empresas que identifican los impactos de su actividad sobre el medio ambiente y que buscan reducirlos. Dichas certificaciones exigen variaciones en sus procesos de producción o el diseño de sus productos para que consuman menos materias primas, utilicen menos recursos naturales o *minimicen el uso de materiales contaminantes o tóxicos*. Al respecto, existen ciertas certificaciones internacionales basadas en *análisis y evaluación de riesgos medioambientales*.

— **Adecuado aprovechamiento de residuos**: las empresas que reciclan se encargan de que ciertos materiales usados puedan ser nuevamente utilizados; por lo que la importancia de estas acciones está dada por la disminución de la cantidad de materias primas extraídas de la naturaleza y adicionalmente el reciclaje disminuye la cantidad de los desechos producidos que afectan en forma negativa al medio ambiente. Estas certificaciones pueden abarcar validaciones sobre la *no utilización de materiales sintéticos reciclados, uso de materiales naturales reciclados*, así como *requisitos y contenidos mínimos que deben reunir los envases y embalajes* a los fines de su reciclado.

Otras temáticas son las certificaciones referidas al **adecuado tratamiento de residuos peligrosos** (entre los que se encuentran los desechos especiales, de radiación industrial y patológicos) y al efectivo cumplimiento de leyes y convenios internacionales respectivos a tal efecto.

Las pequeñas y medianas empresas que gestionan sistemas industriales ambientalmente sostenibles y obtienen certificaciones que ratifiquen dichos aspectos tienen una doble ganancia estratégica:

— Contribuyen al cuidado del medioambiente y resguardo de la salud de la población.

— Ofrecen una importante diferenciación en el mercado, frente a sus competidores y se posicionan ante los compradores como *amigables y comprometidos con el medio ambiente*, lo que les permite conservar y obtener más clientes.

2. Competitividad en el comercio internacional

2.1. Actitud competitiva en el mercado mundial

2.1.1. Estrategia competitiva de la pequeña y mediana empresa

La pequeña y mediana empresa tiene una estructura achatada, con pocos niveles jerárquicos, que le ofrece gran flexibilidad operativa para adaptarse a los cambios del entorno; además, posee una alta habilidad de reconversión de su estructura, y una capacidad de desplazamiento de recursos de actividades improductivas hacia negocios más productivos. La estrategia de la organización de pequeño porte debe estar centrada en la detección de las distintas **oportunidades** que se presentan en el mercado internacional. La percepción de las potenciales oportunidades mundiales debe realizarse dentro de un aspecto más amplio, que incluya el análisis de la **competencia** en los mercados externos, para posicionar las ventajas diferenciales relativas, que presenta la empresa con respecto a las demás que operan en un determinado país.

El empresario debe llevar a cabo una evaluación de la posición competitiva empresaria respecto al consumidor, es decir, determinar qué **diferencial de valor** aporta la empresa en los atributos de su producto y en los servicios relativos al mismo. Es vital descubrir cuáles son los procesos o atributos de **excelencia** ofrecidos al mercado, a través del análisis de la competencia, como de empresas no competitivas, para que sean adecuados y adoptados por la propia empresa a través de una estrategia de benchmarking.

2.1.2. Distintos aspectos diferenciales de competitividad de la empresa

Dentro de este estudio estratégico, la empresa analizará sus **recursos internos** (humanos, de imagen, financieros, económicos, tecnológicos, de innovación y de comercialización), a ser destinados a los mercados. En relación con los recursos de comercialización, debe buscar cuáles son las **ventajas competitivas** que la diferencian respecto de las distintas ofertas que existen en el entorno internacional. Entre los principales recursos de comercialización competitiva se encuentran:

— Grado de **desempeño** de los vendedores, agentes, o distribuidores internacionales que utiliza la empresa para acceder a los mercados externos.

— Capacidad de **adecuación** a los entornos específicos y diferenciales (culturales, económicos, legales, políticos), de cada mercado-país. La empresa debe adoptar una **posición equilibrada** entre la estandarización y adaptación de las distintas variables de la mezcla comercial, teniendo en cuenta barreras y ventajas que existen en cada mercado puntual.

— Habilidad de **satisfacción** de los requerimientos del consumidor y creación de condiciones de lealtad hacia la marca de la empresa, que implican una orientación total de las actividades externas hacia el mercado. Es posible que la empresa tenga niveles de especialización en ciertos aspectos: servicios, tecnología, materiales utilizados, packaging, que la diferencien de la competencia.

— **Motivación** del personal de la empresa hacia las operaciones internacionales que ubican al comercio exterior como una actividad prioritaria dentro de la visión empresarial.

— Condiciones óptimas de **precio** y de financiamiento del producto. Desde un punto de vista más amplio, se debe considerar el **valor** percibido por el consumidor (que relaciona el precio pagado por el producto con los beneficios obtenidos por su uso o consumo).

— Capacidad de **respuesta** de la empresa en la prestación de distintos **servicios** conexos al producto comercializado internacionalmente (atención de reclamos, asesoramiento preventa sobre modelos, asistencia técnica, puntualidad de las entregas, efectividad de las distintas funciones de distribución internacional, etc.).

— Niveles de **calidad** alcanzados (a nivel de productos y servicios, de procesos internos, de vinculaciones e interconexiones con proveedores, clientes, y entidades).

— Altos niveles de **flexibilidad** y *timing* que generan una capacidad de ajuste ante cambios bruscos producidos en el entorno de la empresa (devaluaciones o revaluaciones de la moneda nacional, imposición de barreras paraarancelarias en determinados mercados). Esta cualidad comprende una gran *capacidad intuitiva* de los recursos humanos de la empresa para diagnosticar potenciales escenarios comerciales y se centra en un espíritu *de anticipación y predicción estratégica* ante las distintas transformaciones del entorno empresarial.

— Capacidad de innovación y **creatividad** grupal de la empresa. Debe existir una constante generación de distintas alternativas para cursos de acción, variables de comercialización y canales a ser utilizados por la organización. Uno de los principales recursos con los que cuenta la empresa, es el *estilo y talento del capital humano* que produce y multiplica *ideas* en forma constante. Se debe desarrollar un ámbito de reflexión abierta, para la creación de *nuevas visiones* sobre las distintas problemáticas que afectan a la organización en el acceso y diversificación de sus operaciones internacionales.

— Estrategia de **comunicación** de la empresa y diseño y funcionamiento de los sistemas de información que vinculan a la empresa en sus fases interna y externa.

— Espíritu favorable a la constitución de **alianzas** estratégicas y emprendimientos conjuntos de exportación o producción.

— Selección de los **mercados** externos más adecuados a la orientación internacional de la empresa, contemplándose *ritmo y forma de acceso, línea de productos ofrecidos* y *recursos* asignados a los mismos.

— Capacidad de generación de **economía de escala** en los mercados externos, es decir, el *mejor reparto de los costos fijos* que se produce por el aumento de los bienes comercializados, lográndose precios más competitivos.

— Habilidad para la generación de **economías de alcance** en los mercados externos. Este concepto significa lograr ahorros en costos por la ampliación de línea en un determinado mercado que permite *compartir experiencia e información entre los distintos productos* ofrecidos por la empresa en ese mercado.

— Eficiencia en el **posicionamiento** desarrollado y en la obtención de mayores participaciones (*market share*) en los mercados externos.

— Progresiva y sostenida **internalización de la experiencia** que la empresa va obteniendo en el desarrollo de sus operaciones internacionales.

— Posibilidad de generar un **capital de marca** como un activo importante en la generación de valor de la empresa.

— Capacidad de generar *economías de marketing* y *economías de investigación y desarrollo*, por la ampliación de los mercados penetrados que le permiten el aprovechamiento global de las actividades de comercialización e innovación.

— Eficaz aprovechamiento de los beneficios que obtiene la empresa por estar localizada en un **mercado regional**, que conlleva la **expansión** de sus actividades comerciales hacia los distintos miembros del bloque así como hacia los países de extrazona.

— **Actitud armónica** que la empresa debe tener en la adopción de estrategias extremas, como la *concentración* y la *expansión de mercados* y la consideración y evaluación de algunos factores como: grado de desarrollo comercial de la empresa en cada mercado, existencia de requerimientos de adaptación de atributos del producto a cada mercado, estabilidad de las ventas, ciclo de vida del producto, etc.

— **Persistencia** en la obtención de las **metas** fijadas para los mercados mundiales.

— Continuidad sostenida y **seriedad** en los **compromisos** asumidos.

— **Honestidad comercial** en las actividades desarrolladas por la empresa. La organización debe contemplar en sus acciones un *comportamiento ético* y estipular *reglas de juego claras* para sus operaciones externas, alejándose de prácticas desleales como el **dumping**, defraudación o engaño comercial, etc.

— Otras cuestiones como: desarrollo de **patentes**, obtención de **certificaciones internacionales de calidad**, que formen parte de los recursos de valor con los que cuenta la empresa.

2.2. La generación de valor y la misión empresarial

La **generación de valor** de una empresa dentro de una estrategia competitiva internacional tiene *beneficiarios externos* como el *consumidor o usuario externo*, pero además tiene múltiples beneficiarios internos como los *socios*, el *personal directivo* y los *empleados*. Desde un punto de vista macroeconómico, también puede considerarse *al Estado* en el cual tiene localización la empresa como otro destinatario del valor añadido por la organización que se internacionaliza, por distintos factores como: pago de tributos, generación de nuevos empleos, ingreso de divisas y aumento de la productividad.

La compañía debe **crear nuevos mercados** en el ámbito internacional. Para cumplir con este objetivo, la organización no debe conformarse con la penetración de los segmentos existentes en un determinado país, sino que debe explorar la potencial penetración en **nichos** específicos de mercado que no hayan sido explotados por la competencia. Por ello, deberán ser cuidadosamente identificadas cuáles son las **actitudes estratégicas** que generan **valor** hacia el cliente y que permiten un **contacto** más íntimo con el mismo, para la satisfacción total de sus necesidades. Todas las actividades mencionadas se deben desenvolver en **coherencia** con la **misión** de la empresa, es decir, la orientación final que persigue, y en concordancia con sus **objetivos** financieros, económicos y comerciales.

Las estrategias empresarias con respecto a los mercados externos estarán compuestas por una serie de distintas **alternativas** para cumplimiento de los *objetivos de internacionalización*, que tienen en cuenta los **recursos** existentes. Dentro del marco de dichas estrategias, el empresario debe fijar **metas realistas** para la consecución de los fines determinados.

Existen factores externos a la empresa que condicionan los niveles de competitividad a alcanzar, entre ellos se puede mencionar:

— **costo del financiamiento** empresario;
— **políticas gubernamentales** que afectan al sector industrial;
— costo de los insumos de **energía**;
— normas **impositivas** y laborales;
— sistemas de **infraestructura** de comercio exterior;
— otros factores: política **cambiaria**, grados de **apertura** de la economía, grado de intervencionismo del Estado en la actividad comercial internacional.

2.3. La ventaja competitiva de un sector y de un país

2.3.1. Condiciones que crean competitividad en un sector de la economía nacional

En esta sección se van a definir los aspectos introductorios de la competitividad de las empresas y de las naciones, remitiéndose al lector a la literatura más específica para profundizar estas temáticas. Siguiendo al Dr. PORTER —uno de los especialistas más relevantes en la temática de estrategia y ventaja competitiva—, en dos de sus principales libros *Estrategia competitiva* y *La ventaja competitiva de las naciones*, es posible determinar cinco fuerzas que influyen e interactúan para conformar **el nivel de competitividad** de una empresa, dentro de un determinado sector de la economía de un país.

El primero de dichos aspectos es el potencial ingreso de **nuevos competidores al mercado.** La intervención de estos nuevos operadores trae como consecuencia la *disminución de precios, márgenes* y *nivel de productividad* dentro del sector. Todas las organizaciones que consideren la posibilidad de acceder a un determinado entorno competitivo deberán realizar una profunda evaluación de las *trabas* que existen para la empresa en su ingreso al mercado, como: exigencias de economías de escala para ser competitivos, existencia de *elementos de diferenciación* en sus productos, *requerimientos de capital fijo y operativo* para acceder al sector, costos que significan para el consumidor el *cambio de un proveedor* hacia otro, facilidad de *acceso a una adecuada estructura de distribución*, existencia de *políticas estatales* que desalienten el ingreso de nuevas empresas y ventajas en costos no vinculadas con las economías de escala (por ejemplo: subvenciones gubernamentales otorgadas a ciertas empresas, aprovisionamiento eficiente de materias primas).

El segundo factor es la **existencia real o potencial de productos sustitutos**. La existencia de estos bienes permiten que el consumidor, ante el aumento de los precios de un producto, *desplace su compra hacia otro bien más económico*, que satisfaga sus necesidades en forma similar.

El tercer factor es la **habilidad negociadora de los compradores**, que está determinada por su *poder de influencia para reducir los márgenes de utilidad de la empresa*, y tiene relación con los *volúmenes de compra* de los consumidores y con las ventajas de negociación que obtiene cada parte en los acuerdos comerciales. Este aspecto también tiene estrecha vinculación con el *nivel de diferenciación del producto que es comercializado por la empresa*, y con la importancia relativa de las compras del producto sobre la totalidad de erogaciones del comprador.

La **capacidad negociadora de los proveedores** es el cuarto factor importante, tiene relación con: cantidad de proveedores existentes en el sector, grado de diferenciación de los productos ofrecidos por cada uno, existencia de marcas y atributos propios, y el costo que significa para el comprador el cambio de sus adquisiciones hacia otro proveedor.

El quinto impulsor es la **intensidad de las acciones de los competidores**, que puede generar efectos positivos sobre todo el sector comercial o industrial como: reajuste racional de los costos, mayor madurez del sector, grado de diferenciación de los bienes ofrecidos por las empresas y esfuerzos desplegados en forma estratégica por la competencia para mantener su posición en el mercado.

2.3.2. Enfoques competitivos de la empresa

MICHAEL PORTER expone que la ventaja competitiva puede tener un enfoque hacia los costos o hacia la diferenciación dentro de un marco limitado; enfoque que se orienta **hacia la segmentación**, es decir, se busca direccionar las acciones empresariales hacia *mercados meta bien definidos*. Desde un enfoque más amplio de comercialización, es decir, para una gran cantidad de mercados y/o una extensa línea de productos, la empresa puede lograr **liderazgo en costos**. Para lograr costos más reducidos de un sector a nivel internacional, es vital el diseño de estrategias que busquen un alto grado de eficiencia en términos de escala productiva y que contemplen innovaciones en los procesos industriales. La estrategia de *costos líderes* implica el mejoramiento de procesos productivos, reestructuración eficiente de los canales de distribución, e inversiones incrementales de capital en reingeniería de procesos.

Por otra parte, la empresa también puede desarrollar una estrategia competitiva de **diferenciación** a través de marca, calidad, diseño, confiabilidad, servicios u otro atributo, que le permita incrementar aceleradamente su participación en el mercado y defender su posición del embate de los competidores. El desarrollo de esta estrategia requiere algunas acciones concretas como: inversiones en investigación, producción de ideas creativas, actualización tecnológica, mejoramiento de las habilidades comerciales y construcción de vínculos cooperativos entre los operadores de un mercado.

2.3.3. Condiciones de competitividad de una nación

Para el desarrollo de una ventaja competitiva nacional en algunos sectores, el Dr. PORTER define una estructura de *diamante de la competitividad* que consta de varias fases interrelacionadas: disponibilidad de **factores**, humanos, intelectuales, de capital, naturales e infraestructurales, existentes en un país y sus relaciones con la estructura productiva del sector; existencia de una amplia y creciente **demanda a nivel doméstico** que conformen un importante mercado de consumo nacional; desarrollo de **empresas** que presten **asistencia** a organizaciones de otros sectores, y configuración de un importante **escenario competitivo** a nivel nacional con dinamismo y apto para nuevas actividades empresariales.

Dos factores complementarios del diamante son la existencia de hechos eventuales, como conflictos bélicos y fluctuaciones cambiarias, y la influencia de la **intervención estatal** en la actividad económica y comercial del país, así como en los aspectos educativos. Este modelo, que ha sido desarrollado sintéticamente, se ha visto relativizado *por la fuerte influencia existente en algunos países de las actividades estatales*, que a través de la fijación de barreras, regulaciones, requisitos de inversión directa, han afectado sensiblemente los parámetros de competitividad relativa entre las naciones. El desarrollo expuesto tampoco contempla en profundidad las **vinculaciones** entre los **diamantes** de dos o más países que, en ciertos casos, pueden generar competitividad acrecentada y sinérgica para operaciones que realicen las empresas de dichos países entre sí. Un reconocido especialista, el Dr. D'AVENI, sostiene una posición extrema en la que *ninguna ventaja puede sostenerse por un tiempo prolongado*, ya que dichas ventajas se van construyendo y destruyendo en un proceso continuo que desenvuelve un marco de *hipercompetencia*, ubicándose la comercialización en una posición privilegiada en la creación y desarrollo de mercados.

3. Creatividad en la comercialización internacional

3.1. La creatividad y las disciplinas empresariales

3.1.1. Significación de la creatividad

Es común asociar el concepto de creatividad con las ideas exóticas o extravagantes, y existe la creencia generalizada de que todo lo que es creativo solamente tiene una vinculación natural con las disciplinas artísticas. Este enfoque de la creatividad es muy limitado y no admite que las **cuestiones creativas** puedan ser extendidas a otras áreas no vinculadas con el arte. Es importante reconocer que la creatividad puede ser aplicada en las ciencias empresariales, y más específicamente, en las actividades de comercialización internacional. El **espíritu creativo** debe ser desarrollado en los distintos procesos y acciones empresariales de acceso a los mercados externos. La visión creativa propone *nuevas formas de realizar las actividades*, para obtener resultados acordes con los objetivos preestipulados. Las ideas originales no tienen sentido por sí mismas, si no son puestas en práctica, y deben ser el camino para el paso de una situación presente que se quiere modificar hacia un escenario futuro deseado.

3.1.2. La actitud de generación de opciones innovadoras relativas a la internacionalización

Para la empresa que nunca ha exportado, el hecho de tomar la *decisión de internacionalizarse* y comenzar a *desplegar las actividades del plan de negocios externos* ya implica un proceso creativo. La penetración de mercados externos conlleva para la organización una actitud de **diversificación de alternativas** con respecto a mercados, utilidades, riesgo y asignación de recursos, no quedando limitada la acción empresarial únicamente hacia el mercado interno. La empresa que desarrolla actividades internacionales puede *explorar soluciones no tradicionales* para los desafíos que se le plantean en su actividad comercial. Dentro de un enfoque internacional existen múltiples estrategias potenciales a adoptar por la empresa para el logro de sus objetivos, siendo algunas vías más *obvias*, y otras *menos tradicionales*.

El primer concepto de importancia sobre este tema es que *con respecto a los mercados internacionales, es vital que la empresa evalúe la mayor cantidad de* **alternativas** *sobre los siguientes aspectos*:

— Soluciones a los distintos **problemas** de la empresa con respecto a los mercados externos.

— Formas de acceder a la **información** sobre los mercados internacionales y distintos enfoques de análisis de los datos obtenidos.

— Formas de **segmentación** a utilizar en el mercado externo.

— **Presentaciones** (diseño, color, forma, tamaño y otras características) que tendrá el producto para adecuarse a los mercados seleccionados.

— Formas de **posicionar** el producto y comunicar sus atributos.

— **Mercados** potencialmente beneficiosos para comercializar el producto.

— Formas de eludir o amortiguar el efecto de las **barreras** arancelarias o paraarancelarias existentes en los mercados de destino.

— **Canales de penetración** a utilizar para el acceso internacional.

— Vías de **distribución** existentes o a crear en el mercado de destino.

— Estipulaciones de los diversos componentes de una política de **precio**.

— Formas de reacción ante las actitudes de los **competidores**.

— Variedad de **servicios** que satisfarán las necesidades del consumidor.

— Diseño de la **estrategia general** de comercialización y análisis de las distintas variables potenciales en cada una de sus etapas.

3.1.3. El pensamiento lateral y la generación de múltiples opciones

Lo que se busca con la aplicación de un enfoque creativo en la comercialización internacional es otorgar mayor **libertad** en el surgimiento de **opciones potencialmente útiles** para el negocio de la empresa, no limitándose sólo a las más cotidianas y reconocibles, sino procurando *multiplicar la cantidad de alternativas,* aun considerando, en una primera etapa, vías de carácter excepcional o no tradicionales. De esta forma, el empresario puede realizar un análisis de **nuevas posibilidades**, que generen una mejora continua de la competitividad de la empresa en los mercados externos. Este enfoque busca, en uno de sus aspectos más importantes, *más de una alternativa* para resolver los problemas y cumplir con los objetivos de internacionalización, para luego elegir la más conveniente. Esta multiplicidad de opciones tiene que ser generada en un marco de **espontaneidad** y de supresión de juicios críticos. La creatividad aplicada a la actividad empresarial se caracteriza por una intensa actitud de **curiosidad** y generación de ideas que puedan ser canalizadas en la realización de un proyecto, a través de acciones innovadoras. El abordaje creativo del comercio internacional implica, en ciertos casos, un **mayor riesgo** que no tiene la actividad rutinaria y repetitiva.

Dentro de lo que se conoce como **pensamiento lateral**, que originariamente ha sido desarrollado por el Dr. De Bono, se debe lograr la mayor cantidad de opciones para abordar una determinada temática, con el fin de lograr reestructurar los modelos mentales del pensamiento lógico. En una primera etapa no se deben juzgar si las múltiples alternativas que se van generando son adecuadas o no, sino que *lo importante es el número de opciones que se generen en forma provisional*, para luego, en un segundo momento, filtrarlas dentro de un proceso analítico racional. Esta forma de abordaje busca superar las barreras del **conservadurismo** convencional y mediocre que puede caracterizar a las actividades de la empresa y permite **reimaginar** *nuevos y originales escenarios para el cumplimiento de sus metas.*

3.2. Diferentes actividades creativas relacionadas con las operaciones externas

3.2.1. La creatividad en el abordaje de problemas de internacionalización

Con respecto a la **problemática** que puede afectar a la empresa en su proceso de incursión en los mercados externos, se debe *buscar descomponer el problema en distintas partes*, para poder analizar cada uno de sus componentes en forma detallada. Por ejemplo, el problema de *falta de fondos en la empresa con respecto a los mercados internacionales*, se puede descomponer en:

— Falta de fondos para estudio de mercados internacionales.

— Falta de fondos para la compra de materia prima para fabricar productos para exportar.

— Falta de fondos para cubrir el ciclo operativo que va desde el embarque hasta el cobro.

Cada una de esas partes se puede a su vez subdividir (no necesariamente dicha subdivisión se tiene que realizar en unidades naturales), y el objetivo principal de este enfoque es obtener múltiples alternativas para la solución eficaz del problema.

Cualquier problemática puede ser *reformulada creativamente*, a través de **nuevas concepciones** del problema. En relación con el ejemplo del problema antes citado, de *falta de fondos de la empresa con respecto a los mercados internacionales*, el mismo puede ser recreado de la siguiente manera: *la empresa en forma individual no posee financiamiento para las actividades externas.* Este nuevo enfoque que agrega la palabra *individual*, permite considerar otras alternativas como son la terciarización, las alianzas estratégicas, entre otras. Para la reformulación de un problema se puede reescribir, subdividir, agregar o suprimir algún detalle, hacerlo más general o más específico, cambiar el foco de atención, o transformar totalmente la presentación de la problemática.

3.2.2. El torbellino de ideas para el problema de internacionalización

Para un determinado problema que afecte la internacionalización, también se puede utilizar el método del **torbellino de ideas**. Esta técnica, también conocida como *brainstorming*, implica un encuentro programado que involucra miembros de distintas áreas de la empresa, en el cual dentro de un límite temporal acotado (no más de 15 minutos por encuentro), los participantes van exponiendo ideas sobre el tema *en forma interactiva*, y cada idea comentada por una persona motiva la generación de otras ideas por parte del resto de los asistentes. Tiene que haber una persona que registre el evento por escrito y otra que dirija las intervenciones. *Es importante que no haya críticas intrapersonales ni interpersonales* para que se consiga la mayor cantidad de enfoques sobre la temática analizada. Luego de anotada todas las exposiciones, en una etapa posterior, se filtrarán y depurarán las alternativas más viables.

3.2.3. Cambio de enfoque para el problema de internacionalización

En ciertos casos, la empresa no conoce cuáles son los obstáculos cruciales que afectan su acceso internacional, por lo que se deben realizar *preguntas agudas y precisas*, considerando **diferentes contextos y enfoques probables**, para arribar a imágenes clave e ideas fuerza que comprendan las soluciones a la problemática. Ciertas palabras impulsoras (por ejemplo: por qué, cómo, qué pasaría si...) pueden ser de gran utilidad para la formulación de la base de discusión. Dentro de lo posible, los problemas sobre la internacionalización tendrán que ser **debatidos en forma grupal**, con la participación y complementación de los diversos sectores de la empresa que sean más relevantes (financiero, comercial, contable, jurídico, etc.) para el análisis de los problemas.

3.2.4. Adaptación de analogías para la solución de problemas

Se puede buscar en la resolución de problemas sobre internacionalización, la adaptación creativa de los modos de actuación de otras empresas en la resolución de problemáticas similares; también es importante buscar la conexión del problema con **situaciones análogas** (o sea, aquellas en las cuales exista algún punto en común, aunque pertenezcan a otros campos no similares al tema a resolver) que se hayan presentado en otras áreas internas de la empresa, y que sirvan de vehículo para el abordaje del conflicto.

Un análisis creativo de la problemática de comercio exterior implica, no sólo una visión del problema en sí, sino *escudriñar los impedimentos que se presentan, juntamente con los **impulsos** que se generan dentro de la empresa para penetrar los mercados internacionales, así como también los **recursos** con los que el empresario cuenta a tales fines.* Esto implica el cuestionamiento de una situación, no sólo haciendo énfasis en el obstáculo existente, sino además destacando la **oportunidad** que brinda la misma para la acción. Luego de un **análisis global** de la problemática, necesariamente se debe proceder a la resolución de la misma con la elección de una alternativa creativa que lo supere en forma más eficiente.

3.2.5. Distintos enfoques de observación, combinación y aplicación de los datos internacionales

En relación con la **información sobre los mercados internacionales** se deben buscar diversas **formas de análisis** de la misma, buscando variadas combinaciones de los datos suministrados por las distintas fuentes. En la evaluación de los datos, la empresa debe tomar varios **puntos de partida** o marcos de referencia, por ejemplo, desde el punto de vista de *segmentación,* de *barreras comerciales* existentes o del *entorno competitivo,* etc. En este análisis se deben prever numerosas alternativas de **reordenación creativa** de la información, así como su agrupamiento y partición, para buscar *nuevas perspectivas y elementos implícitos* en la misma.

Se debe buscar la aplicación de determinados datos sobre un mercado-país para las acciones a desarrollar en el mismo, pero además es importante evaluar la utilidad que éstos ofrecen para **otros mercados** u otras actividades de la empresa, inclusive para operaciones del mercado interno. Es decir que la **interpretación creativa** de la información internacional no debe tener un único sentido a los fines de su interpretación y tratamiento, sino que es **multidireccional**, debiéndose buscar en la misma la **multiplicidad** de aportes entre los distintos mercados y áreas de la empresa.

Este enfoque implica una **evaluación global** e interactiva de los diversos datos, para descubrir las diferentes conexiones y aportaciones que brinda la información recopilada. El empresario debe efectuar este análisis con **mentalidad abierta** y exploratoria para buscar **vinculaciones** y asociaciones que ofrezcan panoramas nuevos que desafíen las formas convencionales de hacer negocios externos. Para una visión ampliada en el tratamiento de información sobre mercados externos debe consultarse la **extensa gama de fuentes de datos** que existan al respecto, y contrastar diferencias, ver similitudes, y medir la significatividad de los informes suministrados.

3.2.6. Rediseño creativo de los segmentos de mercado

Con respecto a las formas de **segmentación** a utilizar en el mercado externo, las **presentaciones** del producto para adecuarse a los mercados seleccionados y las formas de **posicionar** el producto y comunicar sus atributos, la empresa también podrá redefinir su estrategia de manera creativa. En lo referido a la segmentación del mercado, la empresa puede buscar **otras formas de segmentación** más allá de los segmentos tradicionales, y realizar una **combinación** distinta de las variables o crear nuevas con el fin de que permitan una partición creativa del mercado. Es importante considerar que la empresa puede dividir segmentos que ya existen en **subsegmentos** que puedan ser mejor atendidos, o **agrupar segmentos** que pueden ser explorados más eficientemente en forma conjunta.

3.2.7. Generación de nuevos atributos del producto

La presentación del producto (forma, color, diseño, tamaño) tiene íntima relación con la redefinición de los segmentos y el abordaje creativo de este tema puede incluir *nuevos envases, materiales, diseños, estética e imágenes, gráfica del envase, colores, sobrecobertura*, etc. Estas nuevas concepciones pueden surgir de **reuniones creativas** entre los empleados y asesores de la empresa a cargo de las distintas áreas: diseño, producción, comercial, finanzas, contable y jurídica, en las cuales se efectúan evaluaciones **multifuncionales** e **interdisciplinarias**.

No obstante, las estrategias creativas en la presentación o en los atributos del producto también pueden provenir como consecuencia de actividades programadas **de Investigación y Desarrollo (I + D)**, que busquen

hallazgos creativos y que tengan un presupuesto asignado para tales fines. Se observa que el área de I + D es menos común en las empresas de pequeño porte, por lo que sería importante el desarrollo de la misma, dentro de las limitaciones presupuestarias que estas organizaciones poseen.

Es importante también tener como referencia las presentaciones y cualidades diferenciales de los competidores en el exterior para poder, sobre dicha base, realizar las **modificaciones, combinaciones, adaptaciones, adiciones y fragmentaciones, supresiones y mejoramientos** pertinentes, de manera de lograr un mejor **posicionamiento** en el ámbito internacional.

3.2.8. Redefinición de la línea de producto ofrecida al mercado externo

Además se incluyen entre las acciones creativas a desarrollar por la empresa, a la *reducción, agrupación o ampliación, o modificación* de la **línea de producto** ofrecida al exterior. Con respecto al posicionamiento, es conveniente que la organización desarrolle **nuevas categorías** de producto más allá de los patrones conocidos en el mercado. En referencia con la estrategia de comunicación, deben ser consideradas diversas opciones en la conformación de mezcla de promoción internacional para impulsar otras formas de **impacto comunicacional** como: alianzas de comunicación entre varias empresas, publicidad encubierta, publicidad por medios virtuales, descuentos publicitarios, etc.

3.2.9. Concepción global y análisis creativo de los mercados externos

En cuanto a la selección de los **mercados** beneficiosos para comercializar el producto, la definición de las formas de eludir las **barreras** comerciales existentes en destino, y la elección de los **canales** de penetración y las vías de **distribución** más adecuados para el mercado de destino, la empresa desde un enfoque tradicional puede tener obstrucciones en la búsqueda de soluciones óptimas, por lo que *se deben enfocar dichas áreas en forma creativa* para construir *alternativas superadoras*.

Para encontrar los **mercados externos** más adecuados para el producto de la empresa, se deben evaluar **características puntuales** (actuales y potenciales) del mercado, como población, estructura de la industria, poder adquisitivo y educación de los consumidores, nivel de competencia, regulaciones gubernamentales existentes, entre otros. Pero desde una reflexión creativa y abierta, deben ser incluidos en dicho análisis **otros factores** que inciden en forma indirecta sobre dichos mercados, como: la necesidad de *adaptación del producto* por cuestiones legales o culturales diferenciales, la *distancia geográfica y psicográfica* entre los mercados de origen y destino, la *experiencia de la empresa en mercados similares* y los *fondos existentes* para abordar los nuevos mercados (este último ítem conlleva, a su vez, decisiones creativas sobre la aplicación de dichos recursos). Por lo tanto, en relación con la selección de **mercados** potencialmente beneficiosos para el producto, se deben considerar no sólo los factores obvios que los hagan atractivos para las operaciones de la empresa, sino otros factores indirectos o con una vinculación más tenue con los mismos.

Además, es importante que el empresario evalúe la capacidad de **compartir** las **experiencias comerciales** determinadas en un mercado-país con otros mercados en los que pueda penetrar. Por otra parte, la empresa también tiene que evaluar la posibilidad de extender la información y know how adquirido en la comercialización de un determinado producto en un mercado hacia otros productos de la línea ofrecida por la empresa en dicho mercado (concepto que se denomina "**economías de alcance**").

Con respecto a las **barreras existentes** que afectan a las exportaciones que la empresa realiza a un determinado mercado, se considerarán algunas alternativas para eludirlas o disminuir su impacto en la comercialización, como distribuir la cadena de valor entre los mercados de origen y destino para pagar menores aranceles, el otorgamiento de franquicias o licencias, la radicación de la estructura productiva en el mercado de destino, etc.

3.2.10. Transformación creativa en los sistemas de distribución

Existen numerosas alternativas para distribuir el producto, y cada una de ellas posee diferentes combinaciones en la relación **servicios/costos**. Desde un punto de vista creativo, la organización debe considerar la utilización de **canales no tradicionales** de distribución pero que puedan ser compatibles con el producto de la empresa. En el análisis de los sistemas de distribución, es importante subdividir el canal en cada uno de sus niveles, buscando la combinación óptima entre las distintas alternativas existentes para cada nivel evaluado. Si es posible, es necesario considerar como opciones válidas las siguientes:

— la **supresión** o el **salto de niveles de distribución** para concentrar funciones en un menor número de intermediarios;

— el **alargamiento** del canal, es decir, agregar intermediarios;

— lograr más **anchura** o más **angostura** en algún nivel del canal.

El empresario debe realizar un estudio sobre cuáles son las opciones para **internalizar** o **externalizar** con respecto a los múltiples aspectos de acceso y distribución internacional. La empresa puede, en ciertos casos, realizar **copia creativa** de estructuras utilizadas en el mercado de destino por otras empresas locales o extranjeras que comercialicen productos similares, iguales o complementarios de la empresa.

Otros aspectos a examinar son las distintas localizaciones y volúmenes que pueden tener los **stocks** de productos de la empresa y las diferentes estrategias existentes de **transporte** internacional que generen valor para el producto.

Con respecto a la elección de los canales de comercialización a utilizar, es importante realizar un profundo examen de los distintos aspectos de **riesgo**, utilidades y **control** de cada uno; así como verificar la **coherencia** del canal con el **posicionamiento** adecuado del producto y con el **segmento** al que se dirige la empresa. A tales fines pueden ser válidas, la constitución de *alianzas y coaliciones creativas* entre los distintos miembros de canal para una efectiva distribución de funciones y retribuciones. También puede ser importante la búsqueda de uno o más **socios comerciales** para la aventura internacional, para lograr la **complementación estratégica** y disminuir el grado de vulnerabilidad de las operaciones externas.

3.2.11. Otros aspectos de cambio y creatividad en el producto internacional

En la configuración de la política de **precios internacionales** la empresa considera distintos factores, entre otros: actitudes de los **competidores**, costos de los servicios ofrecidos y requeridos por el **consumidor**, alineación de la variable precio con la **estrategia general** de comercialización. Desde un enfoque creativo, se debe evaluar las distintas **combinaciones** potenciales de:

— financiamiento;

— instrumentos de pago a utilizar (carta de crédito, cobranza);

— plazos de cobro;

— plazos de entrega;

— incoterms cotizados y servicios que incluye dicho precio;

— volúmenes mínimos o máximos.

En este análisis deben contemplarse tanto las cualidades **tangibles** como las **intangibles** del producto, así como las otras variables de la **mezcla** de marketing que influyan en los precios a cotizar (promoción, distribución, producto). Es importante un examen **global** del precio y de *cómo*, *ante modificaciones de algún componente del mix, se ve afectado al precio cotizado*. Es prioritario desarrollar múltiples alternativas que mejoren la **relación beneficios/precio** para el consumidor, pero que además tengan en consideración los *objetivos* económicos de la empresa, y que promuevan una *diferenciación* con respecto a la competencia.

En lo referente a los servicios que requiere el consumidor, como parte ampliada del producto, el empresario debe cuestionar constantemente en forma creativa los supuestos existentes sobre los mismos y tener una **actitud empática**, que lo ubique en el lugar del consumidor para su mejor comprensión. Es muy valioso realizar un sondeo sobre el mercado para establecer **sintonía** con el mismo y generar nuevos servicios que deleiten al consumidor, y que contemplen cuestiones de comodidad, seguridad, economicidad y facilidad en el uso, entretenimiento y adaptabilidad a los usos y costumbres, según cada caso. Se debe tratar de transpolar hacia el producto de la empresa ciertos servicios que pertenecen a otros productos totalmente diferentes, pero que pueden ser susceptible de **adaptación análoga**.

Con respecto a la **estrategia** y la etapa internacional de la empresa, deben ser examinados los diversos y múltiples enfoques alternativos intermedios entre **estandarización** y **adaptación** para cada una de las **variables** y **subvariables** de la mezcla comercial. Es importante considerar las combinaciones de las estrategias de **expansión** y **concentración** de mercados con los enfoques **etnocéntrico**, **policéntrico**, y **geocéntrico**.

4. Conectividad en la comercialización internacional

4.1. Surgimiento de un escenario económico digital a nivel mundial

4.1.1. Implicancias de la era económica digital

En las últimas décadas, dentro del escenario de la globalización, se ha comenzado a desarrollar un nuevo escenario económico que, según Don Tapscott, se denomina "**economía digital**" y que se caracteriza por la progresiva convergencia de las telecomunicaciones (radio, televisión, transmisiones, etc.) con la computación (hardware, software, servicios, reparación, etc.) y con los contenidos (es decir, distintos sistemas de información como los diarios, libros, publicaciones, bibliotecas, etc.). Este escenario económico está en una etapa de transición y constante evolución, y tiene como protagonistas principales a la **información** y al **capital intelectual** que son los recursos más relevantes con los que cuenta la empresa.

El surgimiento de este nuevo espacio de actuación es consecuencia de la **vorágine tecnológica** que se ha desarrollado en forma incesante (un ejemplo de ello es el constante mejoramiento de las habilidades de los nuevos microprocesadores), y que ha derribado las **barreras comunicacionales** a nivel de individuos, empresas y naciones. La velocidad que se presenta en los cambios y **reinvenciones** son consecuencia de profundas actividades de **Investigación** y **Desarrollo** (I + D), y realimentan este proceso.

4.1.2. Digitalización de las vías y mensajes informativos

La transmisión de la información ha dejado de ser sincrónica para pasar a ser **asincrónica y multidireccional**, es una información **digitalizada** (compuesta en su esencia por bits) que **interconecta** a los distintos operadores, configurándose estructuras de **red** que se caracterizan por una fuerte generación de valor en forma cooperativa y que afectan, en mayor o menor medida, a todos los procesos empresariales. Simultáneamente se van configurando innovadoras **infraestructuras** que permiten conducir, almacenar y recibir con **inmediatez** dicha información digital.

4.2. El desarrollo del e-commerce

4.2.1. Relevancia del comercio virtual

4.2.1.1. La red mundial y el comercio electrónico

El desarrollo de nuevos canales digitales o conductos virtuales da origen a nuevos modelos de negocio llamados "negocios virtuales". El **hipertexto** es una de las principales cualidades de internet, que permite que dentro de una relación servidor-cliente se pueda pasar de un dato a otro en saltos no sincrónicos, generándose una amplia diversidad de **enlaces** que utilizan textos, imágenes y sonidos en forma simultánea y multimediática.

El **comercio virtual** se apoya sobre la estructura desarrollada por internet como autopista de información. Internet forma parte de la WWW

(World Wide Web), que se expande como una red a nivel global, vinculando a cada sector del planeta a través de las denominadas *autopistas de la información*.

El comercio electrónico, en sentido estricto, se puede asimilar a *los negocios e intercambio de información desarrollados a través de la red*, pero, en un aspecto amplio, incluye otras formas de comercialización electrónica (cajeros automáticos, máquinas electrónicas, visores, etc.), por lo que su surgimiento es anterior al del comercio a través de internet. La Unión Europea incluye en el comercio electrónico, *a aquellas transacciones y negocios en los cuales se utilizan tecnologías de información o comunicación*. Para simplificar criterios se considerarán en el desarrollo de este tema, como sinónimos, los siguientes vocablos: comercio electrónico, **e-commerce**, comercio virtual, y comercialización digital, para referirnos a las vías comerciales que utilizan internet.

4.2.1.2. Principales aspectos del comercio electrónico

El comercio electrónico se basa en el desarrollo de **sitios o páginas web** que pueden ser visitados por cualquiera de los potenciales consumidores del mercado global o en el manejo de comercio electrónico o e-mail (en este último caso sería de un comercio electrónico más limitado). A pesar de que existen sutiles diferencias conceptuales entre sitio y página, en esta obra se considerarán con el mismo significado.

El comercio electrónico implica entre otras cuestiones:

— Existencia de **equipamento de computación** adecuado (PC, módems, etc.), que constituye la infraestructura física (hardware) adecuada para el desarrollo de la plataforma virtual.

— **Programas informáticos** (software) que permitan desarrollar los distintos **procesos virtuales** en forma eficiente (tratamiento de gráficos, registro de datos, etc.).

— **Espacio virtual** donde va estar alojada la página, que significa contratar los **servicios** de un **proveedor de internet** (ISP o Internet Service Provider). Dichos servicios pueden ser muy diversos y pueden incluir: diseño de la página, servicios de navegación, apoyo y mantenimiento técnico y actualización de contenidos del sitio. Los mismos pueden variar con respecto al espacio máximo que puede tener la página, número de casillas de correo habilitadas, cantidad máxima de datos mensuales para actualizar el sitio, horas de navegación, velocidad de conexión, entre otras variables.

— Complementación del enfoque virtual comercial con **servicios reales** que lo complementen, como la distribución y entrega física de los productos adquiridos.

4.2.1.3. Cualidades del comercio virtual

El comercio electrónico, en el ámbito internacional, tiene las siguientes cualidades:

1. **Globalismo**

   No existen límites ni barreras para esta forma comercial, logrando una amplia llegada a millones de consumidores a nivel mundial a través de la utilización de recursos globales. Permite llegar a mercados remotos geográficamente con poco esfuerzo, siendo la audiencia potencial del comercio electrónico internacional, el *mercado global*.

2. **Velocidad y simplicidad**

   Esta vía desarrolla una vinculación dinámica y simple que conecta a las distintas partes involucradas en el proceso dentro de un enfoque on line.

3. **Comunicación multimedia**

   Se utilizan sonidos, imágenes, iconos y efectos visuales que estimulan el proceso de compra del consumidor.

4. **Bajo costo**

   Se mejora la relación entre costos de comercialización por contacto realizado, debido al aspecto global de este sistema comercial.

5. **Personalización**

   A pesar de que se utilizan estructuras de comunicación global, este canal es muy eficiente en direccionar las acciones comerciales, teniendo en cuenta características salientes del consumidor. Esta cuestión puede ser ampliamente desarrollada cuando la empresa cuenta con ciertos sistemas en la página web, que le permiten recabar información útil sobre distintos aspectos del potencial comprador. Además, la organización virtual puede adoptar el enfoque de personalización extrema de las ventas, a través de una hipersegmentación (es decir, partición del mercado en segmentos compuestos por un único cliente) que logre una mayor fidelización del visitante.

6. Interconexión e interactividad

El proceso comercial se desarrolla a través conexiones interactivas que vinculan a la empresa (a través de sus sitios o páginas web) con el potencial cliente, generándose en internet *market places*, que son *espacios de negocios virtuales* que contactan a la empresa con los clientes, proveedores, socios comerciales, entes intermedios y entidades gubernamentales. En este aspecto, con respecto a los proveedores y socios comerciales, la adopción de ciertos sistemas y equipos de gran arquitectura tecnológica le permite a la organización entablar vías de comunicación EDI (que significa *intercambio electrónico de datos*) y *difusión just in time de datos*. Estos sistemas brindan una mayor seguridad en la transmisión y recolección de la información, y permiten el almacenamiento virtual de documentos e informes comerciales transferidos (listas de precios, cotizaciones, folletos, notas de pedido, catálogos, etc.). Este intercambio electrónico de información reduce los costos de envío de datos y su archivo, haciendo más eficiente la comunicación interempresa. Además, la empresa a través de *canales de intranet* (es decir, desarrollo de redes internas de la empresa) logra una conexión intraorganizacional, para vincular a los distintos sectores de una empresa y reducir falencias en el tratamiento de la información comunicada.

7. Bajas barreras de entrada

La comercialización a través de internet permite equiparar a las PyMEs con las grandes empresas, porque son pocos los requerimientos básicos de inversión en equipos tecnológicos y en diseño de sistemas que requiere el e-commerce.

8. Surgimiento de marcas virtuales

La empresa, a través de su *dominio* en internet (es decir, el nombre virtual que la organización va a tener registrado, para el acceso a su sitio) o marca electrónica, genera valor para los productos ofrecidos y define una política de diferenciación entre los consumidores. Se debe procurar un correcto posicionamiento a nivel internacional de dicha marca, asociándola con distintos atributos de la empresa virtual, como la funcionalidad, la velocidad de acceso a la página y el timing en la respuesta al consumidor, para lograr una imagen positiva respecto de la empresa, en los actuales y potenciales mercados objetivos. La marca virtual debe ser apoyada por actividades promocionales fuera de línea, que ratifiquen la excelencia y reputación de la compañía en sus actividades virtuales y que impulsen visitas asiduas y recurrentes al sitio. Es importante que la organización registre legalmente las marcas globales para su utilización y para disponer de su propiedad conforme indica la ley. Si la empresa es comercial, la marca puede consistir en *nombredeempresa.com* (.com significa comercial) y además, puede tener la sigla asignada a cada país, como por ejemplo: Argentina: .ar, Brasil: .br, Chile: .cl. En ciertos casos, puede ser conveniente adoptar un único dominio dentro de una estrategia global; en otros, se debe considerar la registración de varios dominios teniendo en cuenta mercados específicos diferenciales por cuestiones culturales, económicas y políticas para efectuar un posicionamiento más eficaz.

9. Comodidad

El consumidor puede visitar y explorar los ofrecimientos de la empresa las 24 horas, todos los días del año, utilizando todo el tiempo que considere conveniente.

10. Sincronicidad

En una estructura empresaria de comercio virtual, la coordinación de las actividades de preventa, venta, distribución y posventa de los bienes debe ser un objetivo prioritario.

11. Reformulación del rol de los intermediarios

En ciertos casos, el comercio electrónico trae como consecuencia el acortamiento de los canales de comercialización y la supresión de muchos de los intermediarios internacionales (mayorista, minorista, agentes), a través de un acelerado proceso de *desintermediación*. Los canales de comercialización virtuales son más directos que los tradicionales e impulsan al surgimiento de nuevos intermediarios, llamados **intermediarios virtuales** o **cibernéticos** (e-intermediarios) que prestan nuevos servicios (un ejemplo de ello son los directorios virtuales que concentran ofertas de distintas empresas a través de su agrupamiento en categorías de búsqueda).

12. Multiobjetivo

El comercio electrónico puede ser utilizado para la comercialización y/o promoción de productos, lugares, ideas y servicios. Puede ser usado tanto por empresas como por particulares, y por entes tanto públicos como privados.

13. Alianzas

El comercio electrónico es un campo fértil para el surgimiento de alianzas entre distintos operadores virtuales. Un ejemplo de ello es el establecimiento de convenios que vinculen a la empresa virtual con una estructura terciarizada de distribución. O el desarrollo de *programas de afiliados*, en los cuales una empresa virtual comercializa en su página bienes de otra empresa virtual, cobrándole por las operaciones cerradas una comisión o monto fijo. Otro caso de acuerdo es aquel en el cual una empresa virtual o real abona a un sitio para que le publicite sus actividades a través de banners o carteles virtuales. También existen acuerdos de intercambio de publicidad virtual, en los cuales una empresa virtual publicita a otra en su propia página, con condiciones de reciprocidad. Una nueva alternativa de coalición puede ser la asociación o fusión de varios sitios en uno.

14. Complementariedad

Las actividades comerciales virtuales siempre van acompañadas de actividades reales como son: transporte físico de la mercadería, rediseño y actualización de los contenidos de la página, contestación telefónica de consultas a los visitantes o compradores, implementación de acciones promocionales off line como publicidad en medios gráficos, televisión, etc.

4.2.2. Diseño de la "e-estrategia" de comercialización internacional

La empresa puede diseñar una estrategia en la que el comercio electrónico sea su única vía para el acceso a los mercados internacionales o puede implementar un plan de negocios que **integre** el comercio real y el e-commerce. La organización puede utilizar las páginas como otra vía de **comunicación** de los atributos de la empresa en el mercado mundial, sin emplear dicha estructura para cerrar acuerdos comerciales, o puede **comercializar** productos a nivel global a través de dicho sistema (es decir, realizar ventas virtuales). En esta última opción, la organización va a evaluar si el producto es **apto** para la comercialización virtual, existiendo una amplia gama de productos que son susceptibles de vender vía internet (artículos del hogar, vídeos, perfumería, libros, discos, productos alimenticios y farmacéuticos, etc.) que se va expandiendo constantemente. Por otra parte, la empresa estudiará cuál es la **estrategia** que adoptan los **competidores**, visitará sus sitios, y observará qué actividades y servicios desarrollan para atender al cliente y las novedades que presentan en sus contenidos virtuales, así como también, el diseño estético que tienen sus páginas.

4.2.3. Clases de comercio electrónico

Existen distintos enfoques en las páginas que desarrollan el comercio electrónico:

4.2.3.1. Según las personas que intervienen

— G2G (government to government - *gobierno a gobierno*). Trata de las relaciones entre gobiernos de las distintas naciones, así como entre las distintas reparticiones gubernamentales de un país, a través de la red.

— G2B (government to business - *gobierno a empresa*). Significa la transferencia de datos de la administración pública hacia las distintas organizaciones privadas.

— G2C (government to consumer - *gobierno a consumidor*). Consiste en la transmisión de información de la administración pública hacia los consumidores.

— B2C (business to consumer - *empresa a consumidor*). Comprende las relaciones comerciales virtuales que desarrolla la empresa hacia los consumidores.

— B2B (business to business - *empresa a empresa*). Se trata de relaciones comerciales virtuales interempresarias. Es posible que se generen vínculos entre las empresas que trasciendan el corto plazo y que generen actitudes cooperativas.

— B2G (business to government - *empresa a gobierno*). Incluye a las actividades de gestión de mercados del ámbito público por medio de la red.

— C2C (consumer to consumer - *consumidor a consumidor*). Tiene como objetivo el desarrollo de transacciones entre consumidores. Ejemplo: sitios de remate virtuales.

— C2B (consumer to business - *consumidor a empresa*). Consiste en agrupamientos de consumidores, para realizar compras en forma conjunta a empresas, con una mayor capacidad de negociación que en forma individual.

— C2G (consumer to government - *consumidor a gobierno*). Se trata del pago por parte de las personas de impuestos y tasas a través de la red.

4.2.3.2. Según el contenido, funciones y prestaciones de la página

Existe una amplia variedad de páginas en la red que poseen un contenido más general y variado, en cambio, otras poseen un alto grado de especificidad y profundidad en la información que comunican. Actualmente, hay una proliferación de páginas de distintas temáticas y con diversos enfoques (informativo, comercial, científico, social, etc.).

Entre las principales **categorías de sitios** podemos nombrar:

— Páginas de distintos **agentes vinculados al comercio internacional** (cámaras binacionales, cámaras de comercio, centros empresarios, embajadas y consulados, centros de comercio o tradepoints, etc.).

— Servicios de búsqueda o **motores de búsqueda**: permiten buscar información sobre otras páginas, con la indicación de palabras clave asociadas al tema de la pesquisa. Algunas de estas páginas, también agrupan información por secciones que facilitan la búsqueda. Estos motores pueden ser genéricos o especializados, y tienen listados de empresas y distintos entes.

— **Páginas personales empresariales** que comunican información sobre una determinada organización (de índole industrial, comercial, consultoría y otros servicios como financieros, transporte, turismo, etc.).

— Páginas multiventas o **shoppings virtuales**. Estas páginas comercializan gran variedad de artículos de distintas empresas.

— Publicaciones o **boletines virtuales especializados** que pueden tener informes y artículos económicos, estadísticos, comerciales, financieros, listados de empresas y anuncios de oportunidades comerciales.

— **Directorios virtuales**: son como guías telefónicas electrónicas que permiten buscar información detallada sobre personas y empresas de una ciudad, región o país.

— Plataformas virtuales con información sobre **oportunidades de negocios internacionales**: en estos sitios la información se encuentra ordenada y clasificada por rubro, incluyéndose requerimientos comerciales y demás datos de las empresas involucradas. La ventaja de estas páginas es que todos los datos de la misma se hallan filtrados y clasificados. En ciertos casos, estas páginas permiten que la empresa publique su anuncio en forma gratuita.

— Espacios virtuales que contienen **información de marketing internacional**. Por ejemplo, las emitidas por las Naciones Unidas, el Banco Mundial y la Cámara de Comercio Internacional.

— Páginas que anuncian **ferias, exposiciones y otros eventos comerciales** a realizarse en un determinado mercado.

— Sitios con información legal sobre el comercio exterior, estadísticas, publicaciones bibliográficas, aranceles, trabas paraarancelarias, requisitos de ingreso, etc.

— Páginas de consultoría en comercialización internacional y de distintos agentes que intervienen en el comercio exterior (transportistas, despachantes, brokers, etc.).

— Sitios con información oficial de los distintos mercados regionales (ALADI, Mercosur, Unión Europea).

— Páginas con información de los **organismos estatales** de cada país de promoción del comercio exterior.

— Publicaciones virtuales sobre requerimientos de **socios comerciales** para la realización de negocios internacionales (para alianzas estratégicas, coinversiones, etc.).

— Publicaciones virtuales sobre **licitaciones y contratos con los gobiernos** de los distintos países.

— **Foros de discusión**: se trata de espacios virtuales en los cuales se debate una determinada temática entre los participantes.

— Chat rooms o **salas de conversación virtuales**, en las cuales las personas o empresas se comunican on line. Existen rooms de distintas clases: social, empresarial, académico, etc.

— **Portales multitemáticos** que incluyen varios de los ítem indicados precedentemente.

— Páginas de **instituciones varias**: universidades y centros educativos, reparticiones estatales, organizaciones no gubernamentales, bibliotecas, organismos internacionales, asociaciones profesionales, etc.

4.2.4. El uso eficiente del correo electrónico para las actividades internacionales

4.2.4.1. Posibles usos del e-mail

El correo electrónico o e-mail permite realizar comunicaciones internacionales de diversa índole a bajo costo y sus motivos de utilización son muy variados, incluyéndose, entre otros:

— Realización de **ofertas o cotizaciones** al exterior. En estos casos el mensaje debe ser claro y preciso, se deben dejar de lado explicaciones innecesarias o ambigüedades en la redacción del texto electrónico. Además, se puede incluir como dato adicional el nombre de la página de internet de la empresa, y los links o hipervínculos hacia otras páginas de interés para el destinatario.

— Notificación de los **embarques realizados** por la empresa (con indicación de fecha de salida, buque y bandera, y fecha estimada de arribo) y del envío o presentación al banco de la **documentación** comercial y financiera.

— Pedido de **aclaraciones** sobre ciertos requerimientos efectuados por el comprador como son: documentación, packaging, modelo del producto, etc.

— Envío de archivo adjunto con **lista de precios** de los productos o **informes sobre la empresa** o sobre la línea de productos que comercializa.

— Envío de archivo adjunto con **folleto o catálogo** escaneado, que contenga los productos ofrecidos por la empresa.

— Notificación de **demoras en los embarques** o envío de muestras.

— Envío de la **factura proforma** para que el importador comience a realizar las distintas gestiones aduaneras, de seguro, y bancarias.

— Pedido de **cotizaciones sobre fletes** internacionales, gastos portuarios, seguro internacional, etc.

— **Promoción de las operaciones de la empresa** hacia potenciales interesados en distintos mercados. En este tipo de mensajes la empresa debe siempre hacer referencia al origen o fuentes de obtención de las direcciones electrónicas de los destinatarios (por ejemplo: agregados comerciales, cámaras, etc.), para darle mayor solvencia y seriedad al mensaje.

— Comunicación con los **intermediarios** que estén vinculados con la empresa localizados en el **país de destino** (agentes, distribuidor, etc.).

— **Solicitud de información** sobre mercados externos (listados de importadores, eventos, estadísticas, barreras, precios vigentes, etc.) a los distintos agentes de comercio exterior (cámaras, agregados comerciales, instituciones gubernamentales, etc.).

4.2.4.2. Características del correo virtual y de los mensajes electrónicos

El correo electrónico es un medio óptimo para comenzar a forjar un vínculo primario de **confianza** con el operador externo a un **bajo costo** y con **inmediatez**. No obstante, este instrumento tiene que ser **complementado** y profundizado con **medios no virtuales** como el teléfono, el fax, las muestras comerciales, o en su caso los viajes personales, para que las transacciones se desenvuelvan en un clima de transparencia. El mensaje debe ser **personalizado** y no debe utilizarse un envío único estandarizado y simultáneo a múltiples destinatarios, ya sea con copia visible u oculta, pues le quita seriedad a la propuesta. La redacción del mensaje debe estar efectuada en *el idioma del lugar de destino* o un *idioma usual* en el comercio internacional, como el inglés. Es importante no descuidar el tratamiento cortés y amable en toda comunicación virtual que efectúe la empresa.

La organización debe tener mucha precaución con las prácticas de **SPAM**, que son mensajes enviados en forma masiva con fines de promoción, no solicitados por los destinatarios. A tal efecto, es importante que se aclare en el mensaje enviado que no se trata de SPAM, e indicar claramente la fuente de obtención de los datos de la empresa destinataria, pudiéndose indicar al final del texto de la comunicación que si el consignatario no desea ser contactado nuevamente, debe requerirlo.

4.3. Comunicación a través de la página web

4.3.1. Características multimediáticas de los sitios web. Iconos, enlaces y símbolos virtuales

La comunicación a través de la página web implica **multiplicidad de dimensiones** que comprende iconos, gráficas tridimensionales, sonorización, efectos y movimiento de animación, transformación y yuxtaposición de imágenes y símbolos, que deben estar combinados armoniosamente. Conviene evitar diseñar sitios con demasiadas ornamentaciones visuales innecesarias, que saturen la capacidad de atención del visitante. Los **gráficos** utilizados en el estructuración de la página deben ser pequeños y livianos, o con posibilidad de *cliqueo* para magnificarlos, para que la carga y apertura de la página sea rápida, de manera de lograr óptimas condiciones de **navegabilidad**.

El acceso a los distintos enlaces del sitio de la empresa se debe dar en forma fluida y creativa. El visitante que realiza una búsqueda de información en internet, al acceder a la página de la empresa, debe experimentar un fuerte **estímulo** para seguir explorándola en profundidad. Además, la página debe poseer elementos de **originalidad** que la **diferencien** de las existentes en el mercado, y debe tener una **estética sensorial** atrayente. Una cuestión a tener en cuenta en el diseño del sitio es si la empresa lo va a realizar por su propia cuenta o lo va a **externalizar** (*outsourcing*).

El ambiente virtual debe buscar la total **receptividad** por parte del navegante de los contenidos que posee el sitio, y el diseño de la página debe estar **alineado** con la **estrategia** de comercialización internacional de la empresa. Un factor importante a considerar es la velocidad de carga de la página y la rapidez de acceso a los distintos links de la misma.

4.3.2. Contenido del sitio

La página forma parte de la estrategia global de comunicaciones de la empresa, y debe estar adecuadamente **actualizada** en toda la gama de contenidos que difunde la misma. La información difundida en la página debe ser de utilidad, debe contemplar su difusión en **varios idiomas** y puede incluir entre otros datos:

— **Datos de la empresa**, trayectoria, principales operaciones y mercados.

— Línea de **productos**, modelos, variedades, características específicas, presentaciones, etc.

— **Contactos** de la empresa en cada una de las áreas.

— Diseño visual del **mapa del sitio**.

— **Fotos digitalizadas** de los productos y de las instalaciones de la empresa.

— **Lista de precios** indicando condiciones de financiamiento y costos de envío.

— Banners o **carteleras de publicidad** que pueden ser fijas o rotativas.

— Menú de **secciones** que componen el sitio.

— **Carrito de compras**, que es un dispositivo que permite realizar compras en forma virtual.

— **Otros sitios** (links) de interés que son preferidos por la empresa y que recomienda visitar.

— **Preguntas más frecuentes** realizadas por los visitantes (también llamadas FAQ).

— **E-mails**, chats y teléfono para efectuar contactos, asesoramiento, consultas y sugerencias.

— **Ofertas temporales** de ciertos productos.

— **Medidor de visitas** efectuadas al sitio, que computa la totalidad acumulada de asistentes a la página.

— Otros elementos posibles pueden ser: *testimonios* de clientes que han usado el producto, o *referencia* de empresas que son clientes de la organización, etc.

4.3.3. Otras cuestiones relativas a las páginas web

La empresa debe ubicar su página en los principales **buscadores** o sitios de búsqueda del mercado virtual, y este proceso lo puede realizar en forma manual o con la utilización de ciertos programas que realizan esta tarea. Se deben buscar diversas vías alternativas para recopilar a través de la página información sobre los visitantes a la misma, pudiendo ofrecerse a los navegantes para que completen una ficha o **formulario de registración** con sus principales datos, otorgándoles motivaciones para enviarle posteriormente información de las novedades de los productos y servicios que ofrece la empresa. De esta manera, la compañía puede realizar una valorización más precisa de las necesidades de los potenciales consumidores para enviarle, en una etapa posterior, mensajes personalizados con información en concordancia con el perfil mostrado en los registros, y realizar un apropiado seguimiento de los clientes.

Todos los datos difundidos en la página tienen que ser veraces en cuanto a descripciones del producto, diseños, modelos, precios, etc.; debiendo la empresa ofrecer garantía de la **calidad** del producto comercializado. El comercio electrónico debe tener como principal meta, lograr una comunicación con alto grado de interactividad que permita customizar al visitante.

Si el visitante desea adquirir alguno de los productos, deberá utilizar la aplicación del sitio llamada "**carrito de compras**", que permite capturar los pedidos que va realizando el visitante, efectuando una **registración acumulativa** de ítem adquiridos y subtotales a pagar. En el precio total de cada operación comercial virtual deberán ser incluidos en forma precisa y detallada, los **gastos de envío** hasta destino. Es importante que la página de una empresa pueda tener una interconexión con sus sistemas de información de **stock**, de manera que se vaya llevando un control adecuado de los niveles de inventario, en relación con las ventas efectuadas.

En caso de concretarse una operación de compraventa virtual, el medio de pago a elegir puede ser: a través de **tarjeta de crédito** o débito, **contrareembolso**, entre otros. Con respecto a la distribución y los servicios de entrega de los productos, la empresa virtual puede externalizar dichas actividades, derivándolas en **empresas de transporte u organizaciones postales** internacionales que manejan en forma especializada las cuestiones logísticas y los trámites operativos documentales internacionales. Es posible que los canales de distribución tengan cierta demora en el proceso de entrega del producto comercializado electrónicamente, por lo que la empresa virtual, debe comunicar al destinatario un **lapso aproximado de entrega**. Es primordial que la organización considere la **complementación** de toda información o servicios prestados por la empresa, con vías de apoyo reales, como fax o teléfono.

Ciertas empresas ofrecen servicios de validación digital de la **autenticidad** de una determinada página, para brindar condiciones de seguridad al cliente que está verdaderamente realizando operaciones virtuales, sobre la empresa que aparece en el sitio; es decir que de esta manera se certifica la **veracidad** de la empresa de e-commerce. Algunos consumidores tienen cierto recelo en dar los datos en los formularios de registro de los sitios web, porque no están seguros sobre la **confidencialidad** de la empresa virtual, por lo que es vital, que la organización electrónica les asegure el **resguardo** de los datos informados. Otra cuestión a destacar es que la mayoría de los países poseen grandes **vacíos jurídicos** sobre el comercio electrónico que afectan ciertas cuestiones como: cuál es la legislación a aplicar en una transacción de e-commerce, aspectos de protección contra los fraudes virtuales o engaños, acciones de piratas informáticos o hackers, entre otros temas.

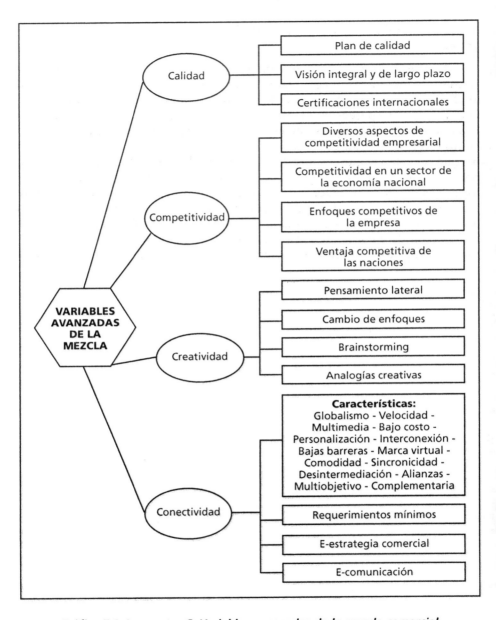

Gráfico 7.1. Las cuatro C. Variables avanzadas de la mezcla comercial.

CONCLUSIONES

Dentro de la tendencia globalizadora, se desarrolla una incesante evolución tecnológica en telecomunicaciones que aumenta considerablemente la celeridad y el volumen de información transmitida a nivel mundial. Dentro de este escenario, los avances e innovaciones continuos impulsan a las empresas a introducir constantemente nuevos productos al mercado internacional, que van reemplazando a los anteriores.

En los últimos decenios, se ha producido una progresiva disminución de barreras arancelarias negociadas dentro del marco del GATT y de la OMC, y se ha desarrollado una constante proliferación de obstáculos paraarancelarios, todo ello dentro de un marco de regionalismo, con la constitución de acuerdos comerciales que crean áreas de discriminación entre el comercio intrazona y extrazona. Además, dentro del marco de la OMC se han producido negociaciones comerciales con respecto a bienes, servicios, derechos de propiedad intelectual y productos primarios.

En el contexto internacional, también se ha profundizado la interconexión entre las distintas economías nacionales, no solamente por el aumento de flujos comerciales de bienes y servicios sino con motivo de la globalización de los mercados financieros. Existe a nivel mundial un campo competitivo cambiante y agresivo, en el que se desarrollan canales de comercialización transnacionales y acuerdos estratégicos de carácter global que distribuyen su cadena de valor en varios países y que no compiten a nivel local, sino considerando al mundo como un único mercado. Además, existen algunos países-mercados llamados NIC (es decir, los tigres del sudeste asiático), cuyas empresas compiten internacionalmente y poseen altos niveles de productividad y bajos precios, presionando a los demás competidores externos.

Dentro de esta realidad, que continuamente se transforma, la pequeña y mediana empresa tiene que resolver eficientemente sus problemas de acceso a los mercados externos. Algunas de sus problemáticas tienen relación con: la obtención de información sobre oportunidades de negocios, escasez de fondos para exportar y consolidación de un volumen adecuado (en términos de calidad, precio y cantidad) para acceder a los mercados mundiales. Para ello, las empresas deben buscar soluciones creativas para la internacionalización y se deben lograr altos estándares de calidad en la concepción del producto, proceso de producción y en el ordenamiento organizativo, para satisfacer adecuadamente a los consumidores internacionales.

Es prioritario para el empresa adoptar una estrategia flexible para adaptar los atributos del producto, teniendo en cuenta, no sólo los requerimientos de los mercados externos, sino también los cambios que se van produciendo en los escenarios regionales y mundiales. Esta flexibilidad del empresario lo debe mostrar abierto a la conformación de alianzas y proyectos asociativos para mejorar los volúmenes y ofrecer precios más competitivos en mercados de exportación más rentables.

La internacionalización exige que la empresa desarrolle un adecuado y actualizado sistema de información que le permita relevar, recopilar y analizar información sobre negocios internacionales. Por otra parte, es sustancial que la empresa acceda progresivamente a los conocimientos sobre la dinámica del comercio internacional a través de una doble vía: con la realización gradual y sostenida de actividades de exportación y con la capacitación de todos los niveles de la empresa en lo relativo a comercio internacional (participación en eventos, cursos, seminarios, etc.).

Las pequeñas y medianas empresas deben lograr mejorar cada etapa de su cadena de valor, aplicando alternativas creativas y un sostenido planeamiento estratégico, y es relevante procurar un adecuado equilibrio entre estandarización y adaptación de los productos teniendo en cuenta los requerimientos culturales, económicos y legales de los distintos mercados. Una alternativa importante a ser considerada es la de explorar y detectar segmentos transnacionales que excedan las fronteras de un mercado-país, y cuyos consumidores tengan necesidades afines. Esta clase de segmentos le permiten al empresario reducir los costos incurridos en cada variable de la mezcla comercial, y comunicar globalmente la imagen del producto. Otra opción para la empresa, en etapas más avanzadas de sus operaciones internacionales, es la localización eficiente de parte de su proceso productivo o comercial en distintos países, a través de filiales de venta y de producción o coinversiones, distribuyendo la cadena de valor a nivel internacional.

Todas las acciones de la empresa deberían procurar un desarrollo sostenible, que satisfaga las necesidades del presente sin poner en juego las generaciones futuras, a través de la comercialización de productos que contemplen el cuidado del medio ambiente (productos orgánicos, sin conservantes artificiales, biodegradables, reciclable y no contaminantes).

La visión creativa debe acompañar no sólo actividades de diseño de producto, ventas y comunicación, sino la resolución de problemas de exportación, selección de mercados, cambios de enfoque de los servicios prestados en la satisfacción de las necesidades de los consumidores. La empresa deberá orientar su estrategia hacia ciertos nichos de mercado que la posicionen competitivamente y diferenciada por la calidad u otros atributos ofrecidos y por su actitud creativa.

Con respecto a la utilización de innovaciones tecnológicas, la empresa debe considerar su conexión a la red internacional a través de la utilización de e-mail y sitios web para buscar información, realizar ofrecimientos, comunicar envíos, transmitir archivos con catálogos y cerrar operaciones de e-commerce. Desde el punto de vista logístico, el empresario debe desarrollar una estrecha interconexión con los distintos niveles del canal de distribución total, para lograr la mayor eficiencia desde origen hasta destino (con utilización de cargas contenerizadas y paletizadas, entre otros aspectos), así como un adecuado manejo de los aspectos transaccionales y comunicacionales dentro del canal.

Sin embargo, si los empresarios en vez de destinar a sus operaciones internacionales volúmenes estables, asumen compromisos externos sobre saldos ocasionales que no han sido vendidos en el mercado interno, se estará transitando por el camino errado. Es necesario una visión más amplia en las actividades externas, en la que el pequeño y mediano empresario realice una proyección de los posibles escenarios de sus operaciones internacionales para implementar sus estrategias, y que además evalúe los desvíos producidos para realizar los ajustes más convenientes para la práctica de la internacionalización. Se debe tener una visión de largo plazo, estratégica, de asunción de compromisos estables, y de una acumulativa asignación de recursos hacia las acciones internacionales, muy lejos de lo que es una visión de excedentes exportables.

El pequeño empresario debe convencerse de que sólo la **perseverancia** y el **gradualismo**, como cualidades de la conciencia exportadora, convierten a las empresas en eficientes para operar internacionalmente. En las primeras etapas, las empresas sólo perciben las dificultades e incertidumbres de mercados que conocen, pero vencido este primer temor, y con una adecuada contención de los distintos agentes de cambio (consultores, brokers, agencias, cámaras, etc.), a través de una actitud paciente y comprometida, la empresa debe convertir la actividad internacional en algo vital y prioritario. Y puede, entonces, considerar a las actividades de internacionalización como su **misión empresarial**.

ANEXOS

Anexo I. Documentos para exportación

Documentos más usuales

Comerciales

Son aquellos que se refieren a algún aspecto de la secuencia operativa de exportación (facturación, transporte, seguro, etc.), excepto los relacionados con el cobro/pago de la operación internacional.

Emitidos por el exportador

— **Oferta o cotización:** es un documento que comunica al potencial comprador las pretensiones del exportador en una operación comercial. Su contenido consta de: descripción técnica, comercial y aduanera de la mercadería, unidad de comercialización (kilos, metros cúbicos) y cantidad ofrecidas (fijas, máximas o mínimas), precio (unitario, total, incluyendo incoterm y moneda de cotización), fecha/s de embarque y medios utilizados, formas de pago y plazos de financiación. Luego de emitido este documento, puede existir otro llamado "factura proforma", que contiene las condiciones específicas de una operación en trámite de aprobación, y es como un borrador de un presupuesto de una operación sujeta a confirmación.

— **Factura comercial de exportación:** este documento se rige por las leyes del país de origen, es monetario y certifica la compraventa internacional. Aparte de los elementos que contiene una factura para el mercado doméstico, se le agrega los siguientes ítem: lugares de carga y de descarga, partida arancelaria, banco y medio de pago utilizado y precio completo (incoterm, moneda y cantidades monetarias). En precios cotizados en condiciones CIF, se va a discriminar en el mismo, el seguro y el flete internacional.

— **Factura consular:** es la factura comercial con la intervención del consulado del país de destino.

— **Lista de empaque, lista de peso, lista de romaneo:** son documentos que dan mayores descripciones de aspectos no monetarios y no contemplados en la factura de exportación. La lista de empaque da pesos, medidas y marcas de los bultos; la de peso hace mayor énfasis en pesos (brutos, netos, total, unitario) y la de romaneo realiza una descripción más detallada del contenido de los bultos. Son utilizadas por la Aduana y el seguro para control de los bienes.

— **Certificado de fabricación:** ratifica ciertos aspectos del proceso productivo (lugar y fecha de elaboración, número de lote, etc.).

Confeccionado por el despachante de aduanas

— **Documento aduanero** (también llamado "permiso de embarque"): da descripción sobre la mercadería, su valor y clasificación, tributos y beneficios que afectan a la misma, así como los datos de las partes intervinientes: despachante, exportador, transportista, etc.)

Confeccionados por organismos privados o públicos especializados (de presentación obligatoria o voluntaria según el caso)

— **Certificados de origen:** su función es el reconocimiento del origen de una mercadería (con respecto a un país o mercado regional), y se rige por las normas de origen respectivas. En los mercados regionales puede ser solicitado por el importador para obtener ventajas arancelarias. Emitido por cámaras de comercio exterior o empresariales autorizadas.

— **Otros certificados** (fitosanitarios, de calidad, de desinfección, de radiactividad, etc.).

Confeccionado por compañías de seguro

— **Póliza de seguro internacional:** contiene el monto asegurado, clase de seguro, tomador, beneficiario de las indemnizaciones y clase de riesgos asegurados.

Confeccionado por compañía de transporte (a través de su representante)

— **Guía aérea (transporte aéreo) - Conocimiento de embarque (acuático) - Carta de porte (terrestre):** estos documentos tienen como elementos: nombre del transportista, fecha y lugar de embarque, descripción de la mercadería, costo del transporte y si se halla pagado, destinatario de la mercadería. En el caso del conocimiento de embarque, este puede ser endosado, si es emitido a la orden.

Financieros

— **Cheque en divisas**: es similar al cheque del mercado interno. Lo emite el importador contra su cuenta en divisas, y generalmente es pagado al exportador a través de la utilización de una cobranza bancaria.

— **Letra de cambio**: emitida por el exportador contra el importador, para que éste último le abone cierta suma, luego de la aceptación del documento. Si este documento es aceptado pero no es pagado al vencimiento, puede ser protestado. Contiene nombre de las partes, monto, fecha de emisión y vencimiento.

— **Pagaré**: es un compromiso de pago que el importador asume pagar al exportador en un determinado plazo. Poco utilizado.

Anexo II. Transporte internacional, contenerización y unitización

Transporte ferroviario

Es una forma de transporte económica que permite *cargas masivas*, que posee diversas *clases de vagones* adecuados al tipo de mercadería, y una amplia gama de *servicios*. No obstante, en ciertos casos, es lento y las vías férreas pueden ser muy limitadas. Además la carga está sometida a *dos transbordos*, pudiendo sufrir golpes en caso de acoplamiento de vagones. Tiene menor costo de flete que el carretero para distancias extensas (tarifa parabólica).

Transporte por carretera

Es rápido y flexible; tiene una importante penetración a regiones no accedidas por otras formas de transporte, no obstante el volumen de carga es más limitado que el ferroviario. Permite realizar viajes puerta a puerta (*house to house*) y tiene un importante índice de siniestralidad por la cantidad de accidentes acontecidos en la carretera. Su costo es mayor que el del ferrocarril para grandes distancias.

Transporte acuático

Es muy eficiente (muy *bajo costo* y amplia *capacidad de carga*) para grandes volúmenes, y existe una importante variedad de buques (portacontenedores, para líquidos, para graneles sólidos, etc.) para distinta clase de mercadería. Es el modo de transporte *más lento*, lo que produce una importante inmovilización financiera e *inseguro*, lo que exige mejores condiciones de aseguramiento y refuerzo en el embalaje de la mercadería embarcada. El transporte marítimo es el más utilizado en el comercio internacional, mientras que el fluvial es utilizado para comercio internacional dentro de una región.

En el transporte marítimo existen navíos que pertenecen a *conferencias* (agrupamiento de transportistas) que fijan itinerarios y fletes uniformes entre sus miembros. También existen *outsiders* que no tienen trayectos de transporte ni precios prefijados, por lo que la negociación de las condiciones de transporte, se da por interacción de la oferta y la demanda. La persona que da informes sobre fletes, fechas y demás condiciones de embarque es el *agente de cargas marítimas* que representa al transportista. El conocimiento de embarque, que es el documento de transporte, puede ser emitido a la orden (transferencia de la propiedad de la mercadería por endoso), nominativo (traspaso de la propiedad a través de cesión de derechos) y al portador (libre transmisión).

Transporte aéreo

Es el modo con *mayor celeridad* (altísima velocidad) y *seguridad* (menor tasa de siniestralidad), no obstante, tiene la tarifa más onerosa de todos los modos de transporte, y es utilizado para mercadería con mucho volumen en comparación al peso. Ideal para el envío de muestras y para ciertos productos de alto valor, de gran fragilidad y de alta tecnología, entre otros. La tarifa se determina teniendo en cuenta el peso volumétrico (relación entre volumen y peso). Existen tarifas generales y específicas por clase de producto. El documento de transporte cumple funciones de contrato, de recibo, de factura y en ocasiones de certificado de aseguramiento de la carga. El asesoramiento sobre tarifas y las demás condiciones son suministradas por el *agente de cargas aéreas* que representa a la compañía transportista. Existen ciertas mercaderías que son consideradas peligrosas para este transporte.

Transporte segmentado

Utiliza un único modo de transporte.

Transporte combinado

Utiliza más de un modo de transporte (acuático, terrestre, aéreo) y cada transportista es responsable por su tramo.

Transporte multimodal

Tiene un único documento principal (documento de transporte multimodal) y un único responsable (operador de transporte multimodal) por todo el trayecto internacional, que incluye varios modos (también llamado "multimodalismo").

Contenerización

Utilización del contenedor como eslabón estandarizado de la cadena de transporte internacional. Es una *unidad de equipo de carga* que permite su *uso repetitivo* y que mejora los *tiempos de carga/descarga*; protege a la mercadería transportada contra los potenciales riesgos y evita la ruptura de carga, siendo ideal para el multimodalismo, por mejorar las condiciones de seguimiento de la carga. Existen distintas clases de contenedores (refrigerado, ventilados, abiertos, para líquidos, plegables, etc.) Y entre las medidas más utilizadas están los de 20 pies (6 m x 2,44 x 2,60 —medidas que varían según el tipo— y con capacidad máxima en peso entre 17,6 y 21,80 toneladas). Otra medida es el de 40 pies (12 m x 2,44 x 2,60 —medidas que varían según el tipo— y carga máxima entre 26 y 26,50 toneladas). El vocablo TEU (twenty equivalent unit) significa unidad de medida equivalente a un contenedor de 20 pies. Los contenedores pueden ir completos (FCL) o incompletos (LCL), y un mismo container puede llevar cargas de distintas empresas (es decir, *consolidar cargas* para aprovechar su utilización).

Paletización

Utilización de paletas que son dispositivos compuestos por plataformas formadas por dos pisos unidos entre sí. Sobre las mismas se deposita la mercadería asegurada con flejes y material termocontráctil, constituyéndose en una unidad de carga eficiente (por la simplicidad en su manipulación, transporte y almacenaje, a través de vehículos autoelevadores). Tiene medidas estandarizadas: de 600 mm x 400 mm, 1.200 mm x 800 mm, 1.200 x 1.000 mm y 1.200 x 600 mm.

Anexo III. Medios de cobro internacionales

Carta de crédito

Es un instrumento de cobro muy utilizado en el ámbito internacional y es el más seguro de todos para las partes. El *solicitante* de la carta de crédito (que es el importador) fija las condiciones (es decir, plazos y documentos) que va a tener que cumplir el exportador, para cobrar la operación. El banco de la plaza del importador (*emisor* de la carta de crédito), emite y notifica al exterior el texto de la carta de acuerdo con la solicitud completada por el solicitante, y el de la plaza del exportador (*corresponsal*) notifica al exportador el texto de la carta. El exportador (o *beneficiario*) tiene que aportar la documentación al banco (corresponsal o emisor según corresponda), dentro de los plazos previstos para cobrar la operación. El banco *va a revisar los documentos presentados*, si están correctamente presentados y si la carta de crédito es a la vista (es decir, de pago inmediato) abona la operación, si es de pago diferido acepta los títulos de crédito aportados (letras de cambio). *La responsabilidad del exportador es cumplir con el aporte de todos los documentos al banco, en las condiciones solicitadas y dentro de los plazos determinados por el importador.* La función del banco es revisar la documentación aportada y verificar que coincida con lo estipulado en la carta de crédito. Si se cumple con los requerimientos de la misma, no existe *discrepancia*, y el banco correspondiente asume la garantía de pago o abona al exportador el importe de la operación. Existen distintas clases de carta de crédito:

— *revocable*, en la que cualquiera de las partes la puede dejar sin efecto hasta antes de presentación de los documentos por el exportador;

— *irrevocable*, en la que este instrumento sólo puede dejarse sin efecto con acuerdo de todas las partes intervinientes;

— *confirmada*, cuando existe una cogarantía de pago entre el banco emisor y corresponsal;

— *notificada*, en la que sólo responde en el pago el banco emisor.

La carta de crédito es el instrumento financiero más seguro para las partes.

Cobranza

Puede ser *simple* (cobro de documentos financieros) o *documentada* (cobro de documentos comerciales, o comerciales y financieros). El exportador inicia el trámite presentando los documentos a su banco, para que éste le comience la gestión de cobro. El banco va a actuar de acuerdo con *una minuta de instrucciones* que completa el exportador. El banco enviará la minuta y los documentos hacia un banco de la plaza del importador, para que sean presentados a los fines de su cobro en el caso de cobranza a la vista, o aceptados los documentos financieros en caso de pago diferido. En esta última situación, al vencimiento de la obligación serán presentados los documentos aceptados para su cobro. Los documentos financieros que se pueden presentar para el cobro son: cheque en divisas, pagarés y letras de cambio.

Giro o transferencia

Es cuando se producen *débitos* de la cuenta del importador traspasándose los fondos y *acreditándose* en la *cuenta del exportador* para el pago de una operación; el pago puede ser anterior al envío de la mercadería (o anticipado) o posterior al embarque (o diferido). Es un medio que exige confianza entre el importador y el exportador.

Anexo IV. Fundamentos de negociación internacional

Siguiendo a especialistas sobre la materia (COLAIÁCOVO, MARTÍN, WEISINGER), la negociación *internacional tiene elementos intuitivos y racionales, es un arte y una ciencia*. Implica la interacción de dos o más personas en la cual se influirán mutuamente para las satisfacción de sus necesidades. En el comercio internacional, la negociación busca un **intercambio comercial provechoso** para los participantes del proceso. En cualquier ámbito de negociación cada parte no sólo debe tener en cuenta sus necesidades, sino también los deseos del otro. Es importante el **manejo de los tiempos**: para efectuar los planteos, para el sostenimiento de un ritmo en el proceso, para la flexibilizar los plazos establecidos, para generar anticipación a las actitudes del otro y para una eficaz respuesta a los requerimientos de la contraparte.

Existen dos estilos bien definidos en la negociación: el **colaborativo** y el **competitivo**. El estilo colaborativo busca crear un valor para ambas partes y promueve la atención conjunta de las expectativas de los participantes. Existe un equilibrio en el poder de cada parte, se desenvuelve un *trato suave y amistoso* que busca una solución a todas las cuestiones negociadas. En la negociación competitiva, una parte gana a costa de la otra, pues hace mucho énfasis en el regateo, trata con indiferencia las necesidades de la otra persona y ejerce presión para ganar y obtener ventajas de la contraparte. El estilo a utilizar dependerá de muchos factores: personas involucradas, su grado de poder, regularidad de las relaciones comerciales, plazos de negociación, intereses en juego, entre otros. En general **el acuerdo alcanzado en el proceso negociador sólo es satisfactorio cuando produce resultados que compensen las necesidades de ambas partes**.

En la negociación, cada participante debe realizar un acopio de **información precisa**, cierta y confiable para los siguientes objetivos: apoyar sus argumentaciones, para generar poder negociador, tomar decisiones adecuadas, y simplificar y clarificar el proceso de discusión. Es importante una correcta **utilización del tiempo**, buscando un equilibrio entre las actitudes que tiendan a acelerar las tramitaciones y aquellas que busquen retrasarlas; se deben conocer los plazos del otro y prever sus actitudes hacia el arribo del vencimiento. Se deben procurar tiempos de respuesta rápidos, como una clara demostración de interés hacia los intereses de la otra parte. En la negociación cada parte debe analizar cuáles son los **objetivos** buscados en ese proceso, y ser congruente en cuanto a sus posiciones, argumentos y planteos, así como en su actuar en general dentro de un marco de equidad y criterios objetivos.

La negociación debe ser planificada a través de una etapa de **prenegociación** o *metanegociación* sobre aspectos como: objetivos y planteos de cada parte, fuerzas y debilidades propias y ajenas, información adecuada para el proceso, principales conflictos y sus distintas alternativas de resolución, plazos para el acuerdo, entre otros. Es importante una **comunicación clara** y precisa de las propuestas y una **escucha activa** (ser un oyente atento) y **empática** (ponerse en el lugar del otro), que permita captar los aspectos trascendentes del interlocutor. No hay que perder de vista que el objetivo final buscado es profundizar transacciones económicas que sean beneficiosas para las partes. En ciertos casos, la comunicación se puede ver afectada por diferencias existentes en los **entornos culturales** de cada país.

Una **primera impresión** de seriedad, responsabilidad y compromiso puede desarrollar fuertes lazos de credibilidad y confianza. Se deben evitar las suposiciones sobre el entedimiento del mensaje emitido o recibido; ante la duda es bueno repreguntar (o parafrasear) o reexpresar lo dicho, para dejar de lado ambigüedades en el proceso comunicativo. En las **contrapropuestas** se debe *considerar más de una posibilidad a ofrecer*, teniendo en cuenta los requerimientos del interlocutor. Las preguntas realizadas por los interlocutores buscarán información de valor para llegar al acuerdo comercial. En la generación de propuestas y contraofertas se pueden realizar **preguntas** *abiertas y condicionales* (ej.: ¿cuál es su opinión sobre...?, ¿a quién le está comprando ahora?, ¿si le enviamos x cantidades y/o calidades aceptaría...?).

Con respecto al **cierre** del acuerdo negociado, existen distintas formas como: simple confirmación en forma verbal, escrita, por fax o por mail, recepción de la solicitud de compra, recepción del texto de la carta de crédito abierta por el banco de la plaza del importador y celebración de un contrato de compraventa internacional.

Las críticas que se efectúen entre las partes dentro del proceso negociador deben ser realizadas en forma constructiva, buscando el tiempo adecuado para efectuarlas y delimitando el hecho a señalar en forma específica. Cada parte debe asegurarse que el otro entiende la razón de la crítica, evitándose las insistencias o críticas prolongadas. En general, las críticas deben realizarse en primera persona, ofreciendo incentivos a la otra parte para que pueda aceptar el cambio propuesto.

Es importante conocer, que en las disputas y conflictos generalizados entre comprador y vendedor sobre una determinada operación comercial, puede ser utilizado el arbitraje internacional, que es un instituto para la solución de controversias que exige la participación de un tercero (o arbitro) al que se le presenta la situación conflictiva a fines de que la resuelva, quedando los participantes obligados a la resolución que éste emite.

Anexo V. Bases de clasificación de mercaderías

La clasificación de mercancías consiste en la asignación de un código numérico que la individualiza en forma unívoca. Dicho código, llamado *partida arancelaria*, es asignado dentro de principios lógicos y siguiendo ciertas reglas que buscan la clasificación de todos los bienes comercializables a nivel internacional.

Por otra parte, las partidas arancelarias se encuentran enunciadas, en un cierto orden junto con su descripción, dentro de un compendio denominado "**nomenclatura arancelaria**". Ésta contiene a las distintas partidas, agrupándolas en categorías: *secciones, capítulos, subcapítulos*, siguiendo hasta llegar a las *partidas* y *subpartidas arancelarias*. Los bienes se enuncian en una secuencia, que incluye en los primeros capítulos productos con poco valor agregado, y a medida que se avanza en los mismos se irán encontrando productos con mayor grado de industrialización.

Los objetivos del sistema son la determinación precisa, simple y sin ambigüedades de la partida arancelaria para un producto con el fin de determinar:

— qué **requisitos de control** tienen que cumplir en el mercado de origen para ser importados o exportados y declarar el producto a los **fines aduaneros**;

— qué **tributos y tasas** tienen que ser abonadas a los fines de su nacionalización;

— qué **derechos de exportación** y **reintegros** alcanzan a las operaciones internacionales;

— qué **prohibiciones** económicas o no económicas afectan el comercio de dichos bienes.

También permite obtener **estadísticas comparativas** sobre información de comercialización internacional de ciertos productos. El empresario puede hacer una referencia objetiva e inequívoca, que identifique su mercadería a los fines de **solicitar y ofrecer cotizaciones** y pedir datos sobre oportunidades de negocio a los distintos agentes de cambio del comercio exterior.

El SADCM (Sistema Armonizado de Designación y Codificación de Mercancías) comprende una serie de **reglas generales de clasificación de mercaderías**, que en forma resumida expresan:

— Los títulos de las secciones, capítulos o de los subcapítulos no tienen fuerza legal a los fines de la clasificación, sólo son indicativos. En el método clasificatorio se tienen que considerar: los textos de las partidas y las notas de las secciones, capítulo y subpartida (estas notas son referencias o aclaraciones que agrupan o excluyen productos, remitiéndolos a otras partes de la nomenclatura). A los fines de la clasificación, se considera que los productos incompletos y desmontados se clasifican como si se hallarán completos o armados, siempre que representen el perfil del producto (esbozo).

— Cualquier referencia a una partida compuesta por una materia, se refiere a dicha materia en forma pura o mezclada con otras. Cuando existan dos o más partidas que puedan clasificar al bien, éste se clasificará en aquella que lo describa en forma más específica, que prevalecerá sobre la que lo hace más genéricamente. En el caso de productos mezclados o surtidos, se clasificará el producto como si estuviese totalmente constituido por la partida referente al bien que le otorga el carácter esencial, y si aún así no se pudiera determinar la clasificación, entonces se asignará a la última partida de orden de numeración entre las susceptibles de ser tenidas en cuenta, o en aquella que tenga mayor analogía.

— Con respecto a los envases, estuches y continentes que sean presentados con el producto, se clasificarán con el artículo, cuando sean los usualmente utilizados desde el punto de vista comercial, con la excepción de aquellos usados en forma repetitiva.

Ejemplo de partida arancelaria

0106.11.19 Conejos. Los Demás. LOS DEMÁS ANIMALES VIVOS

01 la mercadería pertenece al capítulo I de la nomenclatura.

06 significa que es la sexta partida del capítulo I.

11 son las aperturas de subpartidas del SADCM a nivel del primer y segundo dígitos.

19 es la apertura a nivel de subpartida regional número 19 dentro del capítulo I. En el caso de mercados regionales como el Mercosur, la partida arancelaria puede tener aperturas adicionales y dígitos de control.

BIBLIOGRAFÍA

AAKER, D. y DAY, G. (1989), *Investigación de mercados*, McGraw-Hill/ Interamericana, México.

ACERENZA M. A. (1997), *Marketing internacional. Un enfoque metodológico hacia la exportación*, Editorial Trillas, México.

AMOR, D. (2000), *La revolución e-business. Claves para vivir y trabajar en un mundo interconectado*, Prentice Hall, San Pablo.

ARESE, H. F. (1999), *Comercio y marketing internacional. Modelo para el diseño estratégico*, Grupo Editorial Norma, Buenos Aires.

ARNAUD, W. G. (1996), *Mercosur, Unión Europea, Nafta y los procesos de integración regional*, Abeledo-Perrot, Buenos Aires.

AVERY, D. (1998), *Salvando el planeta de plaguicidas y plásticos*, Hudson Institute, Buenos Aires.

BADIA JIMÉNEZ, A. (2000), *Calidad: Modelo ISO 9001*, Gestión 2000, España.

BALASSA, B. (1961), *The theory of economic integration*, RD Inrwin Homewood, Londres.

BALL, D. y McCULLOCH, W. H. (1997), *Negocios internacionales. Introducción y aspectos esenciales*, Irwin, Madrid.

BECK, U. (1998), *¿Qué es globalización? Falacias del globalismo, repuestas a la globalización*, Barcelona, Paidós.

BEKERMAN, M. y BENJAMÍN H. (1998), "La globalización económica y sus dilemas para los países periféricos", Universidad de Buenos Aires, Facultad de Ciencias Económicas, Instituto de Investigaciones Económicas, CENES, Centro de Estudios de la Estructura Económica.

BERY, T. H. (1992), *Cómo gerenciar la transformación hacia la calidad total*, McGraw-Hill, Santafé de Bogotá, Colombia.

BERTRÁN J. (1997), *Marketing internacional avanzado. Departamentos de exportación, redes comerciales, acciones de promoción para pequeñas y medianas empresas*, McGraw-Hill, Madrid.

BESCOS TORRES, M. (1990), *Factoring y franchising. Nuevas técnicas de dominio de los mercados exteriores*, Ediciones Pirámide, Madrid.

BILLOROU, O. P. (1992), *Las comunicaciones de marketing*, El Ateneo, Buenos Aires, 1992.

BIASCA, R. E. (1991), *Resizing. Reestructurando, replanteando y recreando la empresa para lograr competitividad*, Ediciones Macchi, Buenos Aires.

BIASCA, R. E. (2001), *¿Somos competitivos? Análisis estratégico para crear valor*, Ediciones Granica.

BLOCH, R. D. (1997), *Las economías regionales y el comercio internacional*, Ad Hoc, Buenos Aires.

BORDEJE MORENCOS, F. (1981), *Diccionario militar estratégico y político*, Editorial San Martín, Madrid.

BROWN, L. O. (1972), *Comercialización y análisis de mercado*, Selcon Editorial, Buenos Aires.

BUZZELL, R. D. y QUELCH, J. (1992), *Administración de la mercadotecnia internacional. Lecturas y casos*, Addison Wesley Iberoamericana, Estados Unidos.

CALVO ORRA, A.; GUTIÉRREZ DE VILLAR, J. M. y MERINO CANTOS, J. A. (1997), *Cómo hacer negocios en internet*, Paraninfo, Madrid.

CARPENTER, P. (2000), *Marcas electrónicas. Cómo crear un negocios en internet a velocidad vertiginosa*, Grupo Editorial Norma, Colombia.

CARSON, D. (1961), *International marketing. A comparative systems approach*, John Wiley & Sons Inc., Estados Unidos.

CATEORA, P. R. (1995), *Marketing internacional*, McGraw-Hill, México.

Centro de Comercio Internacional (UNCTAD/OMC), Export Quality Boletín N° 70, noviembre de 2001, "Una introducción a las ISO 9000:2000".

CIAMPA, D. (1993), *Calidad total. Guía para su implantación*, Addison-Wesley Iberoamericana, Estados Unidos.

COLAIÁCOVO, L., *Exportación. Comercialización. Administración internacional*, Editorial Alfa, Perú.

COLAIÁCOVO, L. (1992), *Negociación y contratación internacional*, Ediciones Macchi, Buenos Aires.

CZINKOTA, M. R. y RONKAINEN, I. (1997), *Marketing internacional*, McGraw-Hill, México.

CZINKOTA, M. R.; RONKAINEN, I. y TARRANT, J. (1995), *The global marketing imperative*, NTC Business Books, Estados Unidos.

D'AVENI, R. (1994), *Hypercompetition: Managing the dinamics of strategic maneuvering*, Free Press, Nueva York.

DE BONO, E. (1994), *El pensamiento lateral. Manual de creatividad*, Paidós, Buenos Aires.

DE BONO, E. (1996), *Seis sombreros para pensar. Una guía de pensamiento para gente de acción*, Ediciones Juan Granica, Barcelona.

DE DIOS, J. J. E. (1994), *Transporte internacional de mercancías*, ESIC Editorial, Madrid.

DI GIOIA, M. A. (1995), *Envases y embalajes como herramienta de la exportación*, Ediciones Macchi, Buenos Aires.

DI LISCIA, A. F. y VANELLA R. G. (1997), *Claves para exportar. Manual del exportador argentino*, Nuevo Hacer Grupo Editor Latinoamericano, Fundación Exportar, Buenos Aires.

DRUCKER, P. (1986), *La innovación y el empresario innovador*, Edhasa, Barcelona.

FAJARDO, J. (2000), *Fundamentos de e-commerce*, MP Ediciones, Buenos Aires.

FITOUSSI, J. P. y ROSANVALLON, P. (1997), *La nueva era de las desigualdades*, Manantial, Buenos Aires.

FOLGAR, O. F. (1996), *ISO 9000. Aseguramiento de la calidad*, Ediciones Macchi, Buenos Aires.

Revista Forum del Comercio Internacional, CCI, agosto de 2001.

FRATALOCCHI, A. (1993), *Marketing y comercio exterior*, Editorial Cangallo, Buenos Aires.

GARCÍA CRUZ, R. (2000), *Marketing internacional*, Editorial ESIC, Madrid.

GARCÍA MESTANZA, J. (1997), *Calidad total*, Imagraf Impresores S.A., Málaga.

GIDDENS, A. (1994), *Consecuencias de la modernidad*, Alianza Editorial, Madrid.

GIDDENS, A., *La tercera vía. La renovación de la socialdemocracia*, Madrid, Taurus.

GIL-ROBLES GIL DELGADO, E. y JEREZ RIESCO, J. L. (1992), *Marketing internacional*, ESIC Editorial, Madrid.

GOLEMAN, D.; KAUFMAN, P. y RAY, M. (2000), *El espíritu creativo. La revolución de la creatividad y cómo aplicarla a todas las actividades humanas*, Javier Vergara Editor.

GRAÑA, R.; BONAVITA, L.; GATICA, L.; PÉREZ, I. y HERNÁNDEZ, C. (2000), *Ecología y calidad de vida. Sociedad y naturaleza*, Editorial Erre Eme S.A., Buenos Aires.

HARRINGTON H. J.; HOFFHER G. D. y REID R. P. (2000), *Herramientas para la creatividad. Cómo estimular la creatividad en las personas y en las empresas*, McGraw-Hill Interamericana, Santafé de Bogotá.

HERMIDA, J. A. (1994), *Marketing para gigantes y pigmeos. Un análisis sobre la actual realidad competitiva y las dificultades para encontrar y mantener espacios dentro de los mercados globalizados*, Ediciones Macchi, Buenos Aires.

HERNÁNDEZ FERNÁNDEZ, S. (1995), *Ecología para ingenieros. El impacto ambiental*, Colegio de ingenieros, de caminos, canales y puertos, España.

JARILLO, J. C. y MARTÍNEZ ECHEZÁRRAGA J. I. (1991), *Estrategia internacional. Mas allá de la exportación*, McGraw-Hill, Madrid.

JURAN, J. M. (1951), *Manual de control de la calidad*, Editorial Reverté S.A. Barcelona.

KASHANI, K. (1992), *Managing global marketing. Cases and text*, Pws publishing company, Boston.

KASTIKA, E. (1999), Los 9 mundos de la creatividad en management, Ediciones Macchi, Buenos Aires.

KEEGAN, W. J. y GREEN M. C. (1997), *Fundamentos de mercadotecnia internacional*, Prentice Hall Hispanoamericana, México.

KOTLER, P. (1996), *Dirección de mercadotecnia. Análisis, planeación, implementación y control*, Prentice Hall Hispanoamericana, México.

KOTLER, P. (1989), *Mercadotecnia*, Prentice Hall Hispanoamericana, México.

KRAMER, R. L. (1964), *Mercadotecnia internacional*, Compañía General de Ediciones, México.

KUAZAQUI, E. (1999), *Marketing internacional. Cómo conquistar negócios em marcados internacionais*, Makron Books, San Pablo.

LEDESMA, C. A., y ZAPATA, C. (1993), *Negocios y comercialización internacional*, Ediciones Macchi, Buenos Aires.

Le Monner Framis, F. (1994), *Marketing ferial. Cómo gestionar y rentabilizar la participación en salones profesionales*, Ediciones Gestión 2000, Barcelona.

Levin, M. y Gealt, M., *Tratamiento de residuos tóxicos y peligrosos. Selección, estimación, modificación de microorganismos y aplicaciones.*

Levinson, J. C. (1990), *Tácticas de guerrilla aplicadas al mercadeo*, Editorial Norma, Bogotá.

Levy, A. R. (1977), *Logística de comercialización*, Ediciones Macchi, Buenos Aires.

Lobejón Herrero, L. F. (2001), *El comercio internacional*, Ediciones Akal, Madrid.

Maeso Ruiz, A. y Daemon, D. (1997), *Consorcios de exportación en Uruguay. Experiencias internacionales*, Fundación de cultura universitaria, Montevideo.

Makuc, A. y Ablin, E. (1997), *Comercio exterior*, Errepar, Buenos Aires.

Martín, M. A. (1994), *Negociación racional. Introducción a la negociación profesional*, Ediciones Interoceánicas, Buenos Aires.

Moreno, J. M. (1995), *Marketing internacional. Contenido, políticas y estrategias exitosas*, Ediciones Macchi, Buenos Aires.

Moreno, J. M. (1985), *Manual del exportador. Teoría y práctica exportadora*, Ediciones Macchi, Buenos Aires.

Nieto Churruca, A.; Llamazares García-Lomas O. y Cerviño Fernández, J. (1997), *Marketing internacional. Casos y ejercicios prácticos*, Ediciones Pirámide, Madrid.

Paz, E. (1998), *Cómo exportar, importar y hacer negocios a través de Internet*, Gestión 2000, Barcelona.

Porter, M. E. (1997), *Estrategia competitiva. Técnicas para el análisis de los sectores industriales y de la competencia*, Compañía Editorial Continental, México.

Porter, M. E. (1991), *La ventaja competitiva de las naciones*, Javier Vergara Editor, Buenos Aires.

Pranteda, N. (1997), *Clasificación de mercancías en el comercio internacional*, Guía Práctica del Importador y Exportador, Buenos Aires.

Ries, A. y Trout, J. (1989), *Posicionamiento. El concepto que ha revolucionado la comunicación publicitaria y el marketing*, McGraw-Hill/Interamericana de España, Madrid.

Santambrosio, E. E. (2001), *Tecnología y medio ambiente*, Colección Cuadernillo UCEL, Rosario.

Secretaría de Agricultura, Ganadería, Pesca y Alimentación, "Análisis de peligros y puntos críticos de control (HACCP)", Boletín de Difusión.

Secretaría de Agricultura, Ganadería, Pesca y Alimentación, "Buenas prácticas de manufactura (BMP)", Boletín de Difusión.

Stanton, W. J.; Etzel, M. J. y Walker, B. (1996), *Fundamentos de marketing*, McGraw-Hill, México.

Steinhardt, R. J. M. (1971), *Geografía en marketing. Problemas de comercialización: criterios para zonificar y evaluación de vendedores*, Ediciones Macchi, Buenos Aires.

Stevenson K. y Bernard D. (1995), *ARPCC – HACCP. Establecimiento de programas de análisis de peligros en puntos críticos de control*, The Food Processors Institute, Washington D.C.

Tapscott D. (2000), *La economía digital. Las nuevas oportunidades y peligros en un mundo empresarial y personal interconectado en la red*, McGraw-Hill, Santiago.

Tugores Ques, J. (1994), *Economía internacional e integración económica*, McGraw-Hill/Interamericana de España, Madrid.

Ullman, R. R. (1984), *Estructuras empresarias para el comercio internacional*, Ediciones De Palma, Buenos Aires.

Vidal Villa, J. M. y Martínez Peinado J. (1995), *Economía mundial*, McGraw-Hill de España, Madrid.

Villegas, C. G. (1993), *Comercio exterior y crédito documentario*, Editorial Astrea, Buenos Aires.

Weinstein, A. K. y Fargher, K. H. F. (1970), *Case studies in international marketing*, Edward Arnolf Publishers Ltd.

Weisinger, H. y Lobsenz, N. (1983), *Nadie es perfecto. Cómo criticar con éxito*, Grijalbo, Barcelona.

Yip, G. S. (1993), *Globalización. Estrategias para obtener una ventaja competitiva internacional*, Grupo Editorial Norma, Bogotá.

Este libro se terminó de imprimir
en el mes de junio de 2004
en los talleres gráficos *Mac Tomas*,
Murguiondo 2160 (1440)
Buenos Aires - Argentina
Tirada: 1.000 ejemplares